皇道無間

（三）

陳永騰著

文學叢刊
文史哲出版社印行

皇道無間

目 次

第一冊

第二冊

第三冊

第十五章 抗戰潰敗國民龜黨尋漢奸替身 勝負將曉皇家機關制乾坤挪移

隨著日軍在中國的戰局節節獲勝，皇族會議也不斷招開，但現實狀況被弄得相當詭異，這種反對大陸政策的立場，竟然不能公開，甚至對五攝家貴族也不能隨意透露，要真的阻擋大陸政策，實在很難辦。

裕仁擺駕到星月的住所密會，夜闌人靜兩人對座。乾淨木製地板，房間內掛著巨幅山水畫作，房角四周點上蠟燭，中央桌子擺著茶具，護衛則在院牆周邊站崗，不得靠近。

裕仁說：「許多日本人都認為，在鴉片戰爭之前，兩千多年來，中國一直都是以天朝之勢壓在日本的頭上，我們皇族稱皇都上不了國際檯面，只要中國皇帝搖頭，我們只能躲在暗處。而這一百年來，局勢逆轉，日本強而中國弱，原本皇祖父也曾經認為，兩國各自平等稱皇，是最好的結果，也是皇祖父最獨特的挑戰。但誰也沒料到，中國皇帝始終不能放下身段，最後竟然皇名自毀，局面混亂，跳進來孫文這個『鬼』，讓我們有征服中國之勢。但鮮少人知道，這是一個巨大的陷阱。而我皇統的祖制傳承，智慧傳承，也根本不是他們想的這回事，中國是我皇家長久傳承的最重要環節，是形影相隨所連結的國家。皇族長輩們，給朕很大壓力，朕也想拒絕大陸政策，但大師您也知道這當中具體情況，目前現實，竟然容不得我們拒絕。」

在複雜的局面攪和下，裕仁有所動搖了，有屈服現實情勢，入主統治中國大陸的想法。

星月道：「貧僧不像迷海師父那樣擁有皇族的血緣，這問題不敢踰越分寸。貧僧只能就自己看到的事物，提供給陛下聖斷。」裕仁醒神問：「對了，你曾經跟朕提過，你對中國的看法，有別於亡絕及迷海。朕原本以為，迷海對中國的見解已經最為深入。不如現在就說給朕聽，朕非常好奇，你還有什麼更深入的見解。」

星月雙手合十應命，於是站起，打開一扇和室門，點開裡面的電燈，裡頭有一些奇怪的畫作。裕仁也站起，兩人走入此畫室。星月說：「這些巨幅畫作，是貧僧從歐洲買來的，在貧僧回答陛下問題之前，請陛下先看看這些畫，有什麼特色？」

裕仁於是仔細端倪。

發現這些畫經過放大繪製，每幅都有近一扇門那麼大，環列於房內，都只是歐洲普通的風景與人物所組成，外加一些建築物，石頭，花草樹木以及雲霞，皆為常見常識之物。但看了近兩分鐘後，裕仁忽然微笑起來。

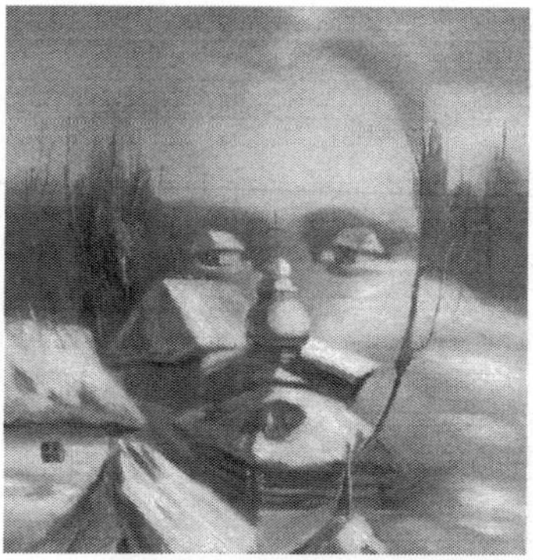

見到裕仁微笑，星月也微笑問：「陛下是不是看出什麼端倪？」

裕仁說：「這些西洋畫，有些很明顯，有些比較隱晦，都有人的臉孔出現在當中。而人臉都是普通的物體或人體所組成。」星月鞠躬答道：「陛下聖明，不過請陛下假設這些畫是立體的實際景觀，陛下要走入這個畫中。在這情形之下，陛下能看到當中的人臉嗎？」

裕仁皺了眉頭，轉變觀賞的方式，再度端倪這些畫，過了兩分鐘，搖搖頭說：「倘若這些畫都轉為立體的實物，那麼就無法看見這些人臉，會很自然地以為當中的元素，是自己平常所認識的事物，更別說走入這景中，自己說不定也成了當中一份子。」

星月雙手合十說：「是的，這就是貧僧對中國的看法，可以說，中國就是這種畫作的超巨大實物景觀。」裕仁一聽皺眉問：「西洋畫比喻中國？這朕就聽不懂了，法師請明說。」

星月答道：「這些西洋畫的特色，雖然只是一些失意畫家，作怪狀以求出名的手法，並沒有什麼深意。但卻提示了貧僧，世界上的事物有個體的認知，也可以有超個體的認知。中國鬼的文化，迷海師父曾經跟陛下提過，也記錄於皇家秘錄中，貧僧也認同師父所說的一切，就不再重複說明。只是中國的一群鬼，看上去是各自獨立作怪，如同其他民族一樣，都是平常熟悉的人性行為所組成，即便種類比較繁多，皇家機關也可以一一制伏之。實際上綜觀中國歷史，會發現與其他民族的歷史有很大的差別，會發現從古至今這一群中國人，會組成一個常人很難辨識的超個體，就像是這些畫中的人臉。而一個超個體存在，它本身也有自我意識，也有動作行為，也會辨識物體，也會偽裝，甚至也有計畫與意圖。只是它是大年，它所做的事情可能橫跨很長的時間，並非當中的個體細胞所能理解。中國幾千年多少朝代更替，多少異族入主，多少文化交會，最後圍繞成一個漢文化中心不倒，細推中國歷史，這就是一個超個體生存行為。進入當中者，以為這些景觀自己都認識，不認為有什麼可怕，甚至可以征服之奴役之，實際上有一個不認識的超個體行為控制整個局面，不斷驅動所有單位排列組合，進入者最後被超個體所囊括，最終用各種方式，消滅進入者的自由意識，使之成為超個體的一部分。莊子逍遙遊當中所云『朝菌不知晦朔，蟪蛄不知春秋』，陛下將畫作與莊子所云，兩者合併觀之，即可知道貧僧在中國數千年歷史中，看到了什麼。」

裕仁搖頭，喃喃道：「這種想法太誇張。」

星月說：「貧僧有這想法，並非沒有實證。中國以往的歷史，事證多了，且先按下不去討論。陛下試想，就您登基前後中國局面的發展，是正常人類歷史會發生的事件嗎？袁世凱與孫文的出現，中華民國的出現，國民黨的出現，蔣介石的跳上檯面，乃至現在大陸政策，竟然不用我們日本高層的計畫，就能自動進行，哪一件事情是跟世界其他民族一樣，是真正的歷史自然法則？看似自然，實則一切都不自然。」

這一說，裕仁恍然大悟，他與迷海，先前始終打轉在眼前的問題，而沒有系統化地看整體性，總感覺有一種怪異的力量，不斷讓他與迷海的策略失敗，皇家機關頻頻破功，局面失控。讓他百思不解。

星月逐漸把問題一一點破。

人類歷史上所有的侵略史，都是侵略者需要詳細觀察與試探，嚴密計畫，努力籌備，最後動員力量，主動發動侵略事件，沒有任何例外。

從來沒有過，被侵略者內部不斷地非常態排列組合，與侵略者內部的局面發展，銜接搭配，成了一個自動化的局面，最後讓侵略者的領導人，什麼都不必去作，什麼都不用準備。自動可以發生侵略事件，甚至想要拒絕都不可以。這事情偏偏就發生在自己身上。

隨著星月不斷解說，裕仁也繼續不斷地反思，回溯中國自鴉片戰爭後的整體演變。首先，洪秀全與曾國藩的相對出現，就已經是個弔詭，雖然中國因此北疆被俄國侵略，喪失了廣大領土，北京也被英法聯軍剽掠，但其結果就是讓西方基督教文化，在中國無法生根壯大。違反外來強勢文化入侵，崩解古老文明體制的定律。等於是先犧牲邊緣，保住了長久無信仰的本質。

接著，曾國藩與李鴻章的相對出現，讓清朝看似免去敗亡命運，實質上非得走向改朝換代不可，在領土不繼續大量喪失之下，逐漸令清朝凋零，雖然喪失了週邊藩籬，但其結果是清朝滅亡前，先點燃了中國人的集體危機意識。破壞統治者勵精圖治可以力挽狂瀾的可能，同時違反外力入侵，衰弱的多民族國家，會使之分裂崩解的定律。遠的羅馬帝國，近的奧斯曼土耳其帝國，都沒有違反這個定律，並且不可能再穩定回春。從沒有能像清朝這樣，用慢慢地窒息，穩定地把先前的資產，交接給下一個朝代的狀況。

再接著，李鴻章與袁世凱的相對出現，雖八國聯軍與俄國大舉入侵，但讓中國從南方出現了共和的種子，並且出現與一個西方國家，即俄國，合而為一的結果。違反古老文明體不能跟外來文明相互銜接共同運作的定律。雖然這種發展趨勢，被日本強迫干預，打一場日俄戰爭給撤底抹掉了，但共和的走向卻沒有因此斷掉。今天若作一個假設，日本沒有打日俄戰爭，那俄國極可能把中國分片吃掉，最終外表狀態會如英國殖民印度一樣，兼併全中國，但實際上此時的中國已經在前面被設計過，整個體系可以利用另外一種與俄國矛盾的西方民主共和體制，跟俄國共同運作，而俄國的狀態是外強中乾，政治上是專制腐朽的，甚至還有原始的農奴制，人口相對已經不多，基層還動盪不安，倘若吃進這個有民主共和種子，截然矛盾的體制，且人口眾多，底蘊深層的中國，最終結果將如先前亡絕與迷海的猜測一樣，會被中國反過來全部消化掉，外表與英國殖民印度一樣，結果會完全相反。最終變成中國不但收回以前被侵略的領土，還可能把俄國其他部分消化掉。倘若歷史走這條路徑，那狀況將是驚人的演繹。

再接著，因日本真的打了日俄戰爭，破壞了這條歷史路徑，出現更匪夷所思的轉折。就是袁世凱與孫文的相對出現，乾脆讓共和直接跳上檯面，率先跳出與兩千年皇權完全不搭調的東西，比日本這種遮遮掩掩的西化還激進，出現了所謂的中華民國，夾帶著所謂的民族主義，但兩人操弄民主共和，如洪秀全操弄基督教一樣，荒謬到讓人倒胃口，使之不斷被日本羞辱凌逼，但其結果，就是讓日本開始跟中國內部相互牽扯。違反集體民族主義興起，會出現強國的定律。日本歷史就算再詭異，在這方面，也沒有違反這個定律，日本的明治維新就是靠這個起來的，是用表象的西化，掩護君主皇權的內涵得以延續。這路徑仿若是劇本的改寫，但外表卻是再自然不過，不仔細端倪整體，還真無法看到當中的問題所在。

再接著就是最誇張的戲碼，孫文與蔣介石的相對出現，更加徹底違反歷史定律，簡直像是荊軻刺秦王，圖窮匕現。古往今來人類歷史的軍閥奪權混戰中，都是能打仗的幹掉不會打仗的；懂暴力美學的，幹掉夸夸其談者；強悍勇猛者，打掉虛偽矯飾者；聰明幹練者，除掉愚蠢貪腐者；中國某些時期的軍閥混戰史也沒有違反這個鐵律，但偏偏在這時期，全部反方向走：江湖無賴孫文，暗算掉了久經官場計謀的袁世凱。衰弱腐敗的南方軍閥，打敗強悍幹練的北洋軍閥。只會說空話的上海流氓蔣中正，壓倒善於鬥爭計算的左派共黨。而蔣介石跟南方軍閥相較下，更不會打仗，只會夸夸其談，出身背景更是懸疑，原先還是黑幫當中混「小咖」的，國內外黑勢力糾纏複雜不堪。但竟然蔣還能再弄倒所有南北軍閥，不斷反淘汰運作下，一下粉墨登場統治中國。

而日本這時候竟然又突然跳出一些「怪形人物」，在濟南拿著孫文賣國密約逼迫他，蔣也在怒罵聲中全盤接受，甚至不必怎麼糾纏，他也能自動自發地，壓掉全中國人的反彈，讓日本軍方，不打一仗，就能佔領廣大且資源豐富的戰略要地，東北三省，讓日本軍方勢力暴增。更誇張的是，裕仁也好不容易搓爐出一個假東西，偽滿洲國來搪塞，意圖切割關內關外，暫時不被這拖進中國。結果蔣中正，不管中國內部反彈多大，不但一邊頂住這些壓力，外表否認你搓爐的偽滿洲國，另外一邊乾脆讓日本軍隊繼續節節進逼，簽下百思不解的塘沽協定，秦土協定，何梅協定，讓日軍莫明其妙就混進到長城內，偽滿洲國的效應等於徹底破功，關內關外還是牽扯在一起，以致所有日本人都認定，從黑龍江到關內，甚至全中國，都該要被日本佔領。

更讓他感到發毛的，自己不斷在日軍後面搗亂的動作，引來日本內部的兵變，裕仁用強壓的方式把兵變者壓下去，強勢斷絕大陸政策的可能。這似乎被某種力量發現，裕仁不想入主中國。於是乾脆它也隨之應變，就跟著先來一個六一兩廣抗日兵變，讓李宗仁去爐蔣中正，再緊跟著一寬一猛地加碼，發生西安事變，讓中國也繼續兵變，逼使蔣轉而要抗戰。最後爆發七七事變。戰爭就開打，但相互又同步互不宣戰。

實際上蔣只是變換角色，跟他裕仁一樣，同步改穿戲服，在同意開戰表面中，實際上從後搗亂。用戰爭假象，使日本軍方更快下決心佔領全中國，不用本土的支持，自己動手打了都會勝利，而裕仁此時就算想強壓軍方不打仗，也辦不到。從北平，淞滬，山東，徐州等等戰場，中國軍隊一路潰敗，都可以發現蔣，可怕的『抗戰成果』。

這種『魍魎問景緊隨跟，無象轉生鬼問道』的招數，過去裕仁的祖先用過很多次，都是用來對付，不按照皇家劇本演出的豪強。但中國局勢竟然沒有人計劃，沒有人策動，大家好像分工合作，自然而然一同把蔣變換角色，跟裕仁應變，非把你拖進中國不可。真如老子所言『道法自然』。實則又很不自然。

而仔細端倪蔣中正此人，更讓裕仁嚇一大跳。還真是自己這個天皇的相反版本，如同一個陽，一個陰，一個正面，另外一個就跳出反面。

裕仁是潢天親冑；蔣中正是市井無賴。裕仁是沉穩貴皇；蔣中正滑頭賤痞。裕仁深知歷史，但表面不說；蔣中正根本不懂歷史，但外表夸夸其談，說得似是而非。裕仁被教育得行為嚴謹，絲毫不露人性欲望；蔣中正輕浮流氓到底，還公然調戲孫文遺孀，人性慾望十分露骨。裕仁從不言聖賢言語，但實際行為都與老子所云行跡相當；蔣中正每每用聖賢言語，一下養天地之正氣，法古今完人，動輒就大喊要以身殉國，實際上行為完全相反。裕仁欲對人民不言而教，是老子說的太上層次；蔣中正則對人民言而詐欺，是老子說的最下層次。裕仁的一切知行都是繼承皇祖皇宗的刻版教育而來，一板一眼，接觸的都是真正的上流社會，彷彿沒有自我；蔣中正的一切知行都是在混跡下等社會中，隨機應變，自己悟出來的，全部只有自我，明眼人一看便知其私心很重。裕仁的行為，一切遵從皇室典範，有個外在的高貴約束，多數日本人都會相信他的神聖性；蔣中正的行為，一切毫無典範，不容許有任何東西約束他，只是捏住士人要害，把他粉飾成聖賢，包裝出去，沒多少中國人會相信他神聖，只是被槍桿子與暴力強壓接受的。裕仁的權力，是用最神秘的集體主義信仰運作，外人摸不清當中門竅，表面不愚民，實際上人民卻不明所以，都必然愚而集體服從，乃最大愚民政策，如老子說的虛其心實其腹；蔣中正的權力，則打壓分化兼詐欺來堆砌，是路人皆知的，雖然用盡各種方式去愚民，實際上底下都是亂哄哄，大家都明白當中的門竅，不可能真的服從，人民反而越愚弄越聰明。

這當中隱藏的結果會變成，裕仁假設戰敗，日本人還會擁護他，蔣中正就算戰勝，中國人還是要推翻他。

還有更可怕的對映是，裕仁在戰爭中，希望中國在戰略上全面獲勝，保住皇統，從戰略背後干擾著手，寄望藉此壓迫失控的日本軍方來妥協，蔣中正在戰爭中，希望日軍在戰術上片面獲勝，保住密約不外洩，從每一場的戰術後面來搗亂，強迫中國全部的人來妥協。表面上裕仁走得高段，實際結果是整個局面，你行在上層次的裕仁，被行在下層次的蔣中正，拆光動向的根基，每一步都是被吃得死死，因為毫無底層的基礎。到了這無間道的局面，戰術是勝過戰略的，下層是壓過上層的。

更有最可怕的對映是，日本天皇的權力來自萬世一系之皇統，日本之所以能萬世一系，原因在於旁邊有一個大鄰居中國，必定改朝換代，這效應也就是中國人常說的燈下黑。而蔣中正之所以能得到權力，來自於日本軍方勢力的干預，軍方勢力當初之所以擴張，原因在於明治天皇運作富國強兵，又是你日本人的燈下黑。

如此你我兩人，本源互生，最後當然要同歸一處。

另外最關鍵者，蔣中正代表的中華文化外貌上似乎都居下，裕仁代表的皇統外貌上似乎都居上，實際蔣的核心心靈圖像，在低劣的外表中相反運行，是龜局中最高等的周公心靈圖像，願意在關鍵時節，用龜殼替全中國人擋住災禍。而同局之中，裕仁的心靈圖像，將會變成龜局中最劣等的，宋高宗之流心靈圖像，只會保全自己，讓全體日本人替他承擔災禍。

個人本性，運用人類社會結構，顛倒投影，外在行跡也就會如影隨形，自然你做什麼，我也跟著去。

另外從面相上看，蔣介石真像是被設計來，專門跟你裕仁對上的，你皇族成年後的名字，還有登基後年號用中國四書五經，他蔣中正字介石也用四書五經改名，還是陰陽之始易經而來，跟你裕仁陰陽相對，甚至上台逐步掌權的時間，跟你裕仁登基都是同年。前後跟隨著。

何止蔣中正本人，再仔細端倪國民黨黨旗，『青天白日旗』。它就是當年孫文在日本興中會時期，跟陸皓東，參照大日本帝國軍旗所創。兩個旗幟圖像，彷彿就是一個正體，一個投影。而盜版中華民國的國旗，從這個投影的『青天白日』外加一個『滿地紅』。這『滿地紅』就是在聯俄容共時期，加上蘇聯的一片紅旗而設。也就是國民黨盜版的中華民國，對日本與蘇聯各自都有賣國密約，國旗也是日蘇兩國的投映，要兩國一起來加入，這代表什麼？

難怪前面一大堆高超的招數，對蔣中正絲毫沒有用，因為他就是緊隨在影子身後的魍魎，早在孫文旅日時期，就已經設定了進來。你再怎樣用權術應對，都是術遇道，肯定破功。面對如此從裡到外完美的應對，當然絕對不是自然會發生，就像中國的麻將牌，蔣中正是牌搭子，最後就要把你裕仁抓進來胡調全局。其結果當然就是：你裕仁天皇，不必計畫，不用動員，不需制定政策，不必謀臣悍將，甚至不可以拒絕，就可以用小島國日本，自動佔領廣大中國，兩國合而為一，一切都會自動發生。

問題到底是誰設計出這個局的？能攪和出一個蔣中正，跟你裕仁變成天造地設的一對，代表這股力量早把日本皇家能長傳的機關，看得全然透澈，然後造出比你更高明的機關，反過來玩你，最後又是誰會胡調全局？這絕對不是某一個人，或某一個團體的陰謀，只能是你裕仁無法解釋的力量。

這當中違反了太多人類歷史定律，根本不是真正自然會發生的事，但外表又看似自然。假設真如星月所言，那麼至少在日俄戰爭，中國原先對俄國的劇本，被日本破壞之後，中國一系列的變化，又是針對誰而來？

討論到此，裕仁冷汗直流，嚇得雙手抖了起來。

開口緩緩說：「你的意思是，在日俄戰爭之後的兩國關係演變。可以將之看成，中國這個隱藏在人性當中的一個超個體，轉移了目標。本來盯上俄國，轉而盯上了日本，改變了原先的計畫。把它所屬的鬼，打入了日本當中，分階段誘騙或強引日本進去，替它解決當前的困境。等到利用完了，超個體就可以驅動一大堆鬼，重新排列組合，改朝換代，最後將皇統『用完即丟』。只是我皇家機關是人的意識，去建立這種放空自我，以弱勝強的大年體制，而中國則是由一大堆人性的連結，產生你所謂的超個體，去走這種以無制有的模式？」

星月點頭說：「正是。這個超個體，目前就是利用一群漢奸惡棍，把自己國家的體系打散，所有細胞化整為零，打入侵略者的國家體系中，就在侵略者的國家內部，運用無信仰而最自由的自由人性，重新排列組合，拆掉侵略者的根基，最後借屍還魂，侵略者的國度就會變成中國，也就是中國歷史上常發生的『同化』。『同化』的發生並不在於文化之優劣，而在於人性的自由偏向而已。迷海師父推測皇家機關勝不過中國歷史吞食，但猜不出到底核心問題何在，貧僧認為，核心問題就在這裡。超個體假設存在，它的生存意識與生存危機，必然與個體不同。唯一可以推敲當中性質者，就是它所附著存在的人性。而人性的部分，迷海大師也有說過，中國人沒有信仰，是真正的自由人性，無論其智慧，愚蠢，善良，邪惡，都是超個體的元素之一，真正的虛無運轉。老子說『物極必反』，越是自由人性，最後累積而成的團體，其歷史發展才越不自由，會形成一個不斷重演的套裝劇本。我皇家機關雖然秘術深邃，也能以無制有，但還是有人運轉，有人操作，存在一個核心，即皇族乃至天皇陛下。但中國的超個體運轉，沒有真正的核心，或是說每一個中國人都可以是核心，顯現出來的只是一個『局』，貧僧竊稱之為『鬼局』。『鬼局』就是畫作當中的人臉，目前正引日本進去，跳出一個接一個，看似各自獨立，實則分工合作的『惡鬼』，令日本以可以很容易地併吞整個中國，結果是替它的存在而努力，實際上是日本成為中國的一部分，最後消失滅亡。」

又接著道：「若進而以棋局來做比喻，目前陛下正在跟中國人對奕，這棋局複雜，以致雙方對奕者變成希望對方陣營獲勝。而表面上跟陛下對奕者是賣國的蔣介石，實際上他只是個棋子，真正跟陛下對奕的不是一個人，是一個『鬼局』，一個藏在畫作當中的人臉。一般的謀略者，就算再高超，也絕對看不出這一層真正的機關。所以從維新開始之後，皇家都在猶豫與迷惘中，阻止大陸政策，卻沒有達成效果。」

又接著道:「我日本之所以皇家可以萬世一系，皇家機關之所以這麼多年還有效，套一句中國話說，就是運用了『燈下黑』。在一定改朝換代的巨大實體旁，可以有機會出現，較小的極端相反之可能。倘若跟超個體合而為一，『燈下黑』的背景就破壞了，一切身不由己，皇家機關必定破功。」

裕仁聽了幾乎渾身顫抖，他知道兩千年來，皇祖皇宗們都是運用『遇強即屈，借花獻佛』『用爾之力，從爾本性，入我陷阱，以無制有』的招數，玩死所有覬覦皇統的豪強，使之淪為時間替身，沒想到如今日本皇家自己也中了此道。

裕仁思及此，從而音調不穩地說:「也就是說，自從荒腔走板的所謂中華民國出現，一群鬼吼鬼叫『拯救中國』『不當亡國奴』『要救亡圖存』的那群中國人民，實際上他們根本不會死，中國也根本不會亡。他們全部都是在喊假的，這些中國人的喊鳴，根本不是在求救，而是他們飢餓了……最後真正會被吞下去死亡的，是日本與日本皇統，該要『救亡圖存』的，實際上是朕才對……」

星月閉眼點頭說:「正是。現在中國人常罵我們日本人是『小日本鬼子』，罵西方人是『洋鬼子』，實際上真正可怕的『鬼子』是中國人，他們都是『鬼局』底下的一大堆棋子，是真正的『鬼子』。現階段正犧牲一部分細胞傷亡，邊罵邊糾纏，繼續『抗假戰』，讓日本跟過去被中國吞掉的所有民族一樣，掉入陷阱，直到最後沒有利用價值為止。在其歷史上，又會出現一個，犧牲自己存在，締造中國盛世的民族。」

星月接著說：「我們再換一個比喻也十分貼切。倘若將中國歷史當作是一齣連續不斷的戲，這『鬼局』就將是這齣戲後面的編劇者。嫌中國這個舞台自身的演員不夠，時不時將台下著迷的觀眾誘騙進去，讓觀眾的世界跟這齣戲聯接，使得觀眾自己跳進去變成演員，替整個舞台唱戲而不自知，在裡面乘心快意。等到人性的劇本上演夠了，要謝幕改場，這演員已沒有利用價值，就被丟入舞台後方的垃圾場，最終自己沉迷的戲劇世界，就消逝殆盡。但舞台還會繼續，它會比所有的戲劇都活得久。」

又接著道：「老子有云『人法地，地法天，天法道，道法自然』。我日本皇家機關還需要人的智謀去操作，但鬼局一但排列出局面，那就是放任人性去勾串演繹，事情會自然運作出來，但一代漢族一代異族的盛衰起伏，是誰也無法破壞的。也就是我日本皇家機關只到了『天法道』的層級，那麼中國的鬼局就已達『道法自然』的等級，皇家機關肯定不是對手。所以蔣介石的一切，就是從陛下的一切，延伸出去的相反面，在這局內絕對擺脫不了，人是玩不贏鬼的。」

星月所云，說中裕仁先前所想，他總感覺自日俄戰爭之後，皇家遭遇的一連歷史事件，看似相互沒有關連，卻有巧妙的因果關係，可視之為有一個黑手在刻意安排這一切，想要騙他上當。導引到一個固定的歷史循環。他若不肯上當，這黑手還可以驅動他底下的皇軍皇民失控，拉他下水，強迫他跳入歷史陷阱。

裕仁臉上從顫抖扭曲，變成快抽筋狀，盯著這幾張畫作，滿臉冷汗。說：「道法自然……鬼，四千年歷史當中，真的有鬼在幕後。中國幾個歷史階段，真的都在上演同一套盛衰劇本，現在它想讓神武天皇皇統被它消費。朕不上當，它就讓朕的手腳中它的鬼降，不聽朕指令，打朕耳光，甚至自己走入陷阱，讓朕眼看著是陷阱也得跳下去，甚至朕還不能呼救，呼救出去也沒人相信，反而讓自己的一切曝光，皇家權威喪盡，亡得更快……」

接著又苦臉皺眉慘笑說：「呵呵，這群中國鬼子組成的『鬼局』，將來若想消費死西洋人，朕沒有意見，甚至朕有可能會樂觀其成。但我日本皇統絕不能被他們消費。法師快拿出個辦法，一定要給朕終止大陸政策，神武天皇皇統絕不能滅。呵呵……可這鬼局的『道法自然』已經把朕的一切，都做了細部特寫，模鑄出一個活生生的蔣介石，跟朕對得死死，這如何擺脫……」言及此，雙手緊握。

星月雙手合十點頭說：「陛下教訓的是。倘若超個體存在，運用了這個『道法自然』，形成更高等級的魍魎問景，那麼我們在這局內肯定是跑不掉。然而不管一切的道法，都有根源，倘若蔣介石真的是依照皇家內部機關模鑄的反面，那麼模鑄的本身就是根源，倘若是用照相機原理，拍得巨細靡遺，那麼光源就是根源。只要把模鑄的本身變動，或稱光源打散，這個魍魎也就無法在影子的背後了。陛下能明白此理嗎？」

裕仁說：「總不能讓朕毀了皇家本身吧？」

星月說：「當然不是，超個體假設存在，會設計出這種局面，跳出蔣介石這個活生生的完美對映面，來套住我日本，必然是先前我們招惹了他的機關本身。應當從這個部分下手治本。」

裕仁一切都明白了，當初日本不讓俄國佔領全中國，在中國的滿洲擊垮俄國侵略，表面上中國輿論對日本戰勝俄國持正面評價，實際上非常憤怒日本人，壞了中國搞垮俄國，吞食俄國的的局。

星月接著說：「蔣介石的言行矛盾相反行跡，與中國高層的腐朽，與日本軍部勾結的問題，以及中國百姓奇怪又莫名的隱忍等待，這連在一起的局，我們不可能逆轉。而且已經成了綿密複雜的關係，根本無法直接切斷。不然弄巧成拙，陛下的心思就會被察覺。被軍方某些人察覺還無所謂，他們會為了政治利益，替陛下掩蓋事實。但是若被中國人察覺，那麼就會等於被全日本百姓也察覺，那就真的完了。而今之計，只有沿著當年設定的『田中奏摺』來運轉。田中奏摺的設定中，佈了兩個背景局勢，一是全中國，二是全世界。本來是分層佈局，但現在遇到這麼關鍵的情況，就只有把兩個背景局勢合而為一，強化發酵。也就是利用目前歐洲局面的緊繃，把現在日中之間的戰爭，連接到世界局勢去，催化全世界的人一起來跳火海，顛倒強弱勢的背景設定，從而逆轉現在的整體局面。實踐迷海師傅當年設定的，皇家機關秘術第二百二十五招，『極法向返，無間至道』！」

星月說得高深，其實就是簡單的人類社會原理，自己輸了走不開身，要拖別人下水，這裕仁早有這個念頭。

裕仁問：「法師您的意思，是要利用目前崛起的德國？以及他們的盟友義大利？」星月閉眼點頭。又問：「雖然納粹德國咄咄逼人，歐洲極可能再次爆發戰爭。但這畢竟是相隔遙遠，且各自不同的戰爭，如何能連接在一起？」

星月答道：「有兩條路徑。第一條是區隔這兩塊的蘇聯，另外一條是兩邊都有觸角的美國。這兩個大國只要介入，那麼就會再次爆發大正年間，世界性的大戰爭。那麼全世界只要一亂，我們想要敗給中國的目的，就可以從當中達到。」

裕仁瞪大眼，有些抖著說：「這牽扯太廣，恐有困難。」

星月說：「納粹德國是一個重要的工具，他們目前在歐洲的行為，似乎還頗有顧忌。先前的廣田弘毅已經打下了，軍部與納粹德國之間的關係，我們不妨再利用軍方與內閣的一些人，讓他們與德國、義大利同盟相互呼應，逐漸擴大這同盟圈，一方面給納粹德國打氣，另外一方面自然蘇聯與英美各國，都會警惕起來。那麼蘇聯這條線與美國這條線，就隨時可以變成我們所用，促成另外一場世界性的大戰。只要這世界大戰氣候一成，我日本就立刻對中國宣戰，那麼就可以趁著這敗局，徹底整垮軍部的大陸政策。」

裕仁顯得有些恐懼，然後說：「促成這麼大的一場戰局，且要讓我日本敗給中國，從而徹底終結大陸政策。要是弄不好，這會造成日本皇家另外一種危險發生！就是西方勢力從外，滅掉我們日本的皇統根基！」

星月笑著說：「當年師祖亡絕大師，說中國百姓比西洋列強可怕，讓師傅參了許多年。而師傅在收貧僧當徒弟時，也讓貧僧自己去參悟這問題，所以貧僧才佈置了這些畫給陛下聖斷。貧僧所得還比師傅更進了一步。西洋列強要從外滅我皇統，即便擁有口實，也擁有實力，但動手之前一定要思考，這對自己有利還是有害？倘若有利才會運作口實與實力，倘若有害，那麼他的實力就反而會來保護我們，另外替我們編造理由下台。人類從古至今的歷史，無論東方還是西方，政治團體之間，要相互當敵人，還是相互當朋友，可以是一眨眼的功夫就能轉變，只看有沒有這個需要而已。是以老子道德經有說：『以其不自生，故能長生』，日本皇統能傳承兩千餘年，即著眼這個道理，屢試不爽。所以西洋列強，在變局當中，反而可以反覆為皇統長生所用，以躲避中國『鬼局』的打入。今天我們需要美國人來當敵人，他就是敵人，明天我們需要美國人當朋友，他就會願意當朋友，老子以道勝術的根本哲理在此。只要著眼『需要』，美國人很容易被改變，蘇聯人更是如此。但是若軍方的大陸政策大功告成，陛下也知道，整個局就不是我們能掌握了。若對此仍有疑慮，這件事情就且先壓下，看武漢的戰局結果，再作聖斷。」裕仁走出了畫室，到了中廊，星月跟隨其後，又轉眼看著窗外的月光，沉思片刻。

轉而說：「不成！軍方很快就要進攻武漢，武漢一破，重慶就危在旦夕，而蔣介石根本不會打仗，死拖著中國軍隊一起慘敗，若再像先前一樣一直慢動作反應，很快就成入主中國之勢！皇統傳承就將面臨必滅的危機！但先前，軍方幾乎把反對大陸政策的人，都除得一乾二淨，朕現在至少要有動作，不然屆時想要牽扯世界局勢，也為時已晚！你說該怎麼做？」

星月雙手合十說：「老子說：『欲固弱之必固強之，欲固歙之必固張之，欲固奪之必固與之』，要讓目前不受制約的軍方垮台，就先讓他們不斷地擴增地盤與實力，引導他們撞上無法戰勝的敵人，就可以從後收拾。陛下不妨逆向操作，讓一些更激進瘋狂且無理智，卻在戰爭中得不到利益者，利用官職的排列組合，逐步推上重要職位，去主導現在局勢，去挑戰不可能戰勝的敵人。從而圍魏救趙，把中國將垮的抗戰局面拯救出來。這策略，與先皇們施展院政，壓制手握兵權的幕府，是同一個道理。即收編體制外心懷不滿的邊緣人，混淆整個局面的走向。此即皇家機關秘術第三百四十九招『陰流剋毒，末派返源』。如此也有另外一項效果，就是利用政策混亂，替中國人製造緩兵之計，緩和重慶的危機！」裕仁聽了微微點頭。

中國軍民與日本天皇，不約而同，對於『抗戰局面危急』，相當憂慮。當中國軍民高喊『中華民族危急』時，日本天皇也認為『神武天皇皇統危急』。

任何明眼人都知道，蔣中正的抗戰，軍事上一直是消極敗退，政治上用的是，重復當年秦檜趙構二人組的妥協割地策略，再不行就準備搭機逃跑到國外，海外的外匯存底也早開始掏空變賣，進入孔宋兩家族的私庫當中。實際上就是『抗假戰』。中國抗戰的真正領導中心，從頭到尾都一直是在東京天皇皇宮。而今裕仁天皇見『抗戰局面危急』，於是拋出乾坤挪移的策略，要調虎離山。

六門書判－蔣中正以龜局最高超聖者的周公心靈圖像，行龜局最低劣的趙構秦檜之事，最核心原因，就是中華民國龜局是倒映日本的罔兩龜，所以日本天皇內心情境包藏最低劣的氣脈，會顯現在蔣中正周邊景象。故，先前若干年觀其歷史，總是不明白為何有此矛盾，總以為是極端虛偽，製造騙局，實際上有其時代複雜局勢牽連之故，倒不是蔣中正本人的問題。

裕仁暗中對準了極端激進派的口味，派人先拋出了『北進蘇聯』的政策，給激進軍頭們爭議。皇道派的荒木貞夫，自二二六兵變之後失勢，相當抑鬱不滿，見到有新議題可以炒作，立刻跳出來緊抓這個新議題，大力倡導北進進攻蘇聯。不少人走他的後路，但是軍方對此意見相當分歧，還好天皇的皇道蕩蕩，自然能照顧反對聲音，提供了『南進東南亞』進攻英美的策略，供大家來選擇。海軍一直沒有靠戰爭升官的激進派，則跳進來倡導南進，與北進派抗衡。

一時之間，南進或北進，成了日本軍部的熱門話題，爭議不休，互相說服，立場也因此不斷往返轉變。自荒木貞夫之後，一個原本支持大陸政策，卻一直沒有從大陸政策中獲得足夠利益的人，東條英機。開始對南進或北進，產生了興趣，跳進來跟著投機……

無論這北進政策還是那南進政策，讓一些稍微有常識的日本高級將領，頗感錯愕。

中國的攤子才正要進入最後階段，再以這個戰爭勢頭打下去，中國政府就會被打垮，日本必然佔領全中國，消滅最後的抵抗。將來要怎樣統治中國？其政治格局才正需釐清。怎麼突然要轉移焦點，去討論北攻冰天雪地的蘇聯？還是南攻瘴癘雨林的英美殖民地？但這主戰的口味，又對準了陸海軍中求晉升的激進份子之心，為其個人利益考量，是難以拒絕的誘惑，這硬是從強烈主張徹底亡華的軍方派系中，瓜分出一堆人，往這兩個政策後面，跑來跑去團團轉。

中國民國二十七年，日本昭和十七年。夏初，御前會議。

近衛文磨、閒院宮載仁親王、東條英機、畑俊六、岡村寧次等數十位軍政要人，都前來參加會議。裕仁已經派人在會議前就暗示，既然增加了如此多的戰爭費用，日本就要展開大規模作戰，進攻中國在武漢周邊集結的一百一十萬大軍。打完之後，要立刻實行北進或南進，討論是要北進冰天雪地好，還是南進瘴癘雨林佳。

岡村寧次對於會議之前，似乎就已經定調下一階段的選擇，頗感不安。但其他人尚未察覺。

在皇宮會議門外的休息室，畑俊六滿面笑容，先私下對岡村寧次悄悄地說：「目前的大陸政策將有轉機，陛下本來態度曖昧，不贊成也不反對，現在突然積極起來。又通過戰時體制，大規模徵兵訓練，大規模造武器，還要進攻武漢，『徹底解決支那事件』。真是上意難料啊！也許大陸政策就快要擺脫陰霾，撥雲見日，我日本將要成為雄踞大陸的世界超級大國！」

岡村寧次露出苦臉，慢慢地搖頭說：「我的看法不同。雖然也同感現在的大陸政策有問題，但是陛下的積極方式，才是真正問題癥結。完全投激進的少壯派所好，而不是真正要解決當前的困難。這才是我所害怕的！這樣下去，我怕支那的問題會事成騎虎。」

畑俊六也知蔣介石是日本的內應，日本進攻一路勢如破竹，只要天皇裕仁贊同大陸政策，那麼中國的戰後政局就能穩定，怎麼會事成騎虎？於是結結巴巴地問：「事成騎虎？你所謂積極的方式⋯才是癥結⋯是什麼意思？」

岡村寧次說：「我老實說吧。依我的觀察，從日清戰爭開始到現在，我大日本帝國之所以可以屢次打敗支那，佔領大片土地，不是靠著支那內部，有李鴻章這種腐敗的執政者，就是靠著，有孫文與蔣中正這種漢奸內應。不然哪有可能以小國打敗大國？若我們的政治方向不對，日本遲早會慘敗在這！」

畑俊六瞪眼說：「慘敗？不可能！軍事實力上我日本遠比支那強，支那軍隊接二連三潰敗。至於共產黨，根本就已經剩下寡弱的幾千人力量，就像是流寇，不足為患。至於政治問題，不是已經定調，攻佔武漢之後，要像先前解決滿洲國那樣，實施政治解決，最後鞏固佔領區的領土嗎？」

岡村寧次搖頭皺眉說：「拜託呀，我的大將閣下，請你擦亮眼睛，這叫做政治解決嗎？我看是政治自殺，等於主動向支那投降⋯算了⋯別說了，軍方有不少軍官是皇族⋯給他們聽到，我會倒楣。」說到這壓低了聲音，怕隔壁休息室的其他將領聽到。畑俊六繼續追問，岡村始終不肯回答。

知道岡村寧次有深入見解，畑俊六自然不放過，但也看出他怕隔牆有耳，先看了看左右窗戶，見無人注意，然後瞪大眼看著岡村，狠狠地細聲追問：「算我拜託你！岡村你就說吧！我以陸軍大將身分與人格保證，不管你說什麼，只有我知道，決不告訴第三者！」

岡村寧次嘆口氣，低頭小聲地說：「也罷。我就說吧！大將至少該知道，蒙古人與滿洲人入主中國的故事吧？」畑俊六點頭。

岡村寧次接著說：「老實說，這還是一個支那人告訴我，我才明白的。連三百多年前的豐臣秀吉都知道，攻破北京之後，要奏請後陽成天皇遷都，並在北京號令天下，這樣才能快速平定中原，中原一安定，全中國人都會因此轉變立場，那麼平定全中國就是勢如破竹，沒有任何阻力。甚至支那人還會倒過來幫我們追打剩下的殘餘政權，如同元朝滅南宋，清朝滅南明。這是一個最簡單的歷史政治與地緣大小的問題，也是以小國吞併大國，少數兼併多數，唯一的途徑，元世祖忽必烈知道；豐臣秀吉雖沒有實力打贏，但他也知道；皇太極與多爾袞在關外就已經準備好，所以他們更知道；怎麼就只有我們這一群人，偏偏不知道？瞎忙乎替支那的一些沒落皇族、失意政客，來搭政治舞台，還沾沾自喜，自以為聰明？最後還自己畫地自限，轉移焦點，莫名其妙開始鬧起南北爭議，向北進攻蘇聯西伯利亞冰天雪地，還是向南進攻瘴癘叢林的英美殖民地？」見窗外無人，便稍稍敢言，手指著窗外瞪大眼接著說：「把精銳部隊調往冰天雪地與瘴癘叢林消耗，還挑戰工業實力強大的蘇聯或英美……這不是自殺嗎？與其再這樣下去，不如現在就對支那人繳槍投降，全日本聽候蔣介石處分，下場還比較好。」

畑俊六聽了，震了一下，瞪大眼，下巴落下了五公分，頗感驚愕，不過岡村寧次說之在理，才讓他恍然大悟，趕緊說：「這件事情，你有找內閣總理大臣談過了嗎？」

岡村寧次苦著臉說：「不止我一人說過，但是有人掣肘！荒木貞夫，東條英機，還有一群腦袋發熱的激進派軍官，海軍的少壯軍官們，被畫出來的更大利益誘惑，支持這種決策，自稱很懂政治，罵我們不懂政治。他們也開始學習關東軍裡面的那一群人，竟然熱衷玩起傀儡政權，喜歡在那些傀儡後面當太上皇了。那些人私心自用，從中撈飽利益、玩弄權勢也就罷了，但日本也會這樣被他們玩垮掉。」

畑俊六更是吃驚，張口結舌，搖頭說：「不成！不能讓那些人得逞，我一定要上奏天皇！」岡村寧次說：「現在不是時候！攻打武漢已經箭在弦上，等事後再說吧！」

岡村寧次長嘆一口氣後，露出狐疑神情，繼續看著窗外說：「說也是真奇怪，最具爭議的話題，什麼時候不鬧出來，偏偏就在進攻武漢前夕拋出來發酵，加上天皇態度大轉變，氣氛異常詭異，讓我們這些明眼人張口結舌，無法阻止！如今日本只剩下兩條路，第一條就是自動撤出支那，回歸到支那事件之前的態勢，把孫文與蔣介石的密約曝光，讓國民黨被推翻，日本徹底切斷跟國民黨的關係，然後就能找一個理由，改善兩國關係。

第二條就是立刻遷都北平或南京，學忽必烈更改年號，立基兩國的漢字基礎，並討論兩國合併之後的國號問題，降低中國人的敵意，同時集中兵力，連續戰略進攻，把蔣介石與中共的政治勢力消滅。如同多爾袞分兵追打李自成與南明政權一般。除此兩條，支那事件就很難解決，若搞什麼魁儡政權，外加跑去鬧什麼北進或南進，打其他工業強國，在戰局後面節外生枝，日本就等著慘敗！」

畑俊六點頭說：「等武漢之戰後，我一定要上奏天皇！絕不能讓他們鬧什麼南進北進！」

岡村寧次的想法很好，可惜第一條符合天皇上意，但不符合軍方及日本各界人士之意。第二條符合軍方與日本各界人士之意，卻不符合天皇上意。因此現實中都行不通。

御前會議開始。

裕仁一改常態，變成了積極主戰，甚至同意了軍部要求，無限制使用毒氣對中國軍隊作戰。因為他知道，戰場上的勝敗已經不是重點，他真正的『皇軍』，在蔣介石胡亂指揮的狀況下，變得不堪一擊。他強調『接受』軍方的意見，武漢之戰後蔣介石會停止抵抗，徹底投降。並強調，這次要給國民政府『最後一擊』，使之投降，不願再見到『帝國雄師百萬受困於支那』，使得『南進或北進』的『最重要政策』受阻。為此，日本要傾注全國力量出擊，連本土的近衛師團，都調去當預備隊。並且宣佈要再舉行會議，討論北進或是南進。畑俊六等想要發言，但看到御前會議，裕仁突然的強勢主戰作風，迎合了不少軍方派系的口味，自己根本不知該如何切入話題，硬是沒說出口。

武漢會戰的戰火，早在春天就開始，二月二十八日在武漢空中，就爆發空戰。蘇聯的空軍前來支援，擊退了日軍的進攻。四月二十九日，日本陸軍航空兵對武漢大規模轟炸，慶祝裕仁天皇的生日。中國方面已經有所戒備，與蘇聯空軍同時出動，展開了一場大規模的空中戰役，日機被擊落二十一架，蘇聯支援空軍損失十二架。日軍航空兵遭到重大挫敗。

見到中國方面在空中請了外援，日本方面於是拿出真功夫，投入最新式的零式戰鬥機，中蘇聯合空軍，碰到了當時機動性與靈活性，都最強的飛機，雖然仍拼死一戰，但最後幾乎全軍覆沒。

夏季，才搞垮中原戰局，從徐州會戰撤軍的蔣中正，見日軍精銳部隊追打到河南，大為驚慌，聽了陳果夫等人的建議，如南宋高宗當年被金兵追打，決黃河一樣，炸開了河南鄭州花園口黃河大堤，引發洪水阻止日軍進攻，雖然因此殲滅了上萬名日軍，但是中國軍民共同付出的代價，是五十萬人以上死亡，上百萬人無家可歸，失蹤人口還不計算在內，更因此造成饑荒與瘟疫，河南省亂成一鍋粥，自己的軍隊也因此戰力大損。

同時徐州潰敗後，湯恩伯的軍隊紀律渙散，喜歡搶劫盜竊，河南百姓因決河，對國民黨恨入骨髓。根本沒把湯恩伯當作台兒莊勝利的抗戰英雄，反而把他們看成盜賊，厭惡湯恩伯軍甚過厭惡日軍。百姓自組的游擊隊，反而會襲擊國軍，而不是襲擊日軍。

中原的抗日戰局焦爛，不過長江抗戰局面，攸關政權的生死，所以督促比較嚴謹。然而不管多嚴謹，日軍仍然是勢如破竹。中國軍隊從中央軍到地方軍，偕同配合非常差，接二連三吃敗仗，只要中央軍一敗，地方軍也接連潰逃。

日軍以水路快速增援，大舉攻佔安慶之後，大舉進攻江西的重鎮九江，先鋒波田支隊殺入了市區，與中國軍隊巷戰交火……

吳慶堂在淞滬會戰逃出後，才知道父親與兄長都已經在南京一戰陣亡，自己好不容易連絡上了影團，從而接任團長一職。重新組織情報部隊，在九江安營紮寨，而國民政府軍以為他們是淞滬敗退下來的第九集團軍通訊營，於是暫將編入戰鬥序列。不過影團人數不夠，他只是得了金錢資助，手下的組織成員，都是淞滬戰場上，被打散逃出來的人，外加一些中國散兵游勇所組成，士氣低落。各自零星抵抗，難以相互支應。

「這一股日軍只是佯動部隊！主力一定在側翼，快通知指揮官，不可變動防線！」吳慶堂看著地圖，不斷催促通訊兵。通訊兵唐二麻子，快速搖著電話，聯絡後回答道：「報告營長，指揮官罵人了……」

吳慶堂急著搶過電話，大喝道：「不要變動防線，這是日軍的佯動計謀！」

「你是什麼職務？叫什麼名字？指揮上的事情誰讓你多嘴的？」

「我是要抗戰的愛國青年吳慶堂！這職務夠大了吧？不可變動防線！聽到沒有？」

「混帳！這裡是中將指揮部！你只是一個通訊營中校營長……」

「沒人跟你講階級！你是不是要讓九江失守啊？不可變動防線，否則我槍斃你！」大喝打斷他的話。

「他媽的！等擊退日軍，回去辦你，以下犯上！看誰槍斃誰！」

吳慶堂氣得大罵：「操你他媽的黃埔爛貨！你們這些蔣介石的學生，跟你們的流氓校長一樣，根本就不會打仗！」說罷掛掉電話，拔掉電線。

罵得雖然痛快，但也無法阻止這種將潰敗的局面。

唐二麻子問：「營長，現在該怎麼辦？」吳慶堂看著地圖，拳頭砸在上面說：「照這樣看來，九江守不住了，我不想重演上海與南京的事情，被這些人害死大家。全部撤退，撤往瑞昌。」於是眾人趕緊收拾裝備，向瑞昌撤走。果然九江守軍跟波田支隊混戰時，日軍一零六師團主力，大舉登陸側擊，槍砲齊發，側翼的中國軍隊大敗，九江被佔。

同樣的事情，又發生在瑞昌。同樣又是波田支隊，與第九師團配合下，把中央黃埔系軍隊，打得落花流水，瑞昌被佔。中國軍隊撤往附近險要處扼守。另外，德安與南昌兩處的守軍，敗得更悽慘，頂不住日軍的砲火，被打得棄甲拋戈，望風而逃，兩地自然也跟著失守。主力部隊，一些往安徽，另一些往湖北，分頭奪路逃竄。但對外大喊：「戰略目標達到，九江南昌等地區已不再重要，我軍實施轉進，等待反攻時機，痛殲倭寇，以利長期抗戰。」

馬當鎮要塞。

吳慶堂率著本隊，與當地守軍一起奮戰，戰況空前激烈。轟隆連續作響，連續炮擊，把要塞外的數個陣地轟垮。接著在數十台戰車為前導下，日軍排山倒海，跟著日本太陽旗後面殺來。中國陣地殘存的機關槍開始噴火，迫炮也不斷拋線射擊，吳慶堂拿著手槍指揮班兵作戰，但仍抵擋不住日軍攻勢。忽然日軍的幾發子彈打來，吳慶堂滿臉是血，他嚇了一跳，以為是自己中彈，仔細一看左右都倒斃，而自己還在呼吸，才知自己還活著。

一名刺刀上掛著小太陽旗的日兵，跳入陣地，要往吳慶堂這邊刺來，他趕緊醒神，手槍一發將這日兵打死。然後蹲下迴旋，將身後要放冷槍的一名日兵也打死。但是日本坦克車與大批日軍殺了過來，兩軍已經拼起手榴彈與刺刀戰，他蹲在掩蔽物後面，等待廝殺。

「營長，快撤吧！師長陣亡，陣地守不住了！」他的手下士兵這麼吶喊著。

吳慶堂大罵：「誰再喊撤退，我斃了誰！」答道：「要塞已經失守，死守在這又有什麼用？聽說日本人死不投降，看到你才知道所言不假！」吳慶堂吃了一驚，怎麼這中國人又看出自己是日本人了？遂問：「你在說什麼？」士兵答道：「我們知道你是日本人，只有你自己以為我們不知。看在你那麼奮力抗戰，我來掩護你撤退！」吳慶堂喘口氣說：「兄弟，你叫什麼名字？」士兵笑道：「陳大膽。」吳慶堂笑說：「大膽兄弟，我們一起撤！你得活命！這是命令，要是你敢被日本兵打死，我就槍斃你！」陳大膽端起衝鋒槍，大笑說：「好，那就一起撤！」

於是兩人一左一右，奪路撤走，四面都是敵人，八方都是虎狼，飛蝗般的子彈從兩人面旁飛過，兩人命懸一線，脫離戰場，最後終於逃了出去。馬當要塞失守，第九師團與波田支隊，穿過江西與安徽防線，如入無人之境，往武漢進發。

「人多但火力弱，就不能死板板打陣地戰，蔣委員長根本就不會打仗！」兩人逃出生天，倒在一樹下休息，吳慶堂喘著氣這麼說道。

六門書判－當時的人，都會怪蔣委員長不會打仗，但看到最深入，蔣委員長又何必要會打仗？你們要會打仗，假設犯什麼政治錯誤，由蔣委員長槍斃你們。這樣沒錯。

「呼……誰叫他是委員長……武漢假設還守不住，委員長又要跑路啦，再這樣下去，重慶也不可能守住。我就不信他會往雲南或西藏去跑！」陳大膽也氣喘呼呼地回答。「……看來抗戰得換另外一個方法，不然我們淞滬會戰沒死，徐州會戰沒死，武漢會戰沒死，遲早也會被他這樣胡亂指揮害死……抗戰還是慘敗……」陳大膽也笑了，他說中了中國一般人的心聲，轉問：「我說……你這日本營長，明明是日本人，為何要幫我們抗戰？」

「以後有機會再告訴你，只要你知道我是中國這一邊的就好。我現在不打算歸隊，準備北上進入淪陷區，與我們共同抗戰的同志會合，你要不要跟著來？」笑道：「當然要，雖然你很會冒險，但跟著你，還是比跟著蔣委員長安全。」

長江南路的中國軍隊接連潰敗，江西、安徽兩省防線被打破。日軍只有在萬家嶺，遭遇「不是黃埔系」的薛岳指揮的部隊，才遭遇頑強死戰，薛岳以優勢兵力側擊，將前鋒四個團全殲，日軍才吃了一場敗仗。不過後續主力憑藉優勢火力，又接連發動攻勢，轉敗為勝，接連突破薛岳佈置的防線，薛岳只得率軍潰走。

至此，長江南路的中國軍防線，全部敗退，江西安徽到湖北一線抵抗力瓦解。

長江以北，軍紀敗壞的第六師團渡過了太湖攻來，中國軍隊第六十八軍與三十一軍，各自為政，雖然有組織反擊，造成日軍重大傷亡，但自身防線也被打破，節節敗退。大別山以北這一路，日本第二軍總共四個師團衝殺過來，與數個中國集團軍混戰成一團，形成一場大會戰的形勢。槍林彈雨，從晝到夜，都是轟隆廝殺之聲。

中國軍隊的第五戰區第三集團軍，將第五十一、第十九集團軍及第七十七軍部署在安慶的六安及霍山地區，第七十一軍防守富金山及固始縣地區，第二軍團在河南省的商城及湖北省的麻城，第二十七集團軍及第五十九軍在黃河地區及第十七軍團在信陽組織防禦。日本第二軍分兩路從合肥進攻，南路的第十三師團突破了中國軍第七十七軍的防線、攻佔霍山及轉向葉家集，連續攻佔大別山附近的戰略要地。第十師團，連破中國軍隊防線，攻佔六安，固始縣城之後繼續西進，經過連番激戰，節節推進，迂迴到新塘及攻佔平漢鐵路的柳林車站。長江以北的中國軍隊，至此被打垮了一大半，剩下的一半只能躲在偏遠鄉鎮，無力再戰。

江北江南兩路，中國軍隊都徹底潰敗，江西安徽的抗戰局面瓦解，日本第二軍曾同第十一軍一同進逼武漢，約此同時日軍大舉從海上進攻廣州，中國守軍經過激戰後潰敗，廣州被日軍攻佔，中國對外門戶被徹底封死。中國軍隊原本可以用武漢這個要衝城市，當作誘餌，讓日軍陷入陷阱，以巷戰狙擊纏鬪住。並以大量預備隊在外實施反包圍，藉此有利地形沖垮日本主力軍。但蔣介石不會打仗，根本看不出這敗局當中的勝算，也不容許別人有這種計劃。

蔣中正先前在媒體面前，信誓旦旦，宣佈：「繼淞滬會戰與徐州會戰之後，武漢會戰即將展開，國軍將給進犯的倭寇，迎頭痛擊，保衛武漢，一雪前恥，創造比台兒莊還要更大的勝利。武漢是抗戰當中最重要的城市，國軍將堅持武漢防線穩固，可以擊退倭寇，國人不需要擔心。」又在軍委會開會時說：「余自投身國民革命以來，便有臨大難以身殉國之志，黨國今日遭逢危機，國家民族慘遇倭寇蹂躪，退此一步，即為死所！」

結果見到戰局節節敗退，黃埔系門生全面潰敗，再度苦求校長撤軍，忽然在軍委會中改口宣佈：「此次作戰，戰略目的已經達到！以空間換取時間奏效！既然廣州都已經淪陷，武漢戰略地位也就不再重要，國軍將實施轉進！以保衛重慶，長期抗戰。」於是下令全軍撤退。從武漢行營撤回重慶。竟然又重蹈胡亂下令撤軍的覆轍。

原本湖南、四川、雲南、河南各省，風風火火趕來馳援的各路軍隊，還打算在武漢三鎮與日軍作最後一搏，收到撤退命令之後，均大失所望。又是一次淞滬會戰的重演，各路大軍奪路而跑，所幸日軍集結武漢重鎮，沒有來追。但中國軍隊的抗戰意志大為動搖，從此變成消極。此大規模戰役，中國軍隊傷亡四十餘萬人，日本軍隊傷亡十三萬餘人，協助中國的蘇聯空軍陣亡一百人，武漢淪陷，蘇軍支援的空軍也所剩無幾。中國軍隊幾乎兵敗山倒，抗戰局面危急。日軍大舉進駐武漢，高舉武士刀，呼喊天皇萬歲，在蔣介石的武漢行營前拍照，以示大日本帝國皇軍在此戰役大獲全勝，日本軍部順勢制定，戰略總攻重慶之計畫，軍方透過媒體對全日本人宣告，將要徹底亡華，消滅支那的最後抵抗。

同時日軍前鋒進入湖南，原本在淞滬會戰還有一定表現的張治中，此時已經被戰局崩潰的速度嚇壞，先前計畫日軍進入長沙就要焦土作戰，軍民撤離後，立刻焚城。結果軍民情緒緊繃，訊息傳遞錯誤，日軍還沒到，大火就燒了起來，生命財產損失慘重。張治中讓下屬擔罪，輿論譁然，大罵他找替死鬼，他只好放棄軍事指揮權，轉調虛職。全國百姓已經看出，抗戰的局面即將崩潰。

到一九三八年年底，抗戰開打才不過一年有餘，北平、濟南、徐州、太原、上海、南京、蘇杭、洛陽、廣州、九江、安慶、武漢等等有工業力量的重要城市，全部失陷、對外海上交通要道被封死、海運停擺、海上與江防力量被殲滅、空中力量瀕臨被殲滅、主要鐵路線被佔、內陸運輸陷入困難、經濟陷入困頓、主要工業區全陷敵手、重武器生產基地全毀、部隊的軍火供應缺乏、車輛與機械所需的石油能源產地被佔領、陸軍裝備精良的主力部隊被擊潰、所剩數百萬大軍已是烏合之眾，士氣低落，被切割分散於，難以相互支應的幾個戰區，整體戰略防線瓦解。同時日軍進逼四川，不斷轟炸重慶，重慶居民一夜數驚，敗局浮現，全國震動！

國際之間是現實的，沒有人理會西洋強盜宣稱的國際公理，連西洋強盜們也是在對自己有利益的時候，才說國際公理。以致見到蔣中正在武漢的抗戰潰敗，外國人自然有棄卒保車的利益選擇，在中國的權利，只是一些不平等條約的經濟利益，沒有政治統治的實質利益，但在東南亞殖民地卻是整個領土佔領的完整利益。所以打算放棄在中國的零碎租借區，以保住東南亞。英美國內政壇上，已經有將自己在中國沿海的一些權利，全部讓渡給日本，協助日本完成大陸政策，換取日本不挑戰英美在東南亞殖民利益的呼聲。蔣當初號稱，以空間換時間，等待國際公理與其他強國介入的所謂戰略，已經破功！不管中國人當時還有多高的抗戰熱潮，現實當中就是面臨這種敗局。

六門書判－但真的不會有強國介入？罔兩這麼喊，就看景會不會照做？

所幸真正領導中國抗戰的裕仁天皇，即時拋出的北進政策，在日軍內部開始試探性地發酵，滿洲日軍主動攻擊蘇聯軍隊，在邊境張峯鼓衝突，日軍被蘇聯軍隊擊退。然而蘇聯內心仍然害怕日本，仍不願意因此介入中日之間的戰爭。

畑俊六風光無限，搭乘軍艦抵達日軍佔領的武漢，雖然左右軍官拼命恭賀，甚至迎逢拍馬，預祝繼續高升。但他內心惆悵不已，假設岡村寧次說的是真的，那現在的勝利只是假象。武漢被攻佔，蔣介石雖然即將完蛋，但日本內部卻莫名其妙，開始鬧起什麼北進西伯利亞，南進東南亞地區的爭議。這時他斷然上奏天皇，表明自己對中國問題的疑慮。不過他才一上奏書，馬上就被調任回日本大本營，失去實權，明升暗降。

無間至道，陰陽相映，惆悵的不是只有日本的軍人，中國軍人也如此。

鄧錫侯，潘文華，劉文輝等四川省的幾個軍閥，看到淞滬潰敗，徐州敗走，武漢淪陷等等慘況，外加黃河決堤，長沙大火等惡搞，對蔣中正胡亂指揮，惡搞抗戰非常害怕。認為遲早這四川省，也會被他老蔣搞垮。更讓他們不滿的，就是強派跟日本人交情甚好的張群，來當四川省主席，張群甚至暗中拋出，用『四川曲線救國』的口風。於是四川軍閥也拋出『四川人保護大四川』的口號。要求軍委會把四川省防務交給川軍佈署，將每戰必敗的黃埔系軍頭們，都調離四川。

蔣中正一聽，當然非常忿怒，但當前局面危急，需要團結，不能動手除掉他們。只好請桂系的人去溝通緩和，強調不會動到他們對川軍的指揮權，也不會把他們派到前線去送死。另外指派鄧錫侯為，川康綏靖公署主任，潘文華為副主任。不過這種讓步只是手段，在軍委會中露出真面目，開始強龍硬壓地頭蛇，大肆批判地方將吏『抗戰精神消極』，沒有配合中央的『抗戰方針』，他提『抗戰精神說』並宣稱要重塑軍紀。正當各路軍閥被蔣中正的抗戰精神說唬住時，忽然宣佈四川省的門戶宜昌，將由蔣介石嫡系愛將，陳誠，率他的『土木系人馬』督陣，要川軍各路人馬都得配合。

川軍軍閥們一聽，是只會吃敗仗的陳誠來守四川門戶，全部啞口無言。

重慶，潘文華住所。

三人對飲喝了些酒後，忍不住大吐不滿。

潘文華說：「看來他老蔣，遲早還是要把我們架空，讓他的漢奸朋友，跟日本人父情很好的張群，來當四川省主席！格老子的！真可惡！」

鄧錫侯說：「忍忍吧！我們無可奈何的。現在全中國人都要團結抗戰，被迫都得擁護他老蔣來領導，他老蔣也藉此壓制眾人，大喊誰不服從他，誰就是破壞抗戰。現在右鬧內鬨，我們連命都會沒有，還能爭什麼四川省主席？」

潘文華確實感到剛才的話有點狹隘，改口道：「現在全民都團結抗戰，張群的這件事情，我跟你一樣，忍下去就罷了。免得別人說我們只會內鬥，不顧國家的危難。但是你自己看老蔣打仗，在淞滬，在徐州，在江西，在武漢，胡亂指揮作戰，臨陣逃跑，全部慘敗，還搞了一個炸黃河大堤，又一個長沙焚城，這些拖垮自己同胞的鬧劇。我們川軍的增援部隊，在這幾場仗中，全被他的黃埔門生拖累，死傷慘重。這戰爭再這樣打下去，你認為重慶還守得住麼？全中國人若還擁護他抗戰，我們遲早得當日本天皇的皇民！」

劉文輝喝了口酒，也操著濃厚的四川話，接口道：「我認為潘兄說的沒錯！我們可以忍張群，但不能忍他蔣瞎指揮抗戰！最氣人的是，他手下的黃埔門生，在前線打了敗仗逃回來就算囉！明明是日本人的手下敗將，但在軍委會上還是氣燄高張，說什麼這是『空間換時間』，『戰略大轉進』，那些淪陷的地方，目前已經不再重要，國軍其實是打勝仗。全都是狗掀門簾，靠的是一張嘴！」說到此，用力拍桌。

這說到了重點，鄧錫侯放下了酒杯，低聲道：「你們說的沒錯，這才是讓人頭痛的。但他現在大力動員報紙媒體還有廣播，還在軍委會強調，全國團結抗戰，不准任何地方將吏抗命，否則就是抗戰罪人。要軍法審判。這不就是針對你我所提出的『四川人保護大四川』這個口號而來？四川老百姓在團結抗戰的口號下，當然是救中國優先，一定是聽他的命令，不會聽我們的苦衷。」

潘文華也面紅耳赤，脫口說出四川髒話：「格老子的！這抗戰已經被蔣介石搞成了，武大郎吃砒霜，吃不吃橫豎都是個死！蔣介石這個上海流氓，先前害死東北人，害死北平人，害死南京人，害死河南人，現在終於也要來害死我們四川人囉！我看最後全中國人都會被他一一搞死！他到時候一定帶著孔宋兩家畜牲，搭飛機逃到國外去，大喊這是『戰略大轉進』大家要等他『反攻復國』！」

潘文華越想越氣，奮力拍桌滿面通紅說：「格老子的！蔣介石這隻畜牲！比三國演義上的董卓還壞！真想一槍斃了他！」

六門書判－周公前世，聖人做夢都在想念景仰。周公再世，地方軍閥都大罵畜牲。也許前版真的會相信當時人的怒罵，但知道深度系之結構。這到底是他的問題？還是你們時代汙濁的問題？此版，我比較偏向於後者。況且孔宋兩家確實畜牲，這又暗示，蔣公黑化，孔子也會黑化，與中華民國同為龜局的宋朝，不也同等級，你們可以拋棄轟走他們，但他們的行為惡劣又有更大汙濁的歷史底局造成。他們至少有指向作用。

三人一陣怒罵出氣後，也知道大局不是他們能改變的，慢慢恢復冷靜。

鄧錫侯冷著臉，慢慢地說：「現在罵也沒用囉，我倒有一個想法，你們參考看看。」另外兩人看他神情變化，語氣壓低，知道這是檯面下的機密意見，於是點頭附耳過來。

接著面帶詭異小聲地說：「既然他已經讓他的愛將去搶鋒頭，守宜昌，我們就當看戲！然後再作計議。倘若日本人真的打進重慶，我們四川軍先拼死作戰，作最後抵抗，對中國老百姓交代。假若還失敗，那就到雲南去，跟盧漢合作，找個機會把蔣介石抓住，送給日本人當大禮。最後跟日本人議和，就擁護他們的天皇當天皇。反正我們中國，以前也有外族人來當過皇帝……」

說到此，語調逐漸放更慢，聲音放更小，微微點頭，手指點著桌面說道：「看看我們中國歷史，這外族人當皇帝……到最後中國還不一樣是中國？四川還不一樣是四川？你我好幾代祖宗，不也曾留過清朝的辮子？中國反而這樣更大更強，滿洲人還不最後變成了中國人？最後再來改朝換代，說不定這樣的結果，反而更好……」

潘文華與劉文輝聽了，都跟著鄧錫侯微微點頭，露出了詭異的神情。

重慶，委員長行營。

蔣中正的近身幕僚陳布雷，被招進密室，室內還有陳立夫與陳果夫兄弟，坐於蔣兩側。只見桌上，擺滿著一大堆軍事地圖，以及前線將領呈上來的敗報，而蔣中正面有愁容。

陳布雷道：「介公，您有事找我？」蔣中正臉微微往一旁空座方向，擺了一下，後道：「都是自己人，跟外人不同，所以你也坐吧。」陳布雷鞠躬後入座。

蔣中正指著桌上的軍事地圖，神情僵硬地說：「布雷啊，你應該知道，前線失利，武漢已經失守。我軍主力退往宜昌一線佈防，抗戰局面危急！」陳布雷微微點頭，面色凝重。

蔣中正接著道：「現在英美各國，竟然都跟在德國後面，轉而支持日本，蘇聯也有跟日本和解，中斷對我們的空軍援助。這仗再這麼打下去，我們就要亡國滅種！李宗仁，張學良這些人，先前整天只會喊抗戰，喊到現在呢？」說罷眼神瞄一旁，無精打采，面帶怨氣。

陳布雷轉而心思，先前九一八事變發生，你自己實施不抵抗政策，開門揖盜，讓日本佔據資源豐富，軍事工業基礎完善的東北三省六年，使日軍逐漸壯大，而自己在國內跟共產黨拼命掀內戰搞內耗，還縱容宋子文與孔祥熙等，買辦腐化，國力日蹙，才造成今天這局面。陳布雷雖知此理，但他只是個追求名利的小人，當然不敢戳破蔣，於是擺著笑臉說：「介公說的是。但抗戰局面已經展開，不繼續抗戰，國人的反彈也是問題。」

蔣中正冷冷地說：「這我也知道，國人要求抗戰，就算再不願意，也得全力抗戰。所以才找你們來商量，看現在該怎麼辦？」

眾人沉靜不語，似乎拿不出主意。

蔣中正按奈不住先開口，面露嚴肅地說：「我不找軍事將領來商量，而找你們三個，難道你們還猜不出個大方向嗎？」

陳立夫心領神會，於是微笑說：「蔣叔，我有一個主張。」

「那就快說。」

「如同先前聯絡日本友人支持您當黃埔軍校校長一樣，趕緊請他們斡旋跟日本軍方談判，或許可以緩和一下日軍的進攻？」

蔣中正面露不耐，手仗敲著地面說：「這都已經秘密在談啦！但那些日本友人，有的已經去世，剩下的都從軍政界退休！而且現在仗都打成這局面，日軍信誓旦旦要拿下重慶，他們的態度現在非常強硬，條件很高！更何況，就算談成了停戰條件，國人也不會答應日本人的要求，只會罵我蔣某人對日本人妥協！」陳立夫陳果夫兩兄弟，餿主意用盡，面對日本人動真格，就沒招術矣，只好默然無語。

陳布雷露出詭異的笑容說：「介公，和談是一定要，不然重慶真是守不住。但不需要您去談，讓另外一個人去談，跟介公無關……」蔣中正眼神乍亮，追問：「你是說誰？」

陳布雷露出奸笑，慢條斯理，一字一句地說：「先前派過去的殷汝耕，已經被日本人冷落，沒有替介公辦好事。現在副總裁汪兆銘，拋出過曲線救國理論，不如就讓他出頭，去跟日本人和談。這通敵漢奸的罵名，就讓他去……」他的語氣，一聽便知是偽善的假文人，但這種貨色適合當統治者的奴才。

於是蔣中正微微點頭，輕聲道：「布雷，你這麼說就不對了，這不叫做漢奸，殷汝耕與汪精衛他們，都是曲線救國，是救國救民的革命志士。」

陳布雷感覺詫異，先前也在他面前，稱讚過殷汝耕等人，與敵談判周旋，替黨國盡心盡力。之後他們名聲臭了，就跟著人罵他們是漢奸，指責他們通倭。現在蔣中正自己又想要通倭，於是又變回來，說他們救國救民。

他接著道：「既然都是自己人，我也不說外話。所謂空間換取時間，只是應付那些堅持抗戰的蠢老百姓。你們也都知道，現在國際根本沒人出兵幫中國。蘇聯給的少量空軍。日本人一派出先進的戰鬥機，還不都像打蒼蠅一樣，一架架都被擊落？蘇聯頭目史達林說要給直接支援，結果就這些戰鬥力，最後也是食言而肥。再這樣下去，重慶一定失守。」

六門書判－斯大林當然不會那麼認真救蔣中正。爾周公之現世，正是來拒絕他，豈有王莽遭拒，還全力挽救周公之理？一個儒家元始精神上祖，另一個儒家標準操到極限失敗的汙名之師。當然這一回，他要看孔聖都夢之人，怎麼被汙名？

陳布雷露出苦笑，緩緩地說：「介公有任務，自當全力去辦，而副總裁確實也很想要曲線救國。不過說實話，基於這些年累積的一些事情，副總裁對於總裁您，頗有意見。若要副總裁去辦，恐怕需要解開他對總裁您的疑惑。」這話蔣中正自知是何意，從北伐以來，他對國民黨左派人物與各路地方軍閥，所作的諸多承諾，大部分皆言而無信，或言而半信，反覆滑頭耍詐。現在要汪精衛再去相信他，確實很難。

當然，在這混沌亂世，周公也不得不耍詐。

蔣中正冷冷地說：「他汪精衛猜忌我蔣某人什麼，我一清二楚，那是他個人偏見，自然不會跟他一般見識！不過就是怕我過河拆橋，最後在國人的壓力下，罵他是通倭漢奸，然後派人去鋤奸。這一點你轉告他，大可不用擔心，現在的戰爭局勢已經很明顯，我蔣某人現在也需要曲線救國，不會拿石頭砸自己的腳。只要他汪精衛承諾兩件事情，我蔣某人會保障他的安全，絕不會公開說他是漢奸。」

陳布雷問：「介公要他承諾什麼？」

答道：「第一，曲線救國這件事情，我暗中支持，對外不置一喙，跟我蔣某人無關。第二，他到了日本人那邊和談之後，若要跟日本人有政治合作，不能竊據國府主席的位置，不能公開要求我下台，必須跟殷汝耕一樣，談判結果要我蔣某人點頭。日本人無論答應不答應，我蔣某人的軍權與政權不能卸，只可以交給他另組國民黨分部的權力。關鍵是全體國民，不能把我跟他混為一談。」說到黨的權力，陳立夫與陳果夫就非常緊張，但蔣介石已經開口，兩兄弟自然不敢有所牴觸，只能閉嘴不敢復言。

陳布雷知道蔣汪兩人的情結，汪精衛肯定不願意，單獨背這個漢奸的黑鍋，於是問：「萬一副總裁堅持，要介公一起公開宣布呢？」

答道：「這你就不妨先答應他，讓他派人來找我，之後我自會轉彎處理。總之只要汪精衛想要曲線救國，我又不會應國人的鋤奸要求，他自然會去做這件事！」這話陳布雷心領神會，汪精衛自從九一八事變大喊抗戰失敗之後，就轉而有向日本人靠攏的投機心理。蔣中正想用這心理，耍弄陰招。

又問：「介公您這兩點，屬於跟副總裁的個人協議。那跟日本人方面，您可以劃給副總裁的談判底線又在哪裡？」

蔣中正繃著臉，終於繞到事情的核心，滑頭的本性作祟，手杖敲了地面，順口大喊冠冕堂皇的話：「黨國現在面臨到這種困境，我也不能不對日本人有所退讓。事後自然會帶領全國同胞，臥薪嘗膽，反攻復國，光復大好河山。」

陳布雷又問：「那麼日本人若問抗戰局面怎麼緩和呢？」

蔣中正說：「讓他轉告日本人，基於孫總理在日本簽下的密約，我不管在任何情況下，都不會作戰略反攻，只會維持現有的戰線態勢。這一點日本人心領神會，一說便通，日本軍界高層，不會在這方面為難我們的。」陳布雷點頭示意。

蔣中正突然握緊拳頭說：「剛才說了！南宋與金人的前例，不是我蔣某人真正目的！這是要學勾踐臥薪嘗膽，田單忍辱負重，所以我蔣某人才暫時作退讓，我們遲早會反攻復國，光復河山。你們都是自己人，現在外頭風聲很緊，出去別亂傳話，免得被李德鄰這類有心人士，造謠抹黑我蔣某人。」三人點頭稱是。

蔣中正可能沒意識到，從此刻起，他一輩子都要活在，『反攻復國，光復河山』這個自欺欺人，貽笑後世炎黃子孫的政治騙局當中。這種嘴炮式的『勾踐』與『田單』，在歷史上雖屢見不鮮，但會喊一輩子而不臉紅耳赤者，也只剩下蔣中正。

六門書判—既然是周公再世來應渾沌之數，也只能如此，否則局面會更難以控制。前版不該如此奚落之，雖然是事實，然蔣中正也有其難處。至於臉不紅赤，仍堅持喊做不到的口號，貽笑後世，歷史罕見，其也乃亡靈書之必然要求，以做不到來做到。當自己也體驗亡靈書流程，才醒悟，十三年前的版本，不該這麼溪落之。

話鋒轉移，說裕仁天皇已經大動作，開始搞釜底抽薪，但是武漢畢竟已經被日軍攻破，重慶很快就是下一個戰略打擊目標！中國抗戰局面就要崩潰，只要中國政府一垮，裕仁已經能看到，日本國內的狂歡與騷動，『中國大陸為日本領土』就成了全日本人的共識，到時候就算有再多的政治語言都是枉然，更不可能還繼續『烏龜縮殼假裝不知』！

於是快速展開另外一項大動作，先讓日本政壇開始混亂！

於是繼先前的近衛聲明之後，再逼迫近衛文磨作第二次發表聲明：即其「東亞新秩序」，修改「不以國民政府為對手」的消極態度，轉為「更積極的議和」。倡議建立一個由日本、支那、滿洲國組成的經濟聯合體，以日華平等的原則，實現善鄰友好，共同防共，經濟提攜。其中並要求國民黨放棄抗日容共政策，更換人事組織，影響和平的蔣中正必須立刻下台。

局面危急，不容拖延，於是緊接著在年底，又在議會發表第三次聲明：重申東亞新秩序內容，並宣稱日本之所以進攻支那，期旨不在領土與賠償，更不是要與支那人為敵，而是要結合東亞兩大文明，日支滿三國，建立東亞之新秩序。新秩序內容有三：一，善鄰友好。二，共同防共。三，經濟提攜。大日本帝國要將建立「大東亞新秩序」的重要義務，分擔給支那，國民政府應立刻讓蔣下台，雙方和談。和談成功後，日本將廢除在華不平等條約，歸還所有租界。

說完這聲明，近衛文磨舉止鬼祟，眼神飄忽不定，所有議員與軍方代表都譁然。雖然並不阻止軍方的攻勢，但聲明的言語當中，已將『支那』的定位釐清，不會兼併領土，這讓軍方十分刺耳。裕仁為了防止又發生暗殺與兵變可能，於是近衛文磨任務完成，準備辭職，來一次搬風。

大部分中國人看了這三聲明，當然不會接受有所謂的滿洲國，還以為蔣是堅持抵抗者，所以日本才要他下台。多數人都沒有在此中看出，在日軍節節獲勝進逼重慶，中國抗戰局面節節潰敗，重慶危急的形勢下，大談和平秩序就是在打橫炮，扯日本軍方後腿，替中國人搞緩兵計！蔣掌權，中國從黑龍江一路敗到重慶山城，要他下台，就是替中國除掉最大條的抗戰內奸。但主要目的，還是為了要保護自己皇統。

皇宮御政廳。

近衛文麿帶著外務大臣有田八郎，一同進到皇宮，求見裕仁。行禮賜座之後，先討論了一些外交的細節，接著趁裕仁語氣緩和，於是切入重點。有田八郎先把一張圖片呈給裕仁看。他看了一眼，點點頭沒說話。

近衛文麿接著說：「啟奏陛下，最近議會與民間輿論，掀起日、德、義三國結盟反共的熱潮，臣下沒有反對。從而有一批人，鬧出了這張圖……」

只見此圖，近衛文麿竟然成了希特勒與墨索里尼的朋友，甚至可以被看作是三國結盟的核心倡議者。

裕仁點頭笑說：「這很好啊！共產主義一直以來就是我們的敵人，你先前發

表的聲明，不也是有反共的嗎？既然中國不肯跟我們一起反共，我們就找德國與義大利，一同反共。你做得很對，尤其把你放在希特勒與墨索里尼中間，讓你代表日本成為國際反共的中堅！朕認為這非常好！」語氣鏗鏘有力，且目光銳利看著近衛文磨。

近衛文磨見了，渾身顫抖了一下，這等於底下的人一拱，上面的人一點頭，他就得當這項政策的頭面人物，負起全責，於是說：「臣下不敢！依照陛下先前的旨意，臣發表過對中國的三原則之後，就要辭去內閣總理大臣之職，臣即將離開。呈上這張圖的意思是，共產主義雖然是英美各國所厭惡者，但是德國與義大利的獨裁體制，擴張政策，也被英美各國所猜忌。歐洲目前的局面，兩邊關係十分緊張，我日本與英美向來比較接近，在亞洲也比較多交集，日本似乎不該跳進去選邊站。」

裕仁正色說：「跳進去選邊站有何不可？將來無論是北進反共打蘇聯，還是南進對付英美，都需要德國與義大利的支持，這項戰略，遠交進攻，很有眼光！」語氣擲地有聲，再次瞪大眼盯著近衛文磨。

近衛文磨大感吃驚，這代表天皇有意要轉移戰略目標，趕緊說：「若是遠交進攻，那就要先把鄰近的支那徹底征服，至少也要將支那沿海併入版圖，使用他們的礦產資源以及……」裕仁聽了馬上變臉，立刻說：「你難不成要學田中義一？先前你發表了三項聲明，哪一項是有征服中國的？」

近衛文磨一聽，感到裕仁內心最滑頭的一面，這三項聲明，本來就是依照你裕仁要求所制定，現在又變成「你的三項聲明」。這滑頭的內心，偏向敵人的政策，讓近衛文磨發現裕仁跟蔣中正大有相似之處。當然相似，蔣就是裕仁內心最深層，所投影出來的活體，或稱蔣是最大的活體降擬裕仁的內心，因為同樣都是練龜功的，這一層就算他近衛文磨想破頭，也想不出原因來。但畢竟近衛是皇族遠親，隱隱約約能看出，為何皇家要這樣搗鬼。

近衛文磨趕緊行禮道歉。裕仁緊接著用力指著桌上，中間貼著近衛文磨大頭照的這張圖片，說：「朕喜歡這項戰略，你辭職之後好好研究。之後朕或許還要你回來再擔任內閣總理大臣，中國的事情已經定調，你的三項聲明說得不錯，朕會讓別人接手去做，你就不要想太多。」已經定調，還要再回鍋當內閣總理大臣？近衛文磨臉冒冷汗，看來自己是跑不掉，要替天皇來承擔這項政策的責任。

近衛乾脆直接略挑明試探說：「臣下先祖，也是後陽城天皇，雖多世旁系已經等同平民，但也略有所知。大陸政策如此反覆矛盾，是不是因為皇家不能如滿人皇族那樣？」

裕仁瞪大眼，不發一語。

既然不否認，那代表承認，近衛趕緊鞠躬告退。

本想讓有田八郎，上奏關於日本新的外交佈局，而今看來不需要了，兩人相互對眼之後，退出了皇宮。

無間至道，陰陽相映。

消極氣氛自然也無獨有偶，日本有人對戰局感到悲觀，中國也有人對戰局感到悲觀。武漢會戰開打時，汪精衛已經看出蔣中正畏懼賣國密約曝光，也畏懼戰力差別，消極躲避，只想防禦求和，企圖重演南宋故事，並認為在日本堅持戰略進攻下，中國已經必敗無疑。汪精衛自北伐以來，自認為自己該是孫文接班人，該當全國的領袖，卻不斷被蔣政治暗算，踩在腳底下，黨政實權被蔣這個軍頭把持，從而抑鬱不得志，是當時典型的失意政客。既然是失意政客，當然到處找機會鑽，沒有中心信仰可言。

重慶，汪精衛住所。蔣的幕僚陳布雷，來到此處拜會。

進了門，寒暄行禮之後，陳布雷帶著怪異的微笑，先一字一句，清楚地說了一些摸不著頭腦的渾話：「副總裁鈞鑒，武漢會戰的結果，相信您也已經收到報告，很快重慶也會受到轟炸。副總裁是國家的棟樑，民族的救星，千萬百姓指望著您的表態。不知副總裁對之後中日兩國的關係，有什麼指示，可為全國同胞遵循之圭臬？」

話很阿諛奉承，但裡面卻藏著暗算人的毒計。汪精衛已經看出他肯定是受蔣中正指使，來這裡搓人事，要汪來替蔣辦一些，有後遺症的事情。汪精衛吃蔣的這種暗虧，已經不是一次兩次了。

但是實權落在蔣手上，汪精衛只能被動，不好逐客，於是皮笑肉不笑地說：「陳先生，兵權與政權都不在我的手上，而是在蔣委員長的手上。你說的圭臬其實是他，問我有何用？」

陳布雷眼睛晃悠了一旁，竟然也皮笑肉不笑的說：「副總裁是當年孫總理重用的人，也是在聯俄容共時期，孫總理曾經點頭的接班人。所以您的意見，蔣委員長當然也要以為圭臬，您才是我們的頭面人物啊！」

言及此，汪精衛已經忍不住了，破口大罵：「住口！你放屁！」

陳布雷彎躬哈背地，保持原有笑容地說：「是是，我放屁。」

汪精衛指著他的臉，接著咆嘯道：「老蔣也知道我才是孫總理的接班人！那他現在連吃敗仗，應該立刻下台！黨政軍所有的職位，都應該交出來！倘若不是這樣，我手上沒有一兵一卒，問我中日關係又有何用？」

陳布雷笑容轉而詭異，自知蔣這招太過陰損，但是主子的指示他又不得不完成，厚著臉皮繼續說：「副總裁您先別激動，先前您曾經提過『曲線救國』，這一點蔣委員長十分贊同。而今戰局不利，是該考慮一下您的意見了。所以蔣委員長想來問問，您是否可以先對外發表這『曲線救國』。他可以從後支持。只要答應委員長兩項條件，那麼就……」

汪精衛聽了更是火冒三丈，懶得跟蔣介石的奴才糾纏，還沒等陳布雷說兩項條件，就破口大罵說：「他老蔣放屁！你們蛇鼠一窩！一次上當是無辜，兩次上當是冤枉，三次上當就不聰明，四次上當就是笨蛋！要我跳在前面，去當他的風向球，瞄頭不對就把我擱在前面當箭靶，然後他老蔣逃之夭夭，甚至反過來跟著眾人罵我！要我先跳出來喊曲線救國，沒門！」

這老蔣早與陳布雷商量過，汪精衛會拒絕，所以早有方法讓他入套。陳布雷被如此之罵，仍然掛著笑臉，繼續厚顏鮮恥地說：「副總裁別生氣，把我罵死沒關係，您傷身就不好。您可是黨國最重要的人物。這不全是蔣委員長的看法，許多國民黨員也是這樣看的，甚至蔣委員長會這麼判斷，也是黨內袞袞諸公一致要求！您請聽我把話說完，再修理我也不遲。」

汪精衛哼了一聲，對陳布雷白眼。

陳布雷繼續笑著說：「副總裁您息怒，蔣委員長要帶兵，所以不好對大眾直接提出這種言論。我來此之前，蔣委員長已經給了指示，若您先發表曲線救國有困難，那他可以跟你同時發表『曲線救國』之論。若您還懷疑，您可以先把曲線救國的理論寫成文稿，簽下名字，由您指定的親信保管，甚至您自己保管也可以。接著帶去給蔣委員長過目，他可以跟您一同落款簽字。您對外發表『曲線救國』之論時，亮出兩人共同具名。有了證據在手，您也就不必怕委員長不跟進。」

其實早在九月，武漢會戰正打得熱火朝天時，汪精衛已讓周佛海派代表梅思平，與日本首相近衛文麿的代表松本重治，在香港談判。這場談判是個無間道的大鬧劇，兩邊的人都努力地『自虐』。汪精衛的代表，梅思平表示，中國只要能生存，他願意呼應近衛文麿先前『支那新政府』的說法，挑起『支那新政府』的大樑，可以割讓領土主權為代價，並且外交上完全聽從日本的指示。而近衛文麿的代表，松本重治表示，日本不要領土、不要賠款、兩年內從支那全面撤軍，保證中國主權。這兩邊的人在香港再努力自虐也沒用，因為兩國的大局都不歸這兩邊的人管，只能當嘴砲互相取暖，各取政治幻覺。但汪精衛還誤以為，近衛文磨能代表全日本，日本有談判誠意。於是趁此談判時間，還派人去策動雲南軍閥龍雲，希望一起和談倒蔣。

早有盤算的汪精衛笑著說：「好，讓曾仲鳴先擬稿，我先在上頭簽名，然後讓他保管帶去給蔣委員長簽名。但你告訴他，別在這上頭動歪腦筋，沒有他姓蔣的簽名，我是不會對外發表的。」

陳布雷露出陰險地笑容，點頭答應。

事實上，梅思平去香港談判，甚至策動龍雲，都已被蔣的特務發現，並且回報此事，但是蔣不打算阻止。這代表汪精衛勢必會與日本人合作，正中蔣想要找人當秦檜的下懷，所以就算他不簽名，汪精衛還是會做這件事情。

曾仲鳴帶去的文件，蔣本來說要簽，但藉故拖延扣住了證據，之後忽然變卦，藉口有軍務，立刻前往廣西桂林，與桂系眾軍閥開會後，在報紙媒體面前大喊團結抗戰，要大家以殷汝耕等漢奸為鑑。同時間，以陳布雷為證人，動員陳立夫與陳果夫兄弟，與林森等黨羽，準備公開汪精衛的曲線救國理論。

汪精衛發現，又上了一個大當，自然更恨蔣中正。先前派陳布雷搓曲線救國，不過是要勾起他欲罷不能之心，表明他老蔣不會阻擋他與日本人合作的企圖，希望他汪某人不要有所顧忌而已。於是汪精衛一不作二不休，再往雲南，見龍雲不打算真的履約，便往越南河內。

河內，汪精衛住所。

機要秘書曾仲鳴此時正向汪精衛匯報，跟日本人合作後的政治安排：「周佛海、褚民誼、陳公博等人，都有意加入我們『曲線救國』的行動。經高宗武回報，日本人那邊也同意著手，之後還都南京的政治安排，現在中日兩國的政要都很歡迎我們的主張。只有蔣的態度很曖昧，明擺著批評我們，暗中又鼓勵。我怕他蔣介石在國內輿論的叫罵壓力下，會派刺客……」

提到蔣中正，汪精衛就一肚子火，站起來大聲說：「輿論叫罵！能罵什麼？不過就是罵我是漢奸！要說我汪某是漢奸，他老蔣早就是個大漢奸！當初他能當上黃埔軍校校長，還不是靠日本人的力量去逼迫孫總理，才當上的？不然這位置不是廖仲愷的就是我的！從九一八事變不抵抗、上海淞滬停戰協定、塘沽協定、何梅協定、殷汝耕在華北成立自治政府，又哪一件事情不是他一手篡弄，在暗中配合日本人侵略的？他還不就是怕孫總理與他，過去在日本的陳年舊帳，被日本人掀出來嗎？反而當時我是主張抗戰的！現在要讓人罵我是漢奸！先前在重慶，派他的狗腿陳布雷來問我曲線救國事情，你也知道。結果他本人在廣西桂林，在報紙媒體面前大喊團結抗戰，要大家以殷汝耕等漢奸為鑑。用這種兩面手法來玩我，把我堵得死死，這十幾年來還會少嗎？這一回換我堵死他後路，讓他這姓蔣的甘拜下風！」

曾仲鳴說：「副總裁說的是，但我們先跳出來跟日本人合作，他老蔣就真的可以大張旗鼓，把漢奸帽子丟給我們戴，還順手派他的爪牙來對付我們，到最後我們不只名聲臭掉，還會被他暗算在途中。這點不能不防啊！」

汪精衛冷笑著說：「你也真傻，看看現實狀況吧！從北平、上海、南京、徐州、太原、九江、廣州、武漢等等一路下來的大戰，哪一場戰爭不是中國吃敗仗？他姓蔣的本來就是個上海流氓！不會打仗！接下來日本人若真要端掉重慶，你認為蔣介石跟他的黃埔學生，真能擋得住？他蔣介石派陳布雷找我，還不就是希望我來跟日本人和談，緩和日本人的進攻？我這麼做才是正中他下懷！他根本不會派人來暗殺我！這一回我要順籐摸瓜，以孫總理與日本人的密約關係為基礎，洽談跟日本人合作，出面結束中日戰爭，那麼領導中國的當然是我，他姓蔣的流氓，就在重慶等著被日本大軍收拾掉！」說到此，還緊握拳頭看著窗外。

曾仲鳴懂了，但又問：「要是老蔣守不住重慶，轉而跟著投降，仗著他自己先前跟日本人暗中配合，日本人最後還把他擺上領導高位，這怎麼辦？」

汪精衛笑著說：「不會的！他蔣中正現在死抓著抗戰大旗，不只全中國人看到，全日本人也都這麼認為。只要我們搶先在日本人那邊，將政治佈局穩定，還都南京，國民政府的主席就會是我的。日軍將來攻破重慶，要給全日本人民一個交代，總要抓人出來擔當抵抗的罪！那麼我們只要堵死蔣光頭對日本的談判管道，再趁機跳出來，指責他為堅持抵抗的戰爭罪犯，他能不死就算僥倖，還能搶國府主席的位置嗎？所以這場賭注我是贏定了！跟日本人合作心意已決！誰來勸也沒用！」

曾仲鳴轉而又說：「但萬一將來日本人，要把中國全部併吞，您這國府主席位置不也沒了？這點您也不能不先想到啊！」

汪精衛笑道：「這也不難，不過就是當洪承疇第二，吳三桂第二。這榮華富貴換個名稱，還不是一樣？」曾仲鳴微笑道：「副總裁高見！」

可惜汪精衛自作聰明，其實大大失策。他確實怕自己真的擋不住日本人進攻，要利用你汪精衛去求和，從而自己可以私下與日本人和談，擺出無可奈何之狀，割讓半壁江山，模仿南宋高宗趙構之故事，最後所有罪責都讓汪精衛來扛。雖說對你汪精衛投鼠忌器，但跟日本人的談判，可不會真的讓你汪精衛一人來經手，早在九一八事變之前，蔣中正跟日本人的談判就不曾中斷，這一步他早有盤算，根本不怕重慶淪陷後的故事。

更讓汪精衛失算的是，他不知道此時的日本天皇，已經變身成中國天皇，要替中國百姓收復失土，打倒侵略者，實施無間反擊。你汪精衛這一大批漢奸，窮鳥入懷，投入『中國天皇』的手上，自然沒有好結局，將來是要用完即丟，送還給中國百姓處置的。

中國民國二十八年，西曆一九三九年，五月下旬，重慶。

此時日本大本營，為了配合御前會議所定出來，實施南進或北進的方針，將戰爭經費部分轉移，便暫時擱置了總攻重慶的計畫，駐華派遣軍，只好改以戰略轟炸重慶，來達到逼迫國民政府和談的目的。此時不止全日本人與全中國人，連西方輿論都以為，這大轟炸是總攻重慶前的先兆，日本總攻重慶只是時間問題，重慶的陷落也只是時間問題。重慶成了第二次世界大戰，第一個遭到大規模戰略轟炸的城市，傷亡慘重哭號遍野，更加深當時中國百姓，對日軍的仇恨。但領導人蔣介石如此擺爛，中國百姓暫時無可奈何。

重慶山城郊區一間旅館裡，住了一男一女，都是日本人，為影團的成員。此時影團因為松島之死，重新派了不少新幹員進來。男的叫岡本尾造，五十二歲，身材雖矮，但是學識頗深，會流利的北京話，外表看不出他是日本人，為影團的自略組組長。女的叫小泉和雅子，二十三歲，才加入影團沒多久，相貌姣好，身材勻稱高窕，但是善於槍戰特攻，會流利的上海話，為影團的暗殺組成員。

旅館的外頭，整日整夜都可以聽到日軍飛機轟炸的聲音，所幸這旅館地處安全。但外頭轟炸太猛，許多人跑去躲防空洞了。和雅子剛從越南河內趕回重慶，兩人接頭之後，見到隔壁都沒有人住，而所擅長的漢語不同，遂直接用日本話交談。

岡本尾造關上門，馬上就追問：「和雅子，妳在河內的任務如何？汪精衛死了沒有？」

小泉和雅子為他的下級，遂立正說：「報告岡本組長，這次任務失敗。」

岡本尾造瞪大眼說：「開什麼玩笑！暗殺組的大島組長不是信誓旦旦，一定要讓汪精衛死，不能讓軍部利用到這種頭面人物當漢奸嗎？而且你們暗殺組成員，都是百裡挑一，誓死達成任務的！」

小泉和雅子點頭說：「嗨。但是當中有很複雜的原因，最後大島組長得到新任團長的指示，立刻放棄暗殺任務，自己偽造了派遣軍特高課成員的身分，保護汪精衛！」

岡本尾造呆滯了一會兒，倒坐在房內的床上，搖頭說：「我迷糊了，我們身為日本人，來幫助中國抗日，已經讓我很費力地，改變自己過去的觀念，才完全想通。而現在一下要幫蔣介石殺汪精衛，一下又變身回軍方特高課來保護汪精衛。這，這，這全亂套啦！」

小泉和雅子遞出一封信，給了岡本尾造然後說：「關於這一點，天皇陛下身邊的秘密參謀，宮間犬二寄了信，給所有組長級的幹部，這是給組長您的。」岡本尾造接過了信，看完後才長噓一口氣，點頭表示理解。小泉和雅子問：「在下冒昧，我對這件事也很迷惑，不知道岡本組長可否解釋？」

岡本尾造點點頭說：「妳知道也無妨。天皇陛下認為，汪精衛的存在就如同滿洲的溥儀，可以大大遲滯，日本軍的進攻速度，同時也讓大本營與內閣，自己去頭痛怎麼養活他。最重要的就是，把汪精衛在漢奸陣營內捧高，把中日和解的叛國戲碼先上演，且演得足足的，引來全中國人怒罵，就會讓蔣介石沒有政治退路，增加他堅持下去的可能性。更重要的是，以利天皇陛下下一步的佈局。」小泉和雅子問：「什麼佈局？」

岡本尾造瞪大眼說：「這上頭沒寫明，況且這也不是妳該問的。」小泉和雅子點頭答：「嗨！」

岡本尾造問：「倒是妳等暗殺組該回報我，汪精衛現在人在何處？蔣介石派去的殺手應該沒有得逞吧？」答道：「現在應該已到了上海，由大島組長自己親自去保護，我離開的時候，他們已經搭船離去，派遣軍的特務，看到我們有皇家徽章授權的證件，都唯命是從，不敢有任何刁難。只是在河內的時候，發生一件撲朔迷離的怪事，從大島組長到我，二十五名組員，都不知道為何如此。」

接著追問：「什麼怪事？」

答道：「原本我們二十五名組員，分工合作，不止盯上了汪精衛與其身邊重要人士的行蹤，還盯上了跟蹤汪精衛等人的軍統局殺手。也就是獵物與獵人的行蹤，我們都同時抓住，以防計畫被第三者搞亂。當時還沒收到上頭，變更行動的指令，所以組長下令，假設軍統局的人先動手殺汪，我們就不動，若軍統局的人下手失敗了，我們才行動。但依我們的觀察，軍統局的人似乎不想要殺汪精衛，派去的人除了行動粗糙，缺乏組織之外，而且還有重慶來的一個重要人士，到汪精衛住所洽談。」

岡本尾造擺手說：「等等，先在此打住，那個重要人士是誰？」小泉和雅子說：「這我正要說，據井上組員從望遠鏡看到，認為那個人雖然有喬裝，但是他認得就是軍統局長戴笠本人。」岡本頗為吃驚，即說：「戴笠到河內？接著說下去！」

小泉和雅子說：「戴笠與他會談，似乎是不歡而散，氣沖沖出門。照理來說，汪精衛是國民黨內第二號人物，也知道戴笠是什麼角色，被他拜訪了，汪精衛應該很警覺，趕緊帶著親信搬離住所。但奇怪的是，他們並沒有搬離住所，汪精衛家人與親信的警惕心也很低。當下我們認為，蔣介石想勸他回頭，甚至有威逼與警告，但是汪精衛不聽。結果戴笠手下的人，確實有執行暗殺行動。但奇怪的是，那些殺手跑到門口，竟然遇到了兩個法屬越南籍的警察，而突然又冒出一個人，花錢把兩個警察買通，讓警察離開，好讓那一群殺手闖入。闖入之後，跑到隔壁號曾仲鳴夫婦的房間開槍，卻不顧汪精衛住所的那一側，而汪精衛當時就在住所內部，沒有出去。最後汪精衛竟然躲過一劫，曾仲鳴卻死了，他妻子方君璧重傷。任務失敗卻沒有檢查一切。我們本來要彌補軍統局的行動，趁機殺掉汪精衛，但上頭即時來電報，解密之後，才知道任務改為保護汪精衛。」

岡本尾造說：「那真的是怪事了。這代表那一群殺手，根本也是狀況外，而戴笠卻很清楚汪精衛的住所情況。倘若蔣介石真要殺汪精衛，暗殺的對象如此重要，不應該會這麼粗糙，殺人之後至少也得看一看，驗明正身之後才可以撤退。倘若蔣介石不想殺汪精衛，又為何要派人闖進去？萬一底下的人不小心，真的把汪精衛殺了怎麼辦？若是刻意就是要如此暗殺，殺一個無足輕重的曾仲鳴做什麼？」

小泉和雅子點頭說：「這正是要回報組長的怪事。」

岡本尾造打開房間的窗簾，看了外頭的窗景，遠處重慶山城冒著濃煙，空襲警報響徹雲霄，甚至可以遠見到中國派出的俄製戰鬥機，攔截日軍轟炸機所展開的空戰。

小泉和雅子也見到了，便說：「組長，我們是不是也該躲一下空襲？」

岡本沒回話，看著窗外遠景若有所思，影團組規很嚴，和雅子不敢擅自離去，只能立正等待，過了約莫五分鐘，岡本忽然醒神，回頭說：「我明白了！這有兩層意義，對汪精衛而言，就像飛機轟炸一樣，收到了一個警告！而對輿論而言，曾仲鳴的死，可以對外證明，他有盡力要除漢奸，只是失敗而已，給大家一個交代！」和雅子也瞪大眼，恍然一悟。她好奇心很重，直接地問：「警告什麼？」

岡本皺眉頭說：「警告他不要反水！宣告他蔣介石只要不高興，隨時可以派人去殺他！汪精衛叛逃，等於搶了一個政治先手，堵住了蔣介石的政治後路。這代表蔣介石想要投降！」和雅子點頭說：「原來如此！」

岡本接著道：「先前聽說，蔣介石曾派人跟日本軍界暗中談判，甚至想要直通天皇。只是雙方條件差距太大，軍方也不肯讓他的使者見天皇，所以沒有談攏。指示戴笠派刺客刺殺，並不是厭惡汪精衛的賣國，而是汪精衛已經把蔣介石後面想下的棋，已經搶了先手下定。蔣介石就所幸把汪精衛當作風向球，試探中國百姓的態度，以及觀察他到了日本陣營後，能不能達成割地投降，緩和日軍進攻，從而保存自己政治前途的目的。所以蔣介石要利用汪精衛！而殺曾仲鳴來警告他，必然是因為默契沒有達成，汪精衛肯定是堅持要佔著投降之後，國民政府的領導者地位，不肯幫他搞定日本那一邊的政治佈局！如同中國宋朝歷史上，金人的扶植的漢奸張邦昌與劉豫政權，曾經替南宋高宗與秦檜，對金人秘密談判，起了一定的功用！」

小泉和雅子驚訝道：「這樣說來，中國軍民還在拼死與日軍作戰之時，他們兩人已經在檯面下爭奪，戰敗之後，誰來當『兒皇帝』的位置？」

岡本尾造點頭說：「正確！武漢會戰蔣介石不是沒有抵抗，但中國軍隊會慘敗得那麼快，跟蔣介石不會用兵，胡亂指揮，又首鼠兩端，意圖求和有關。看來日本若再咬牙集結三十萬大軍，猛攻四川重慶，重慶就守不住了！重慶一旦陷落，中國抗戰局面就面臨瓦解，蔣介石恐怕就要投降！」

小泉和雅子問：「陝北共產黨以及全國各地中國人，都還在抵抗的情況下，他即便有此心，敢真的這麼做嗎？」

岡本尾造說：「怎麼會不敢？倘若重慶失守，日軍攻占整個四川省，中國更深入的內地完全沒有工業基礎，雲貴等地的軍閥也都必然跟日本有所接觸。在日本沒有遷都中國的情況下，必然政治上會非常錯綜複雜，從而蔣介石與國民黨集團只要保存實力，就可以繼續利用這複雜的情勢自保。至於其他還在抵抗的中國人，見到重慶都已經陷落，不投降就玉石俱焚，自然也不敢過份阻擾，蔣介石就有可能保住兒皇帝的位置，如同南宋之於金人。但是對天皇而言，此時蔣介石投降反而大事不好！因為武漢淪陷後，中國工業力量大減，重慶若是再陷落，中國將完全沒有工業力量，加上國民政府投降，軍方的大陸政策就將大功告成，全體日本人必然陷入征服中國，成為世界大國的狂歡當中！軍方有了全體日本人民的支持，就有十足的理由，反逼天皇遷都，入主中國，當大國的天皇，方能承接大陸廣大資源的成果。到時候天皇若再藉故拖延，再發生類似二二六兵變這類事情，天皇就沒有辦法壓下去，會非得跟軍方妥協不可。如此一來，整個日本國的國體，就在這過程中徹底改變！蔣介石的兒皇的肯定當不成！天皇也非得來中國不可！」

小泉和雅子說：「這件事比任何情報都來得重要，組長是否稟告上級？」岡本尾造點頭說：「當然要，我立刻發電報回去！這是影團最重要的任務！妳等轟炸告一段落，立刻回重慶市區內，找到岡田，叫他來一同密商。」小泉和雅子立正點頭答道：「嗨！」

收到重慶的影團密報後。深夜，東京，皇宮密室和式房，裕仁與兩參謀密會。三人圍在一個巨大的中國地圖邊，正謀劃下一步該怎麼做。宮間犬二把岡本尾造打來的電報，講述給了裕仁聽，裕仁聽了頗為懊惱。

他拿著指揮棒，指著地圖上四川重慶的地點，怒目說：「朕還以為，他下令炸開黃河大堤，已經決心『寧為玉碎不為瓦全』，要在武漢決一死戰，所以朕要會一會他的決心，放手把主力師團都送到武漢，讓軍部失敗，而不敢再言吞併中國，朕就可以提出撤軍和談。但沒想到是這個結果。這蔣介石抗戰不力！竟然轉為消極抗戰，要謀劃投降了！蘆溝橋事變之前，要他抗戰，卻妥協賣國。武漢會戰之前，要他投降，卻不肯投降，外要抗戰！現在重慶危急，不該他投降，他卻又想要投降了！朕知道他是個爛人，但沒想到爛成這種程度！真的就是存心跟朕作對，要中國被佔領的鬼畜！」

星月搖頭嘆氣說：「蕩蕩中華，竟然淪落到讓這種人統治，而且還搞成全民擁戴，對之無可奈何。使得中國人的抵抗能力被下降到最低！除了說中國真有超個體意識之外，已無法解釋！」

六門書判—蕩蕩中華確實淪落到此人統治，但也只有如此才能切入縱深挽救全局，況且亡靈招喚，並不那麼容易，代價之高從猶太小鬼招喚王莽即可知。若非大年變局巨大，知道猶太小鬼動此招之狠，中國四先生不會跟進啟動對抗。且單一亡靈招喚一次，就不會再出現第二次，其啟動成本又讓整個民族不可能短期內，繼續第二次啟動招喚。甚至全民族有生之年都有可能，不會再啟動第二次，若不是能把局面翻轉，此超意識也不會把周公給找來。無論周公本人成敗，局面都能扭轉，成敗好壞不在亡靈個體，而是他所帶來對全局的影響。

接著皺眉頭苦道：「看來若軍方真的實施戰略總攻計畫，全力進攻重慶，國民政府就頂不住了！雲南的苗人軍閥龍雲與盧漢，已經跟軍方秘密接洽，若重慶被破，他們會協助日本抓蔣介石。那麼日本等於一下就全盤獲勝。若四川被攻破。雲南、貴州、西康、西藏等地雖然廣大，卻沒有抗戰所需的工業基礎，甚至糧食生產都不夠，中國的抗戰局面，就等於進入最後潰敗階段，當地的軍閥頭子都會像龍雲一樣，主動對日本投降。」

喘口氣繼續苦臉搖頭說：「最可怕的還是全體中國人民，在高喊抵抗的同時，都紛紛做了退一步計。據說現在佔領區的中國人民，紛紛對日本軍人都改口稱『太君』，甚至開始有人對日本軍官們勸說，希望天皇陛下駕臨中國，他們也想高喊天皇萬歲，當帝國的皇民。以致於駐支那派遣軍內部，越來越多的軍官，向大本營與各皇族軍官建議，遷都中國。連知情的三笠宮崇仁殿下，都有些動搖，認為遷都中國也可以萬世一系。這些中國百姓他們好像已經成精了，跟以往外族入主中國的歷史一樣，知道下一步該做什麼。」

裕仁傻了，全身癱軟說：「是啊！中國人也想對朕喊天皇萬歲！他們肯定可以喊得比日本人還大聲！朕還不認識他們嗎？喊萬歲，呼萬歲，呼喊完萬歲之後，變成自己想當萬歲。最後真的會變成朕的子孫，改口對他們中國人喊萬歲了。」

呆滯了幾分鐘，忽然瞪大眼睛，看著整個中國地圖，皺眉猛搖頭說：「不行！絕對不能讓軍方總攻重慶！朕要大本營立刻轉移焦點！中國抗戰局面不能垮，不然全日本人民都會陷入狂歡，朕就頂不住軍方各派系與內閣的聯合壓迫，一定會要求朕遷都，主宰大陸！一定要轉移焦點！」

星月也苦臉搖頭說：「可惜北進政策，現在還沒到發酵成功的階段。雖然在去年，陸軍內部的北進派，在張峯鼓被蘇軍擊敗。現在利用被罵無能而受軍方排擠的磯谷廉介，於諾門坎再次捲土重來，但以關東軍調動的軍隊數量估計，不過三萬人，還不及進攻武漢的十分之一。打不成一場戰役的規模，更誇張的是，蘇聯竟然不為此憤怒，對我日本軍力頗有忌憚，不願對日本宣戰，軍方也不願意全力進攻冰天雪地的蘇聯。距離要挑起『轉移焦點』的功效，恐怕還很早。至於南進政策，牽動的卻是海軍，而問題關鍵在，要讓陸軍轉移出去才成！」

三人都不禁同時為此苦惱嘆氣，目前也只能支開這麼多軍隊了。

宮間說：「既然蔣介石這麼令人頭痛。陛下是否主動與他接洽一下，透一點底牌給他知道，好讓他有底氣可以堅持抗戰下去？並以此打亂超個體的佈局？」

裕仁有點動心，微微點頭，影子若與罔兩相互對話，也許就會打破局面。輕聲地說：「這也是一個辦法……」星月瞪眼說：「此事萬萬不可！」裕仁問：「為何？」

星月答道：「蔣介石此人與陛下已經一體兩面，無法替陛下守住秘密，國民黨內部又一大堆日本軍部培養的漢奸。萬一陛下支持中國人抗日之心，從蔣介石那邊傳了出去，最後繞回日本激進派軍閥的耳朵裡。恐怕鬧出來的事，會比『五一五』與『二二六』還要嚴重！現在的內閣都已經屬於軍方主戰派人馬，全日本百姓也都盯著中國大陸的戰局，縱有很多對陛下忠誠的人，也很難再當陛下的擋箭牌啊！若如此，陛下恐怕就非得入主中國不可！」

裕仁省悟說：「沒錯！好在有大師提點！」宮間點頭說：「大師所言正確，在下失策了。」三人又陷入苦惱，思索該怎樣，才能讓蔣介石不要投降。

裕仁說：「朕要休息一小時，等一會兒再來。現在局勢異常複雜而且弔詭，煩請兩位繼續研究，中國人能否堅持抗戰，已經成了我日本皇統，是否還能永久傳承的關鍵。這步棋絕不能下錯！」說罷，裕仁先回臥室休息，星月與宮間繼續討論，兩人查找資料，標記地圖，弄得汗流浹背。

皇宮近侍對錶，喚醒了裕仁，他再度來到密室，已經凌晨兩點，萬籟俱靜。

裕仁一進來便問：「有結果了嗎？」星月跪坐於和式地板上說：「除了近衛文麿三項聲明之外！我等目前還有一個緩兵之計，讓日本大本營對重慶的總攻計畫擱淺，這樣重慶政府就能喘氣，並讓中國人的抗日熱度，還保留在一定程度上，以堵住蔣介石與軍方洽談投降的意圖。」裕仁也跪坐，說道：「快說。」

星月說：「目前在諾門坎的戰局，雖然規模太小，達不到轉移焦點的目的，但是可以讓它發揮出，改變內部導向的前奏。也就是皇家機關秘術第一百六十九招『見易隋化，小隙外張』。諾門坎之戰若勝，就藉機褒獎升遷，讓關東軍人士主導內閣與大本營的職權，擴大北進政策力度，展開德國與日本共同反共，共同對付蘇聯的計畫，並威脅要大打第二次日俄戰爭，中國就有了蘇聯這個盟國。諾門坎之戰若敗，北進派受了阻礙，則迅速責令華中派遣軍，依照近衛文麿的聲明，支援成立汪精衛政權，取消華北王克敏與華中梁鴻志，大力捧高汪精衛的地位。同時宣佈，要把蔣介石打為地方政權，汪精衛才是真正的中央政府，我大日本帝國，不以蔣介石的重慶政府當對手。同時鼓動激進派軍閥，到其他地方去『大顯身手』。而這項政治舉措的目的，就是要大力推展南進政策，讓海軍的激進派能夠有『建功立業』的機會。也就讓支持南進的軍頭們，先與汪精衛先行聯成一氣，獲取日本本土大部分的財力與工業資源，以利南進政策遂行，箝制支那派遣軍的進展。這也代表，陛下要開始一系列走馬燈式地，不斷更替軍方人事組合，與內閣人選。」

裕仁說：「內閣人選已經不斷替換了。」

星月握緊拳頭說：「還要更加速！利用這些混亂的局面，把這狀況從內閣成員、總理大臣擴大到軍部人事，換到吐血！繼承迷海師傅的策略延伸，那麼陸軍與海軍，兩者之間就會達成默契，認同轉移戰略焦點，箝制堅持先主張徹底亡華的激進派人士。而蔣介石發現，他的政敵汪精衛，已經被日本認同為中國中央政府，自己被貶為地方政權，必然會認為，他若投降，只能在汪精衛之下，保不住他的兒皇帝位置，必然打從內心產生反感，投降意志就不會那麼堅定。此為皇家機關秘術第三百三十三招『輪轉八風，一象生緣』。」

裕仁皺眉問：「這只是治標不治本，陸軍主力仍然在中國啊！如何達到轉移效果？」

星月微笑說：「剛才貧僧也沒想通，得向陛下致歉。其實日本內部的工業生產與財政，無法同時支付，海陸兩邊戰略進攻的攤子，更何況還要維持鬆鬆垮垮的滿洲國與汪精衛政權，這兩個累贅？屆時只要讓大本營，以財政與後勤力度有限為由，支持汪精衛政權與海軍的南進政策勢力，那麼陸軍對重慶的戰略總攻擊，得不到該有的支援就會擱淺，控制陸軍的一次戰略攻勢不到十五萬人為基準，而且都是新兵戰士，把精銳部隊轉移到南進政策的準備上，那麼軍方就不可能攻破重慶。等到南進政策成了氣候，英美兩國就成了日本的敵國。陛下再反過來安撫陸軍不滿情緒，讓陸軍去支援海軍佔領東南亞的政策，去搶奪東南亞瘴癘叢林的領土，那麼精銳陸軍就能更順利轉移出去。中國同時也有了英美等國的盟友，必定會給他輸血，如此日軍戰略進攻減緩，又有汪精衛擺在蔣介石之上，蔣介石就算再低劣，一方面有國際強國支援，二方面日本戰略進攻轉移，三方面就算投降他也只能聽汪精衛的命令，那麼也就不會考慮投降了。」

裕仁點頭說：「如此甚好……只是這乃一步險棋，會讓日本招惹英美等國，或是蘇聯。該怎麼收尾是好？」

星月說：「這宮間與貧僧剛才有討論過，中國的戰局演變到今天這地步，軍方既得利益者是不會撤退的。早從濟南與皇姑屯事件以來，陛下對中國局勢努力多少了？可有阻止軍方？答案是沒有！並非策略不高明，而是中國這個陷阱實在太厲害！演變到如今局面，不是徹底兼併中國從而兩國合一，就是要日本慘敗，徹底退出中國，此事才會終結。而中國被蔣介石這種人領導，不可能把軍方的主力打垮，陛下再怎樣努力於其中，也頂多重演中國南北朝或宋金對峙的局面，兩民族同化與銜接仍然進行，到頭來軍方還是會找機會，徹底滅掉中國。其根本原因已經不僅是蔣介石賣國，日本軍力比中國強也是原因之一！那麼就只有藉著與英美開戰，同時對中國宣戰，把兩戰場混在一起，才能結束軍方玩出來的大陸政策。就如先前陛下訓示，要結束這困局，寧願把明治維新成果拋棄，日本要做出一次，承擔戰敗大地震的政治準備。」

裕仁閉上眼，長嘆一口氣說：「朕知道了。老子說過『知其雄，守其雌；知其榮，守其辱』莊子也說過：『朝菌不知晦朔，蟪蛄不知春秋，此小年也。楚之南有冥靈者，以五百歲為春，五百歲為秋；上古有大椿者，以八千歲為春，八千歲為秋。此大年也。』明治維新對萬世皇統而言，不過是一次春秋更替而已！只是該敗在誰手上，這得好好細量，不然皇統不融化於中國，卻反而毀在外國人的手中！」

星月說：「確實，關於戰敗問題，必須非常謹慎，以現今戰爭規模來看，恐怕會比先前歐戰的等級來得大，即政治影響會因此更大。一定要警惕當年，俄國沙皇與德國皇室的前車之鑑。故日本寧願敗於英美，也不可敗於蘇聯。不然共產主義一旦蔓延到日本，那就真是皇統的最大威脅！」

裕仁瞪大眼說：「照這樣說來，日本不該北進才對！」

星月點頭說：「北進比較快損掉陸軍的鬬志，從而保存海軍的實力，阻擋蘇聯軍的可能登陸，軍事風險小。但是政治風險相對較大，例如：蘇聯攻佔滿洲與朝鮮，散撥了共產主義，日本就會與共產蘇聯相鄰，同樣會面臨大威脅。南進則容易變成漫長的消耗戰，可能海、陸軍最後都會垮在該處，軍事風險甚大，而政治風險較小。但到底哪該運作北進還是南進，得看諾門坎的結果。」

裕仁點頭說：「知道了，就注意這場諾門坎之戰，來決定之後大戰的走向。」

諾門坎事件，蘇聯派大將朱可夫，領精銳裝甲部隊迎戰。日軍雖給蘇軍相當大的傷亡，讓蘇軍領教了日軍戰力，但最後仍然缺乏後援而戰敗，兩師團主力幾忽覆沒。原本要從關內急調兵力，北上再戰，但被大本營即時制止，從而日蘇兩國和談。磯谷廉介先前在台兒莊敗給中國，而今又在諾門坎敗給蘇聯，遂被撤職轉預備役。關東軍司令植田謙吉同時遭到撤換。

北進政策停止，畑俊六等人長喘一口氣，以為日本從此可以專心對中國。裕仁認為他忠誠懇實，遂轉任他為自己身邊的侍從武官長，希望他能『體察上意』。沒想到他不斷地請求天皇，為中國戰局痛下決定。裕仁看了上奏之後，結果是沒有反應，只說具體細節不夠詳盡，得持續研究，接著稱讚他忠實可靠，調往阿部信行內閣裡，擔任陸軍大臣，繼續去替中國戰局傷腦筋。

第十六章 雙重假象無間拖延成爛泥 局面潰敗釜底抽薪挽狂瀾

同時間，北平。

早在日軍一九三七年，攻破北平後，年底就組成中華民國臨時政府，由王克敏擔任行政委員長，充當這傀儡政權的頭面人物。而影團的逆潛間諜組，已經用商社身分滲入這政府內部，此時影團逆潛組的根據地，就設在王克敏辦公大樓對面，以商社作為掩護，時常以望遠鏡，秘密監視王克敏接觸的人。

上杉惠子跑進辦公室，交給了今村小五郎一份密電，大意是說：「重慶的團員已經調查出，蔣介石密謀投降，在河內放過汪精衛，但兩人存在矛盾。所以近期之內，蔣介石極有可能派人跟軍部的人接觸，直接洽談割地投降之事。為了阻擋他們投降的意志，所有影團成員都要盯住軍政目標，若發現重慶方面來人，要得到一切洽談內容。倘若軍方高層有人，私下接受蔣介石投降者，兩方人員都格殺勿論。」

除了上杉惠子，今村還找來東鄉大明、武藤義次與山田黑二共同商議，眾人認為這件事情十分難辦。對於蔣介石與日本和談，傀儡政權的漢奸們必然會阻擾，但是不會有多大效用。而且兩方若真的密談，影團成員勢力微弱，同樣干涉不了。

今村問山田：「山田君，你對事情的觀察向來敏銳，不輸給重慶的岡本。先說說，蔣介石企圖與軍方和談，會成功嗎？雙方各自的底限又在何處？」

山田黑二說：「不可能談成的！原因在雙方的條件必然談不攏。首先於日本來說，軍方有些人似乎也有體察到，天皇陛下對佔領中國採消極態度，認為日本沒有辦法消化中國領土，所以才有此和談。但是日本之所以會發動侵略中國的戰爭，有很複雜的原因，豈是一些少數軍方人員，在體察上意之後能阻止的？要是能阻止，若槻禮次郎、犬養毅、岡田啟介，還有諸多被暗殺的政要們，就已經能阻止。現在日本耗費數百億，死傷數十萬，動員近六十個師團，百萬大軍，佔領大片土地，豈可能因為一紙和談條約，就能夠撤退的？除非蔣介石肯割讓很大片的土地來求和，而戰後軍方能撤除滿洲與華北的魁儡政權，直接將之併入日本版圖，軍方才可能接受和談。再來於中國來說，蔣介石本人或許會同意割地求和，但是中國的抗戰情緒已經打到高潮，在蘆溝橋事變之前，就已經不可遏制。萬萬不可能同意蔣介石以割讓土地的方式，來與日本和談，不然的話就不只出現一次西安事變而已了。蔣介石必然知道這一點，就算自己願意當秦檜，全中國人也不可能當岳飛，一旦這種和談方案底定，也就是他這委員長被推翻之時。所以他蔣介石才會需要汪精衛去與日本人合作，用另外一種方式，虧損中國主權，以求他政權之牛存。

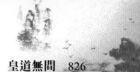

雙方都應付不了各自複雜的情況，必然談不攏，只能等待這種弔詭的戰爭平衡被打破。」

今村小五郎點點頭說：「這看法跟我一致，不可能談成的。甚至我認為，天皇之所以讓一些軍頭去和談，在於能讓軍方產生派系分歧，並且帶來恐慌，從而主戰的軍頭，要阻止和談，反而更要緊抓那些漢奸組成的傀儡政權，從而中國的抗戰局面只要沒有垮，那麼有傀儡政權存在，天皇就不會被逼遷都。但是對我們影團而言，上頭既然有命令，也只能遵行。不過無力執行的任務，又該怎樣執行呢？」

眾人思索了片刻，山田說：「有了，天皇給這項任務的意思，代表和談只是手段而不是目的。但是仍害怕蔣介石要割地求和之事，被陰錯陽差而談成，滿洲與華北必然被日本兼併，仍然會被軍部逼迫遷都，從而動搖皇基。所以若不是日本全面撤出包括滿洲在內的中國領土，回到滿洲事變前的狀態，天皇是不可能接受的。然而這一點，卻又是日本軍方不可能接納的條件，所以天皇寧願不要和談！我的建議是，依據這精神，我們先放風聲出去，引起軍方主戰派與漢奸們的警惕。」

今村點點頭說：「這我得向上提報，若能如此，那就這麼辦！」

蔣中正派密使，蕭振瀛與雷嗣尚，與日本特務和知應二等，在香港密談。為了保護自己的政治權力，不惜出賣國土。不過雙方條件談不攏，而且消息走漏，蔣不得不表態，堅持抗戰下去。不過蔣始終疙瘩著，孫文與自己當年在日本留下的黑箱案底，所以鐵了心，要繼續維持私底下的談判管道，而且絕不會展開戰略反攻。

一列火車南下，上頭坐著一位神秘人物，由王克敏手下的特務人員保護著這個人，前往南京，參與汪精衛籌組傀儡政權的事宜。而這些王克敏手下的人，實際上直接聽從日本憲兵隊的指揮。這車上有日本人也有中國人。李全耀帶著一群特務人員，持槍坐在這神秘人物所搭的車廂內，不容許其他人靠近這車廂。上杉惠子假扮成一個車廂服務員，帶著餐盒與飲水進入。

一名特務人員質問：「妳是誰？剛才不是妳送餐飲的啊！」

上杉惠子用日語先說：「失禮馬賽！」然後故意扮出口音，說中國話：「我是徐州站的服務員，之後的旅程由我負責接待各位。」另一名特務人員，面貌兇惡，一看便知是流氓惡棍，色瞇瞇笑著說：「是日本小姐啊？請問貴姓芳名？」上杉惠子鞠躬說：「嗨！我叫惠子得斯。」眾人發現是日本人，便放鬆了心防。她一眼望去，發現車廂內少說三十人，而且都有武器，甚至有衝鋒槍，然影團逆潛間諜組，包括組長在內，只來了十五個人，且只有手槍，不發動突然襲擊的話，恐怕不會成功。

李全耀是一個身穿西裝的中年人，是特務頭子，色瞇瞇接過了餐車，給他的手下發餐盒下去。趁機摸了上杉惠子的手，用撇腳的日本話說：「日本姑娘，漂亮得斯，一級棒得斯。」上杉惠子感到一陣噁心，趕緊收回手，微笑著用日本話說：「請各位慢用。」然後推車離開車廂，把觀察的情報帶回。李全耀手指著上杉惠子離去的方向，對一旁的手下說：「你看這日本小妞的屁股，還真誘人！」手下回答：「隊長可以去認識認識，也許您可以像當年孫中山先生，娶一個日本小妾。」眾人一陣叫好。

那神秘人物不敢多話，把帽子壓低，假裝睡覺。

火車繼續奔向南京的方向，神秘人物所在位置的前兩節車廂，正是影團成員們所在位置。今村小五郎周邊，坐著四個重要團員，眼看車廂內有許多中國人，於是用中國話來輕聲交談，以免引人側目。

上杉惠子小聲報告：「三十人左右，至少十人帶有衝鋒槍，若給他們下了車，就不好處理。」

今村小五郎看了看窗外移動的景色，知道現在火車車速不快，便說：「現在動手，抓住那人之後，就去徐州影團集合地點。」上杉惠子點頭，然後通知了武藤、東鄉、山田，三人再去把其他十名隊員都集合，眾人持手槍，往最後一節車廂移動。

最後一節車廂外，有兩人站哨，眼見一票人走來，正要盤問，今村就立刻開槍。槍聲震動了所有王克敏手下的特務，還有前一節車廂的旅客。

兩名影團成員首先衝入最後車廂，不由分說，閃身開火，打死面前好幾人。後續成員也衝上來與特務駁火。雙方在狹窄的車廂內激烈槍戰，血濺四處。最後衝入車廂的山田黑二，用工具扭開車廂間銜接處鋼鐵卡榫，使之與列車脫節。李全耀押住神秘人物蹲低，由幾名特務掩護下，從車廂最後面跳車逃逸。影團成員也跳車窗追趕，槍戰從車廂內延伸到車廂外。幾名團員當場被衝鋒槍打死，今村小五郎被打中心臟而亡，上杉惠子也持手槍追擊，把李全耀打倒在地，但一旁的手下開槍反擊，上杉惠子右胸部中彈倒地。武藤撿起火車上，被打死特務的衝鋒槍，跳下來狂掃助戰，終於把漢奸特務們全都打死，而神秘人物也腿部被子彈擦傷，趴在地上。

激戰結束，竟然只剩下武藤義次沒有中彈，組長今村傷重死亡，其餘團員幾乎沒有存活，扶起了還有氣息的上杉惠子。惠子指著那神祕人物說：「快，抓住目標……」武藤說：「先把妳救活才是要緊。」惠子苦著臉搖頭：「任務……」

武藤只好先擺下她，把神秘人物架起來坐下。神秘人物只有大腿被子彈擦傷，驚恐地問：「你是何人？為何要攻擊我們？」武藤說：「梁玉明先生，我叫武藤義次，請你跟我們走一趟。」原來他的身份，影團人員早就知道，梁玉明按住小腿說：「你是日本人？」武藤點頭。

梁玉明忍著痛說：「那就怪了，你不是跟他們同夥嗎？」

武藤怒目說：「沒時間跟你解釋，你若不想死，就趕快跟我們走。」說罷抱起上杉惠子，然而發現她已經斷氣。武藤跪在地上大喊：「惠子！」望眼都是雙方人馬的屍體，不由得痛哭失聲。轉面對梁玉明大喝說：「快來幫忙！」

武藤用手挖洞，梁玉明把一具一具屍體拖進去，分別埋起來。在放入上杉惠子的屍體時，可以看出武藤對她有愛意，將一把隨身手槍與她陪葬。連同漢奸特務的屍體，都一一掩埋掉，以免露出蛛絲馬跡，武藤雙手都是血，各自清洗並且用醫藥包處理傷口之後，拿著槍架著梁玉明，投奔附近的民宅求救。直到買了一匹驢車，由梁玉明駕車，緩緩沿著公路往徐州前進，與其他影團成員會合。

兩人相互不語，將近三個多小時。

直到武藤給他水壺與大餅充饑，此時梁玉明才敢於深入詢問：「武藤義次先生，你該告訴我，為何要襲擊火車了吧？又怎麼會知道我的名字？」因為同伴與心儀的女人都死了，武藤神情有些落寞，口氣十分不好，不過仍然告知實情：「很簡單，阻止你找日本特務機關談判！」

梁玉明頗為驚訝，他本身精通日語，受戴笠之命，借道北平往南京，與日本特務頭子土肥原賢二接洽，敲定雙方另外一輪談判的事宜。先前雙方已經通過電報，敲定來一次會前會，交換高層的問好信件，以示誠意。這一群日本人，又為何要破壞和談？難道是日本激進組織，派來阻擾和談的計畫？若自己落在日本激進份子的手裡，可就凶多吉少。

梁玉明於是打算先降低武藤的敵意，用日本話緩緩說：「既然武藤君您已經知道，我是去找日本軍方談判的。兩國交兵不斬來使，您就別為難我了。」

武藤面露兇惡，也用日本話回說：「誰說要斬你這來使了？不知道情況，就少自作聰明。」

梁答道：「不是！老實跟您說吧！我身上懷有蔣委員長，寫給土肥原賢二將軍的問好信件，這談判對日本不見得不利啊！您得趕緊讓我去南京才成，土肥原將軍正在等我，耽擱了時間，對日本也不利。」武藤瞪大眼說：「梁先生，你也親眼所見，我們死了這麼多人，會就這樣放你去南京？你這人還真不聰明！」

梁玉明喝了一口水，繼續駕著驢車說：「不！好吧，我這樣說吧！武藤君，您就老實告訴我，您是屬於哪一路人馬，我好配合您辦事。此行談判，也算是要替大日本帝國辦事的。」

武藤哈哈一笑說：「聽聞中國國民黨專出漢奸，派來談判的使節，時常就臨時變節，今天看到閣下，果然如此。你就像當年的殷汝耕與何應欽，開始替我大日本帝國著想了，哈哈哈。」這一笑就不止五分鐘。礙於武藤手上有槍，梁玉明愣是不敢講話。

武藤說：「老實告訴你吧！以免你搞不清楚狀況，給我添亂。我是日本人沒錯，但是我不是效忠大日本帝國的，而是來幫助你們中國百姓來抗日，你聽懂了沒有。」接著又哈哈大笑。

梁玉明簡直不敢相信自己的耳朵，愣了半天，然後用中國話笑著說：「這年頭怪事真多，大鯧魚都會爬樹了。我有沒有聽錯？日本人來幫中國抗日？」武藤用日本話說：「你別懷疑，閣下的背景，我們在重慶的組員都調查得很清楚，地位卑微，口風很緊，被派來當密使不會引人注意。而你當年在滿洲事變時，是大學生，也參加過抗日遊行。這次來，就是要策反閣下的。」

梁玉明苦笑著說：「這我糊塗了。」

武藤說：「閣下知不知道，中國國民黨內，從孫文到蔣中正，長年以來，跟日本軍方與激進組織頗有往來？」梁玉明點頭說：「是有聽說過，不過這一切也只是為了革命，是必要的手段。」武藤哈哈大笑說：「為了革命？必要的手段？就是這革命必要的手段，養足日本軍閥侵略中國的野心。就是這革命必要手段，讓你們的蔣委員長，在滿洲事變後不敢抗日，給日本關東軍在東北抽取資源，準備了六年，從一萬六千人的部隊變成六十萬大軍，也讓日本海陸兩軍有大量的媒鐵礦，可以造船、造槍、造砲。就是這革命必要手段，給中國人自己造成分裂內亂，同時產生一大批的漢奸。蔓延到中國百姓被殺戮，兩國人相互殘殺，到現在要面臨亡國慘禍！兩國的子民傷亡千萬！你敢說，我講的不是實情？」說罷瞪大眼盯著他，顯得有些憤怒。

梁玉明張口結舌，喘口氣說：「是實情……我不會為了意識形態，歪曲事實真相。但請問武藤君，為何要幫助中國抗日？動機為何？」武藤答道：「追根究柢，要幫助中國抗日的日本人，並不是我。這件事情在我內心也悶了很久，但我不可能告訴你。只要閣下知道，我們這一群日本人是要幫助中國的，最後勝利的也是屬於我們，這就行！」梁玉明點頭說：「知道了……」沉靜了片刻，輕聲地說：「這麼說來，你們這一群日本人，跟剛才一群中國人槍戰。那些中國人是幫助日本侵略，而你們這一群日本人卻是幫助中國抵抗，所以雙方打起來？」

武藤點點頭說：「可以這麼說。」

梁玉明終於弄清楚狀況，剛才那是一場和奸打漢奸的混戰，情況雖清楚，大腦卻真的糊塗了，長喘一口氣說：「這年頭真的怪事特別多。鰉魚上樹，土狗當官，猴子當皇帝，綿羊都會說人話。」

這一點也不奇怪，日本跑來打中國，自然會有和奸跑去打漢奸。兩人進了徐州城，武藤以偽造的日本特務證件，闖過日軍哨兵關卡，與徐州城內的順潛間諜組的影團成員會合。

組長就是淞滬會戰逃出去的吳慶堂，即松島賢三的最後一個兒子，松島敏雄，在王家禎的幫助下，得到一些中國人的幫助，在這經營影團運作。

松島敏雄與梁玉明密談，大意是要梁玉明更改口徑，精心偽造一份假的信件給土肥原賢二，裡面強調若兩邊談判成功，汪精衛偽政權不能保留，並且信中大罵日本少壯派軍閥，條件太過苛刻，許多條件要重新談判。同時把消息傳遞給，即將上台的汪精衛知道，讓他對蔣介石與日本軍閥的和談，從中作梗，堵死蔣中正求和之意。也使日本軍方認為，蔣說話反覆，談判沒有誠意。

汪精衛得知這消息，果然又轉告更多的日本少壯派軍閥知道，從而談判的管道被干擾，意見分歧，事情越來越複雜難辦。更加抓緊傀儡政權，抵制和談的可能。汪精衛沾沾自喜，以為自己兒皇帝之位穩坐。雖說蔣發現談判受阻，日軍進攻規模也越來越小，但是中國軍隊還是節節潰敗。黃河流域已經逼近陝西關中。長江流域戰線逐漸逼近四川省的門戶，宜昌。南中國已經進逼廣西與湖南，形成全面攻佔中國的態勢。所以割地求和的密使，仍透過其他管道，繼續跑到日本軍方代表面前磕頭。

重慶，委員長行營。

這行營設在地下避難所，請外國的工程師重新灌水泥防固。看似安全，但蔣深知，日本若集中兵力，發動陸上進攻，重慶必然會被攻破，他的抗戰就要徹底失敗，那麼原本拯救中華民國龜局的初衷，將徹底破滅。軍事會議上，在各路軍閥面前，當然要繼續大喊抗戰，實際上軍事轉為防守為主，以拖待變的格局。然而日本內部意見竟然也混亂分歧，弄得他心有不安，遂有逃亡海外的計畫。

六門書判—蔣中正在當時軍事上轉為因地勢防守，而用策調動汪精衛，企圖在政治上製造投降假象，勾引日本內部主和派。使之與主張侵華之主戰派相互矛盾。這是典型的龜局龜苓膏政治迷惑戰術，當中帶了對內對外的欺騙性。同為龜局之宋朝，秦檜對金人如此，賈似道對蒙古忽必烈也如此。在某些局面之下，確實有以拖待變之效，但倘若敵方在外若有泰山壓頂之勢，內部驗惡龜縮之愛國能人若有厭反之狀，則必然失效。所以北宋對金人可以拖延，南宋對蒙古人之時，就有諸多漢人幫助蒙元滅宋，代表厭惡烏龜王八局的小格局妥協招數。如今若非日本人自已也是文明旁支生成的烏龜王八，恐怕大量的中國人都會幫助日本人。因為有歷史之殷鑑。故前版厭惡蔣的抗戰策略原因在此。

蔣雖靈龜，然面對混亂局面，極度不利之態，亦難免情急之下，與先前龜局眾人用類似之應急之策。

待各派系軍頭都離開後，戴笠帶著密件，鬼祟地進到這地下辦公室，此時室內有蔣介石，宋子文，與孔祥熙在場。戴笠知道這個宋子文知悉蔣的一切祕辛，所以也就不多掩飾，不過仍保留幾分謹慎。「報告校長，有了回音。」說罷看了宋子文與孔祥熙一眼。

蔣中正說：「都是也是自己人，知道這些沒關係。」

於是戴笠把密件遞了上去。

蔣看了之後，臉色大變，將文件丟到桌上，拍桌大罵：「這汪精衛可惡！若沒有我蔣某人點頭，他哪有可能跑去跟日本人合作？竟然比殷汝耕還可惡，要過河拆橋了！竟然阻礙我們對日本人的談判管道！」說罷把密件轉遞給孔祥熙與宋子文兩人看。

蔣的連襟孔祥熙道：「哥！這大事不好！汪精衛真要過河拆橋！若如此，日本人極可能會進攻重慶，我們就保不住啦！」

蔣中正道：「那能怎麼辦？已經放了汪精衛離開河內，如今他要在南京重新組一個國民政府，有日本人協助，你能攔得住嗎？早知道就該在河內真的斃了他！他真的要當漢奸去了！」

戴笠苦笑了一下，當時是你蔣說，打死曾仲鳴應付輿論的鋤奸聲浪就好，汪精衛是黨國抗戰的中堅人物，是愛國的，現在又改口罵他是漢奸。不過戴笠並不意外，他認識這個校長也不是一天兩天的事情。孔宋二人急跳腳，坐立不安，倒不是急日本人會佔領中國，而是急兩人的財產，該如何安置於國外。況且戴笠此時，正圖電影明星蝴蝶之美貌，欺男霸女，隔開他的老公，並藉此打壓曾在上海烽火送國旗的女童軍楊惠敏。自己也正想趁機撈好處，可恥至極。

六門書判－蔣中正雖是黑化的周公，但畢竟是周公，有其靈氣，況且他又是亡靈書中人。他的黃埔軍校必有鬼局輔之，該學校重點同學永遠不能畢業，或說畢業證書是假的。戴笠飛揚跋扈，藉用學校勢力，對外欺男霸女，殘害無辜，以內而外。校規判決：那就飛在天上，內而外，內爆而死。故抗戰後，蔣首肯處分此違反校規之惡劣學生，讓他飛在天上內爆墜機。另外一個同為黃埔四期同學，林彪，則沒有畢業長期逃學，還勾結校外人士攻打本校，在共和國建立之後，也飛揚跋扈，由外而內。校規判決：那就飛在天上，外而內，外射而死。故叛逃，蔣亦迎接他最後一堂課，被導彈打中座機墜機而亡。

宋子文苦道：「哥！中國現在有五億美金的外匯存底，若日本人攻破重慶，洋人很可能把這外匯都扣住，轉移到汪精衛那邊！」本來論輩份，蔣介石該稱宋子文為兄長的，但宋家貪婪掠奪的財富，要靠蔣介石之力搞定，宋子文自然反過來稱蔣介石為哥哥。

蔣手指桌上的軍事地圖說：「這能怎麼辦？好幾場大戰打下來，你也看到日本人的戰力，國軍根本抵擋不住。才打一年多，就已經打到四川門口。洋人若真要把外匯存底，轉給汪精衛要搞的國民政府，我們也沒輒！」

孔祥熙賊眉鼠眼地說：「我建議，把國家五億美金的外匯存底，透過國外的官商友人洗出去，拿去認國外股票，買換現金黃金，存在我們瑞士銀行的帳戶上。若重慶被攻破，我們就轉到瑞士或美國去組織流亡政府。要趁著中國還沒被佔領，政府還沒倒之前趕快去做，不然就真的會變成汪精衛的啦！」

宋子文聽了大聲附和，並說：「我在瑞士已經有帳戶，外匯轉移沒那麼容易，需要複雜的流程，先前外匯我也轉移過一些，最有經驗。哥！這件事交給我來處理最穩妥！我們一家人的財富，會分配得好好，誰的我都不會多拿一文。」

蔣說：「好！子文的操守我肯定！就這麼辦！」

宋子文接著補充說：「還有那些故宮的國寶，我建議都裝箱。選擇重要的精品，轉到國外去！」蔣搖頭說：「故宮國寶有一些文人看著，不好動手。」孔祥熙說：「這還不簡單，先前殷汝耕等人去日本，還有汪精衛離開重慶的時候，哥哥您不也都批了字條，把許多故宮國寶精品。請他們轉贈給日本軍方有力人士，還有日本內閣總理大臣，甚至轉贈天皇。那些看管文物的文人，給幾個錢就能打發了，這次若還不識相，就全部撤職查辦，讓聽話的人去管。」

蔣點頭說：「只要有國寶有錢，就不會在國外喝西北風，國民革命的資金就有保障。不過，這件事情不能操之過急，因為國寶會影響輿論，各地的軍頭，也會因輿論而譁然。

必須是日本人決定要打重慶之後，才能去做的事情。」

在場眾人一陣計議。

蔣接著說：「計劃雖然要這樣定。但我已經指示張群那邊，不斷派人跟日本人直接談判。我們下汪精衛這步棋，不是孤注一擲，還有其他方面可以挽救。張群告訴我，日本軍方內部對於進攻重慶，還是有分歧意見的。汪精衛以為自己掐住了我蔣某人跟日本人密談的管道，實際上相反，讓他去合作，反而讓我們跟日本人的談判，更加順暢。對緩和日本人的進攻，有很大的幫助。」轉面說：「雨農，華北華中的管道被堵住，那麼安排去香港那邊的管道，你準備了沒有？」

戴笠點頭說：「報告校長，雷嗣尚已經準備好了，日本陸軍各派系也派了代表在香港等我們。不過聽他們透露說，日本人的條件會很高，很難接受恢復蘆溝橋事變之前的態勢。」蔣中正聽了面目鐵青，倘若日本人條件太高他卻接受了，就很難跟所有中國人交代，只能繼續打下去。

宋子文怕蔣賣國意志不夠堅決，趕緊說：「哥，我附議，不如就順水推舟，關外的領土劃給日本或其他日本的傀儡政權，邊疆領土放棄，華北給汪精衛去管。」

蔣中正答道：「只要日本人同意緩和進攻，什麼都可答應，但一切又都是暫時的緩兵之計。國民與全國輿論，不同意停止抗戰，我這邊也不可能答應停止抗戰。只是你們那邊的準備動作還是可以進行。」

宋孔兩人，聽了露出微笑，這代表無論日本人打不打重慶，也無論蔣中正最後抗戰能不能成功，他們都可以把國家的財富榨乾，他們兩家族將可獲得一筆橫財。

看到戴笠的神情呆滯，蔣趕緊轉移話題，轉眼對他說：「雨農，抗戰危急，我們不得不做些權宜之計。」然後握緊拳頭說：「要是重慶不保，我們幫百姓們保管的這些錢，就是要在國外招兵買馬，學勾踐臥薪嘗膽，學田單復國！反攻復國！拯救全國同胞！」

戴笠聽了汗流浹背，心知肚明，他的校長，很可能是在自欺欺人，但趕緊鞠躬說：「是的校長！」

香港，英國總督府外辦公室。

雷嗣尚帶著蔣介石的授權文件，來到此處與日本代表和知鷹二談判，雷嗣尚怕機密外洩，蔣介石要他來承擔責任，不只自己會被大家打成漢奸，最嚴重就是變成替死鬼，只是被強逼接受不得不來，所以不是很願意達成談判結果。而和知鷹二也帶著內閣閣員與陸軍各派系簽名授權的文件，出發來香港之前，被宮內廳官員先約談，告訴他天皇不願意軍方與蔣介石達成任何和談結果，雙方都帶著矛盾的心情來談判。兩人各自只帶著一名幕僚見面，雷嗣尚會說日本話，所以會談以日語交涉。

一開始和知鷹二就轉授了一份軍方代表開的一系列條件。大致上雷嗣尚都同意，只有兩點比較爭議，就是中國要賠款，並且承認日本扶植的所有傀儡政權，包括即將在南京成立的汪精衛政權，蔣介石政府只能是個地方政府。本來兩項條件都不會是爭議，但中國海外外匯已經被孔宋兩家轉移成私產，中國財政也早一窮二白，根本沒錢可賠款。而要承認其他偽政權本來也不會是爭議，蔣介石早想依照孫文密約割讓這些領土給日本，但要承認汪精衛當中央政府，讓自己在汪精衛之下聽令，這蔣介石不能答應。

雷嗣尚說：「我們雙方談了這麼久，蔣委員長也不斷表示了求和誠意，最大限度割讓領土主權，但貴國仍然無法承諾我方要求的撤軍，請問我方怎麼答應貴國的政治要求？」和知鷹二說：「我也不想拖延這麼多時間，所以老實告訴閣下，撤軍幾乎是不可能的。我們只能在保持現有戰線，停止對重慶的進攻的基礎上作談判。」

雷嗣尚神情僵硬，知道日方開這種條件，蔣介石肯定壓不住國人的抗戰熱潮，那麼仗肯定要再打下去，當然蔣介石也肯定打不贏。強作笑顏道：「停止進攻是當然要的，不然我們也不用在這談判。然而只有停止進攻不撤軍，中國的輿論肯定不讓蔣委員長和談。看在我國民黨跟貴國過去的革命情誼上，貴國內部不少人，會理解蔣委員長求和的誠意。」

連日本天皇都沒辦法立刻阻止日軍進攻，和知鷹二當然也無能為力，只能當個傳聲筒。故作高姿態道：「蔣委員長想求和，我們當然知道。因為我大日本帝國只要繼續戰略進攻，你們支那肯定阻擋不住，至於過去跟貴黨有交情的人士，現在也都已經退休，這份交情我看還是不要公開吧，對貴黨肯定是相當不利。」雷嗣尚面紅耳赤，滿面羞慚。

雙方沉靜片刻，表面上雷嗣尚坐如針氈，和知鷹二氣定神閒。內心卻是反過來的，因為雷嗣尚已經有所盤算，假設談判破裂，日軍繼續打下去攻破重慶，蔣介石死活是他家的事，他大可投奔汪精衛麾下，甚至可以學不少中國商人，直接找日本朋友做個商場生意，抱著幾個日本人來消費，談判結果無論如何，對雷嗣尚個人完全沒差。但和知鷹二卻不是如此，逼迫蔣介石割地的談判若談不成，軍方某些人會責怪他的責任，若陰錯陽差談成割地和談，皇家更是他得罪不起的。

雷嗣尚抽了根菸，長吁一口氣說：「我們已經談了很久，而實際上我們都只是被派來傳話的，沒有任何決定權。我在出發之前，蔣委員長有私下見我一面，跟我透了口風。若貴國不願意撤軍也沒關係，他保證不會做任何戰略反攻，只要停止進攻。蔣委員長同意軍方代表開出來的條件，雙方先行停火，主權在不宣告的模糊狀態下放棄。」

和知鷹二聽了跳腳，他的盤算其實是想談判流局，不得罪皇家，在軍方面前則是把責任都推給中國的代表沒誠意，讓蔣介石政府繼續被軍方追打，那麼兩方都交代得過去。若雷嗣尚代表蔣同意軍方要求，蔣介石採用宋高宗不宣而棄的方式，放棄領土主權，那代表談判就有了結果。

於是跳腳說：「不成！我方拒絕這種要求！」

雷嗣尚大驚失色，這已經是全面聽從了日本的條件，當年的李鴻章除了在下關挨個子彈，也沒這麼難談判，如今蔣同意很大條件，日本竟然不願意了。臉面僵硬地，拿出文件冷冷說：「這等於接受了剛才貴國軍方大部分的條件，其他條件我們還可以慢慢談，讓蔣委員長去考慮，閣下怎麼又拒絕？」和知鷹二答道：「別以為我不知道，你這是玩模糊兩面的手法，欺騙你們支那的百姓。蔣委員長必須立刻公開地承認所有大日本帝國扶植的政權，包括汪精衛為合法中央政府，否則談判破裂是你們的責任。」

雷嗣尚說：「貴國在實質的領土利益上面，完全沒有吃虧。」和知鷹二打斷他的話說：「你難道不知，我大日本帝國準備建立大東亞共榮圈，要讓汪精衛代表支那政府與我大日本帝國共存共榮嗎？在大東亞共榮圈的架構下，你們欺騙支那的人民，就是欺騙大日本帝國，我方絕對不能同意這種做法。你回去告訴蔣委員長，除非立刻承認所有與大日本帝國親善的政權，尤其是汪精衛是中央政府，你們只是地方政權，不然什麼都別談。等他想通了，再來找我們談判。」於是死抓這點，宣告蔣介石的代表沒有誠意，談判失敗，先行離開香港。

待雷嗣尚回報之後，蔣中正發現日本人竟然跟武漢會戰之前一樣，死咬著他要跳出來承認自己是漢奸才肯罷休，當然他本心沒有想要賣國，但局勢混亂，不斷用權宜之計利用小人，最後自己越描越黑，難以收拾，才變成瓜田李下，大家都不說卻又是最可能的漢奸，蔣中正當然死也不會答應。但眼下事實，又打不贏日軍，只好繼續以拖待變，並私下準備飛機，若重慶淪陷則要繼續遷移地方，抗戰到底，即便只是嘴上抗戰。

一股形上的力量，即超個體鬼局，似乎摸到了，裕仁用盡方法拖延不肯進中國來，戰局有煞車的狀況。於是加緊在占領區的局面變化。

北平。自從蘆溝橋事變後不久，這座前朝首都就已經在日軍的控制下。

宇都宮駿二，日本關東軍中佐。先前在九一八事變時，還只是個少佐，對大陸政策瘋狂地支持，進攻瀋陽時，行動果敢，在蘆溝橋事變時，更是英勇作戰，打下頭功。曾夢想日本統治全中國大陸之後，天皇英明，遷都北京，對他的攻城略地，論功行賞，親自授官，讓他擔任一個省長級的高官，甚至讓他跟皇族聯姻，讓他當上貴族。沒想到日本政壇退縮不前，根本沒有佔領中國的打算，軍方人事一團混亂，很多沒有戰功的官校同學，都升到了少將，他這個戰功彪炳的人，被刁難打壓，還只是個中佐，被派在北平郊外架空了起來，擔任後勤官。他對日本高層非常不滿，心懷怨望……

他住中國許久，此時迷上了京劇，最愛「霸王別姬」一段。他認為自己就像西楚霸王一樣，擁有吞食天地的英雄氣概，可惜時不我予。

北平天橋茶樓，同時也是京劇院。一般中國百姓的生活，並沒有因日軍占領受影響，大家一樣來聽京劇，反而這個宇都宮駿二，融入了這種生活，不只會說中國話，甚至會唱霸王別姬的京劇一段，時常在這悲嘆自己受到打壓，沒有得到應得的地位。

今天他獨自帶著武士刀與配槍，穿著日本軍官服裝，來這喝茶聽戲。茶樓夥計李小四，一看是「太君」駕到，急忙安排了最好的位置獨坐。

「是太君！快裡面請！」夥計笑臉著彎躬哈背。

被中國人叫「太君」，宇都宮非常舒坦，他反而不想要其他日本人一起來，不然這個「太君」就不是他一個人專用的。在這他也很多中國商人朋友，甚至跟唱京劇的女角色都好上了，打算娶一個中國女戲子為妻。

平常聽戲他都全神貫注。今天特別沒勁，眼神不時看著門外，好像在等什麼人。

李小四怕這太君沒伺候好，會出大問題，趕快來此招呼。

「太君，您在等誰？需不需要人伺候著？」

宇都宮板起臉孔說：「那個王恩去哪裡了？今天怎麼沒來？不是約好我在這等他？」

李小四說：「原來是那位王二爺，在下立刻派人去找他，太君您稍待片刻。」

原來王恩是位商人，介紹女戲子給宇都宮認識的，被同胞罵是漢奸，但這宇都宮發現，自己的生活已經離不開這個漢奸，沒有王恩，自己的慾望就無法滿足。

沒過多久，王恩來到茶樓，宇都宮的表情轉而開懷，聊了起來，甚至宇都宮坦然說出內心的鬱悶，大罵日本高層賞罰不分，天皇周邊有奸臣，讓他這個攻城略地的大大功臣，被人冷落。

王恩用日本話說：「宇都宮桑，我們都知道，您是大日本帝國攻下滿洲，拿下北平的頭號功臣，沒想到竟然您到現在都還沒升將軍，何止是我，在北平的所有中國人，都替您不值啊！」

被王恩打中內心的宇都宮，也被說得苦悶，回答說：「這些事情，我也跟你抱怨了很多次，說了也無用！我打算就娶個支那老婆，離開軍職，在這裡學你經商，省得一回去看到他們，我就生氣！那一群瞎了狗眼，有眼不識泰山的日本高層！不知道我宇都宮駿二，是吞食天地氣概世的真英雄！」

王恩露出了不自然地微笑說：「中國老婆要娶，錢也要賺，但是千萬別放掉您的英雄氣概，要是大日本天皇陛下重用了您，肯定現在早把重慶拿下來了！」

答道：「說這又有何用？我現在還只是個中佐！」

王恩說：「您不是跟中支那派遣軍的，岡村寧次閣下，交情甚好嗎？」

「是的，當初攻下滿洲還有熱河，他大大褒獎我的積極，但這又如何？」

王恩笑說：「這大大有關係！您現在抑鬱不得志，全因為天皇陛下沒有遷都中國，倘若天皇陛下遷都中國，來到我們北平定都，讓我們也當皇民，高喊天皇萬歲，那麼天皇陛下一定會論功行賞！到時候，您就是大大的功臣！少說也給您一個省來管理！」

答道：「王桑，你說的沒錯，但天皇陛下遷都不遷都，都不是我們說了算。」

王恩笑說：「既然中支那派遣軍的岡村閣下，掌握兵權，那就積極協助他打下重慶，只要把蔣介石打倒，全日本人都會歡呼，征服了支那大陸。那麼到時候，天皇陛下就非得決定日本新首都的位置，不把首都遷過來，如何享有支那大陸豐富的礦產資源？我們北平是最好的古都，到時候天皇陛下論功行賞，您不就如意了？所以現在就要積極，讓大日本皇軍打進重慶，您就能高升了！」

宇都宮一聽恍然大悟，喜從天降，竟然鞠躬說：「王桑，你真是我最好的朋友！」於是回去，瘋狂的寫信串聯，搓弄中支那派遣軍的各層軍官，要求一定要進攻重慶！連寫三百封信，要中支那派遣軍積極行動，如同當初滿洲事變時一樣。

認為自己英明神武，氣吞山河的日本軍官，又何止宇都宮？漢奸又何止王恩？所以就算裕仁猛扯後腿，禁止一切戰略進攻，中支那派遣軍，在一大堆心懷怨望者，搓爐串聯的狀況下，仍然蠢蠢欲動，自動自發地向重慶步步進逼。裕仁也感覺到，大陸的日本軍隊，就算沒日本本土支援，也能攻破重慶，於是打算下重手干擾。

東京皇宮。

裕仁卻狠狠地再指著，地圖上四川重慶的位置說：「轉移焦點需要時間，他竟然還連吃敗仗！一切問題都出在這裡！不只中國百姓恨，朕也恨！再這樣下去，南進或北進政策都還沒搞敲定，軍方就要進攻重慶！中國軍隊在蔣介石的控制下肯定慘敗，抗戰最後堡壘就要失守！」

聽出他的意思是指蔣，星月與宮間只能跟著嘆氣搖頭。見到兩人搖頭，裕仁沉不住氣了，咬牙怒道：「中國數百萬大軍，竟然就被蔣這樣搞癱瘓，面臨潰敗階段！禍國殃民至此，朕實在難以理解，怎麼會有這種鬼畜？才堵住蔣企圖投降的念頭，但他竟然每戰必敗，還死拖著其他軍閥的部隊也跟著潰敗，基於蔣如此消極又不會用兵。我等必須拿出一法，讓中國軍隊能抵擋住進攻，最好還能大舉反攻！不然大戰走向還沒定，重慶一不小心就會被攻破！」

宮間犬二說：「在下倒是有一個計策，可能有些陰損，也許能激發中國軍隊，奮力反擊。」裕仁說：「好，快說！」宮間犬二說：「中國人比較重視鄉情，慫恿軍方的人去炸平他的家鄉。如此蔣介石被激怒，則會奮力組織大規模反擊。」

裕仁被蔣介石這個無間道中的敵人，逼得無計可施，有無窮怒火，聽到此自然高興。說：「好，就這麼辦！不僅要炸平他家鄉，也要集中轟炸重慶蔣介石的住所！最好一彈把蔣介石炸死！如此，朕才能真正協助中國抗戰勝利。」

星月說：「陛下，貧僧以為這不妥，如此會牽連無辜。蔣介石在重慶必定躲得最安全，很難炸中目標。而且他既然牽扯了大量各方勢力的利益，無法自清，那也沒有什麼鄉情動搖可言，未必會被激怒。」

裕仁說：「不是朕不聽大師的進言，現在已經沒有時間了！什麼招數都要用！要不是蔣介石很會躲藏，抓不到行蹤，朕恨不得親自駕駛飛機炸死蔣介石。更何況，蔣介石如此消極，四川居民同樣被炸，他們難道就不是無辜？現在已經不是討論這種問題的時候，請大師也趕快拿出其他辦法，解決眼前問題！」

星月雙手合十，點頭應命。

星月說：「在下也有一策應急，以挽救中國將垮的抗戰局面。就是利用汪精衛政權，來重創基層皇軍官兵的士氣。就能立刻緩和住皇軍的戰力！」

裕仁說：「好！如何利用？」

星月說：「基層的官兵只看眼前，而沒有遠略，現在大半中國，都已經懸掛太陽旗。

倘若汪精衛政權成立，那麼就可以仿造滿洲傀儡政權的模式，扯下太陽旗，重新懸掛中國的國旗。攻下滿洲之時，是兵不血刃，中國軍隊沒有抵抗，所以替換旗幟還不會影響士氣。但在淞滬一地則截然不同，最基層的官兵，眼見自己軍隊傷亡慘重，自己吃苦受罪，攻城掠地，才扯下的中國國旗，懸掛上的太陽旗，在敵人不開一槍，不發一彈之下，又懸掛了回來。那麼對最基層的官兵士氣，將是重創！會認為這一切的戰爭，都是無意義的！那麼從基層的士氣淪喪，到上層的戰略混淆，就可以將軍方進攻中國的腳步，緊急減緩，讓戰局進入爛泥局面，替之後的北進或南進政策，騰出運作的時間出來！此即皇家機關秘術第五十二招『五鬼搬運，釜底抽薪』！而這五鬼，就是一財政轉移，二戰略目標轉移，三精銳主力轉移，四政治班底空虛，五士氣予以重創。」

裕仁點頭說：「好，朕知道該怎麼辦！」

一九三九年，九月。這幾年日本發動戰爭，英美與蘇聯都不敢吭一聲，納粹德國從而也受到了鼓舞，對外展開大動作。英法等國也無力阻止德國，企圖將禍水東引，去與蘇聯碰撞，所以採取綏靖政策，蘇聯史達林當然看出英法的企圖，於是跟希特勒暗通款曲，要將禍水反過來西引。蘇聯與德國簽訂了互不侵犯條約，共同瓜分波蘭。於是納粹德國，在併吞奧地利與捷克斯洛伐克之後，大舉進兵波蘭，蘇聯宣佈保護僑民，也大舉出兵，履行瓜分波蘭協議。

原本寄望德國與蘇聯碰撞的英、法兩國，被迫先與德國宣戰，反而先與德國碰撞。

日本大本營見此，當然看出希特勒真的履行了德蘇互不侵犯，痛批德國沒有反共誠意，要求內閣暫緩加入與德國的軍事同盟。不過裕仁見此情況，開始注意德國的希特勒。距離將兩戰場命運相連，扯出世界大戰，擺脫大陸政策困局，只剩下一步之遙。

轉眼要到了昭和十五年，首相與內閣成員又要更換了，由海軍的米內光政擔任內閣總理大臣，畑俊六繼續留任。米內與阿部交接之後，在他家談論局勢，畑俊六也一同前往。三人不禁對大本營決定，放棄中國戰場，準備往東南亞『大顯身手』感到迷惘。

畑俊六直接了當地說：「兩位內閣總理大臣，我老實說吧，北進政策好不容易踩了煞車，不用去攻打西伯利亞大冰庫。怎麼現在又鬧出個要南進，搜括東南亞資源的爭議，要去攻擊蚊蟲與螞蝗的叢林地？好像大本營對支那這個奄奄一息的龐然大物，視而不見。竟然對所有派遣軍將領說，再沒進展，就要裁減駐支那軍隊為四十萬，並且主動撤出武漢。八嘎！荒謬！你不調動戰略集結，集中兵力進攻重慶，能有什麼進展？這不是矛盾嗎？那我們先前拼死拼活，奪滿洲、攻熱河、破華北、打淞滬、侵徐州、戰武漢，死傷慘重、財政赤字，獲得的連番勝利，難道這一切都只是替支那的沒落皇族與失意政客，製造政治市場，自己則全白搭啦？戰場上的勝利，沒有妥善的政治運作，這所有勝利都等於是假象！兩位得拿出明確態度啊！」

阿部搖頭不說話，米內嘆口氣說：「罷了，內閣總理大臣表面很光榮，實際上指揮不了戰場上的一兵一卒。現在還被玩弄到，一大夥軍人，上上下下排列組合，排隊輪流來蹲內閣總理大臣與閣員的位置。我們這些被架空的人，說什麼都沒用，還不如一個中將師團長來得實在。」

畑俊六對米內說：「若再這樣下去，日本遲早對英美開戰，那就是日本要先承擔中國戰場龐大的軍費與人員傷亡，然後再同時去跟英美打一場陸、海、空大決戰。這不是瘋了是什麼？套一句岡村寧次說過的話，這是自殺！還不如現在對支那人繳槍投降，請求原諒！我連續呈報給天皇，你說天皇怎麼就置若罔聞？」

米內為人謹慎，馬上搖頭皺眉說：「慎言！慎言！不可以隱射天皇！」阿部說：「也許天皇害怕又一次兵變……」畑俊六搖頭說：「不可能。現在已經進入戰時體制，只要我們全力把支那打下來，接受一切支那的資產，還都過去，天皇的地位更不會被質疑。米內閣下，一定要想辦法阻止東條那一些人！德國遠在歐洲，強在陸、空軍而不在海軍，不可能對日本有任何戰略支援，而英美的海軍實力與其背後的工業實力，你我是知道的。絕不能跟德國人在一起，而得罪了英美兩國，只要你穩住了太平洋與東南亞局勢，至於中國戰局，我這陸軍大臣想辦法便是。」

阿部長嘆一口氣說：「可東條英機……罷了……我盡力便是。」

此時日本本土軍方各界，已經被南進政策的戰略準備所誘惑，對岡村寧次花費甚鉅的戰略進攻重慶計畫，多有刁難。由於精銳主力都被調去接受沼澤，與登島作戰訓練，岡村寧次東拉西湊能進攻的兵力，頂多五個師團，近十萬兵力，無法總攻四川重慶，只能退而求其次，指示他轉攻湖南長沙。岡村寧次被迫挑起後期的侵華戰爭大樑，成了自生自滅的『日本孤軍』。雖然步步向重慶逼近，但力度已經明顯不夠。

武漢，岡村寧次指揮總部。

雖然岡村寧次早知道日本政壇氣氛詭異，戰略出了大問題，但是接手中國派遣軍之後，發現問題遠遠比他想的還要嚴重。忍不住對所屬幕僚大聲抱怨，原因是大本營調來給他的軍隊，不是紀律差、戰力弱、名聲敗壞的部隊，就是剛徵調來的新兵，武器裝備與彈藥缺乏，大不如進攻武漢時的狀況。

岡村搖頭怒道：「大本營這群白癡！修改了進攻重慶，轉為進攻長沙也就罷了！還派了這種部隊給我，不是存心讓我吃敗仗是什麼？」參予戰爭的第三艦隊司令官香月清司，也搖頭嘆氣，緩頰說：「閣下且先息怒，對付支那兵，這種部隊也就夠了。」

岡村瞪眼吃驚地說：「你怎麼也跟大本營的人說法一致？你自己也知道，這第六師團雖然讓稻葉四郎當了師團長，但是從淞滬會戰到現在，軍紀敗壞到了極點，暴行犯上的事情，常常發生。這一零六師團，根本就是武漢會戰時，萬家嶺支那部隊的手下敗將，只會虛報戰功。最誇張的就是這一零一師團，都是東京商業圈的敗家子組成，軍紀渙散到了極點，外號叫做『東京商販』，專打投機仗！我屢次命令師團長齋藤，要嚴肅紀律，他竟然回答說，『這是本師團，靈活機動，伺機殲敵的獨特作戰風格，不宜過問。』這不是荒謬到了極點嗎？從大本營到前線的師團長，怎麼都換成這一群白癡？原來打武漢的那一群精兵悍將，怎麼都四散五調，不知所蹤了？」說完瞪大眼，更是氣憤不已。

香月清司也嘆氣說：「閣下還是得多忍耐，大本營那些人的作風，我也很不認同。但我敢大膽推測，沒有天皇陛下的認可，大本營也不敢這樣做。天皇陛下認為，支那戰局沒有多大的進展，深入內地將很危險，對支那將要政治解決，要把精銳主力放在南進政策上。」

岡村瞪大眼說：「武漢會戰前，天皇陛下不斷對軍部訓斥，罵軍部低估了支那軍隊的戰力，要小心謹慎，不能輕忽大意，不然將會使征服支那的事業慘敗。但武漢會戰大獲全勝，支那兩百萬大軍潰走，已經證明大日本皇軍可以深入內地作戰，重慶就近在咫尺！怎麼卻改口稱沒有進展，應該主動撤出武漢？深入內地所謂的危險，又在哪裡？若深入中國內地危險，深入東南亞與太平洋，與英美碰撞難道就不危險？這到底是什麼邏輯？」

香月清司知道岡村寧次說之在理，但事涉天皇，轉而改口說：「這些都是大本營那些笨蛋造成的，不是天皇陛下。我們當替天皇陛下分憂，盡力作戰。」

岡村寧次聽了，想到這不是自己靠抱怨就能改變的。況且自己先前早就跟畑俊六私下談過，這無奈的問題。只好長嘆一聲，盡力解決長沙進攻戰的事宜。

既然無間道運轉，無間至道，陰陽相映。這嘆氣之聲，自然也不是日軍指揮官獨有。

長沙，中國第九戰區指揮官薛岳司令部。

自十月初接任第九戰區司令官後，薛岳對於弄了一個『誘敵深入予以殲滅』的戰術，號稱天爐戰法，讓蔣介石很擔心。過去的抗戰戰績，都是地方武器裝備很差的雜牌軍獲勝，黃埔系軍頭一敗塗地，如此對蔣介石個人的權力不利。

這薛岳又過去多次幫助蔣介石的政敵，參加過多次倒蔣戰爭，使蔣中正深為忌憚。薛岳自然是知道，功高震主的問題，好在他的姓名有了護身作用，讓全國輿論都會保護他。薛岳原名薛仰岳，從其父親對其取名之願望，以學習岳飛為人生目標。這名字有如此歷史淵源，全國百姓皆知，那麼若出現任何想迫害他的人，那這個人就是秦檜，就是是漢奸，就可以請輿論跳出來追打他。

蔣中正深知，殺岳飛已經是全中國人的大忌，薛岳取了這個名，代表蔣若是除掉他，將會犯眾怒，大家就會高喊有秦檜，輿論不容許他再學宋高宗，但出現岳飛，又是他這位統治者本身的大忌。

六門書判｜可見超意識，早知道龜局會做龜事。必然有宵小會對打勝仗將領捅刀，於是先改名岳飛，在背後安放機關，哪隻王八要烏龜背刺，那就機關反擊，瘋狂反咬。

不過新時代有新做法，不需要再玩風波亭殺岳飛的舊把戲，一樣可以達到烏龜效果。『常勝將軍』讓統治者討厭，但又不能夠除掉，倘若改為派一個『常敗將軍』來當其副手掣肘，從後搗亂，不斷糾纏政治爛污，自然就不會出現常勝岳飛。

這『常敗將軍』正是蔣介石的親信陳誠，素有『小委員長』之稱，以不會打仗而常上戰場聞名於世。誓死遵從蔣戰爭兵法，從而在戰場上無一勝績，每戰必敗，但每敗必升官。淞滬慘敗，徐州潰走與武漢潰敗這幾場大敗仗，陳誠在當中都有『關鍵功勞』。於是常敗將軍陳誠，與仰慕常勝的薛岳，在電話中，兩人吵了起來。

陳誠道：「此次會戰，戰略目的達到，長沙已經不再重要！服從是軍人的天職，委員長要後退決戰，以空間換時間！撤退的命令不容更改！長沙不能守的！立刻撤軍！」

薛岳怒道：「我薛某既然擔任第九戰區司令官，就有守土抗戰之職！這也是委員長在七七事變之後，廬山談話自己說的！如今要我放棄長沙，決辦不到！」

陳誠也怒道：「難道你想要抗命？觸犯軍法？」

扛出軍法大帽，一般將領都會為之洩氣，然而這次卻踢到鐵板，因為他姓名就是防背刺的機關，即便政治摸摸頭，也可能刺手。薛岳深知蔣為人，一旦輿論追究，蔣一定否認有下過撤退命令，最後一定把長沙丟失的責任，全讓薛岳來扛。

薛岳大罵：「抗命又如何？我還要訴諸媒體，把委員長逼我撤退的命令公諸於世，免得世人罵我是韓復渠第二，長沙丟失的責任，到最後全讓我來背，軍法變成要我來扛，我要讓全國輿論來公評！到底我薛岳有沒有辱沒民族英雄岳飛的大名！」說罷掛掉電話。

果然這莊嚴的軍法，在全國媒體輿論面前，就變成一文不值。

蔣中正慣用讓人揹黑鍋的伎倆破功，緊急發來電報，稱薛岳為『伯陵吾弟』，並關心長沙的防禦作戰。接著常敗將軍陳誠，親自到他指揮所溝通，態度相當誠懇，表示軍委會願意配合他，長沙防禦作戰的計畫，但是反攻作戰基於各種『條件限制』，無法支援。薛岳左思右想，無奈之下只好更改計畫，以恢復日軍進攻之前的戰前態勢，為戰略目標。

第一次長沙會戰開始，戰場上的官兵還感受不到無間道的氣氛，所以長沙週圍中日兩軍官兵仍相互廝殺。

武漢岡村寧次司令部。

岡村寧次收了一道，大本營發來的『對支那作戰戰略方針』的指示。不仔細看還好，仔細一看嚇了岡村寧次一跳。裡面有強調『以支那之敵為師』的重要指導。宣稱蔣介石以『空間換時間』的戰略非常厲害，讓大日本皇軍戰局陷入膠著，『蔣介石善用兵』，必須以敵為師，方能戰勝敵人。所以日軍的調動，必須匯報給大本營批准，一切不能陣前擅自決斷。同時要求，將這道明令傳給日軍所有中階以上軍官『熟讀謹記』。

仔細再看一下這道戰略方針的署名，是『總長宮殿下』。是遵照御前會議，天皇陛下的指示所制定出來的。有了天皇陛下的光環，岡村寧次等將領不得不遵令。

香月清司走進司令部辦公室，看到岡村寧次發呆，傻在這道明令之前，便問：「閣下，東京大本營可有什麼指示。」

岡村寧次一言難發，眼神呆滯，順手把明令交給香月清司過目。香月清司看了氣得大罵：「什麼？要以我們的手下敗將蔣介石為師？」

岡村寧次喃喃自語說：「蔣介石的兵法，所有皇軍將領都知道，是必敗無疑的兵法。但大本營卻要我們學他……意思是我們應該打敗仗？」

此時無聲勝有聲，岡村寧次與香月清司已經對大本營這種指示，無言。

在『東京商販』與其他三流師團，遵照大本營的指示，師從支那『蔣氏兵法』作戰後，果然長沙會戰日軍大敗，殘部北遁。反而中國的『非黃埔系軍人』薛岳，不遵從『蔣氏兵法』，又打了一次勝仗。這讓蔣如坐針氈，乃至於非常惱怒，但又不可以懲處戰勝者，於是來『摸摸頭』，作政治安撫。

以『伯陵吾弟』為開頭的信件，如雪花般飄來，除了讓薛岳穩居第九戰區司令位置之外，還不斷勸他顧全大局，遵照『空間換時間』的消極抗戰做法。同時間，不斷讓黃埔系軍頭進入第九戰區，萬一薛岳不聽號令，就可以讓這些黃埔門生從內部對他發難。薛岳畢竟只是個三流的岳飛仰慕者，級數很低，接受了統治者的『摸摸頭』。在不斷吹捧之下，薛岳因此驕矜自滿，依照蔣的消極抗戰策略，不作主動出擊。蔣對薛岳配合消極抗戰策略，深為滿意，遂頒發他勳章，大加表揚。

日軍真的空襲蔣介石的家鄉，將其元配毛福梅炸死，面對家鄉被炸元配死亡，蔣介石仍然沒有組織全面戰略反攻。仍然沒有計畫大規模反撲，死死躲在重慶山城不出。

六門書判—中國人集體意識，可以忍耐蔣公很多事情，畢竟是亡靈書人物。也希望龜局在你靈氣指導下，一點點挽回局面亦可。然而毛福梅之死，代表蔣的身邊買辦代表宋美齡地位穩固，且連通美利堅海盜國，已經不可能藉由蔣經國唯一親生兒子，回到蔣身邊主持大局，轟走宋美齡，截斷此污染之線。退而求其次的陳潔如，又被唬到國外，且是超意識最忌憚最恨的，美利堅海盜國。如此蔣中正靈龜龜殼，已經刻滿詛咒，能回來清潔的人都無希望。故蔣的江山不能穩固。

從此兩國都被內鬼所困，一邊是消極抗日，一邊是消極侵華。不斷地拖延時間。假平衡真的生效，接下來看誰能下手，打破這局面。

一九四零年三月二十日，南京，在日本扶植下，汪精衛組織傀儡政權。

裕仁還因此，在東京接待汪精衛，頒發他勳章，表示日中兩國友好同盟，要共存共榮，跟當年與溥儀共乘馬車的政治戲碼，如出一轍。從而全日本民眾大惑不解，有了一個疑問，但是這個疑問卻又是他們不敢問的。這問題就是：日本動員如此大的戰略進攻，在中國大陸攻城掠地，連場會戰，傷亡慘重，打下的這些土地，到底算不算日本的領土？但是這問題還沒問出口，裕仁已經在政治動作上表明：不算。

不過讓日本民眾知道還不夠，萬一重慶被攻破，中國抗戰局面瓦解，那麼軍方將會擺明向他提出這問題，那裕仁就無法回答。所以必須藉此，大力度重創日軍士氣，把五鬼搬運釜底抽薪之策玩到最高點，替中國即將瓦解的抗戰局面，打一支強心針。

一時間南京群眾，被強迫動員出來，慶祝國民政府『還都』，為了表明日本沒有併吞領土的訴求，日本還特別宣布，放棄一切在華的不平等條約。而汪精衛為了表示對日本感謝，依照孫文先前的想法，承認滿洲國與內蒙古德王的偽政權，並且放棄一切長城之外與新疆西藏等邊疆領土，等於宣佈要拍賣掉中國一切主權。不過這些地方不歸汪精衛管，靠他去拍賣，也沒有實際的效果。反而重慶的國民政府，在全國百姓怒罵下，不得不跳出來澄清，跟著痛批汪精衛賣國，拒絕承認汪精衛所說的一切，表明一切他說的都還是中國領土，宣布開除汪精衛的國民黨黨籍。

雖然駐南京的日本上層軍官一片喜氣洋洋，要開拓新的『政治市場』，但日本下級軍官與士兵，卻非常吃驚眼前的情況，從而一片騷動。大夥兒對南京主要建築物，自動降下日本太陽旗，重新升上來『青天白日滿地紅』，群起譁然……

一隊日本兵拼命對『中國國旗』開槍，甚至主動包圍了上來，堅持要扯掉國旗。汪精衛不得不去日本軍駐南京司令部，請求解決這問題。

司令部也不得不派出大量的日本憲兵，去保護『中國國旗』……

這裡是汪精衛政府的外交部。

「住手！全部放下槍！」兩名日本憲兵衝了上來，面對著一隊舉槍瞄準『中國國旗』的日本兵。帶頭的還是一名中尉軍官。野村中尉不怕這兩名憲兵，兇惡地說：「我們幹麻要住手？你自己看一看，上面飄的是什麼旗！為什麼要放下太陽旗，升支那的狗牙旗？」

今川憲兵說：「這是司令部的命令！你們難道要抗命？」

野村中尉旁邊的大島少尉，也兇惡地對憲兵說：「有沒有搞錯啊？我們進攻上海與南京的時候，死了多少戰友？跟我同批一起來的兵，全部戰死，只剩下我一個活著！為了扯下支那狗牙旗，升上太陽旗，死了那麼多戰友！為何現在又要升上狗牙旗？我們到底是替誰拼命？」後頭士兵跟著一陣鼓譟。

另外一名武藤憲兵大喝說：「這是命令！誰敢抗命就抓起來，送交軍法！」野村中尉大怒說：「有膽就抓我，我絕不讓狗牙旗在這升上去！」於是舉起手槍，朝著狗牙旗開了一槍，後面的士兵亢奮地全部舉槍開火，兩名憲兵不得不踉蹌逃走，狗牙旗當場被打爛，在裡頭的官員根本不敢出來，全都躲在桌下。

汪精衛這個國民政府主席，辦公室建築物上頭的『狗牙旗』，也被日本兵猛放槍，被打得稀爛。不得不再去求日本軍司令部商量。日本上層軍官也發現，軍心開始浮動，從基層軍官到士兵，怎樣都無法接受，『支那人』不放一槍一彈，就可以『還都南京』，繼續執行統治，還得逼迫日本人自己扯掉太陽旗，掛上狗牙旗。

經過汪精衛與日本司令部反覆協商，最後終於敲定，讓這『青天白日滿地紅』上面，多加一條三角形的黃色圖案，上頭寫著『和平反共建國』，以示跟蔣介石重慶政府的旗子不同。然後日本軍司令部下令，開始『教育』所有基層官兵，要接受『兩國和平』，建立『大東亞共榮圈』等等云云。不過日本基層官兵，私下仍然怨氣沖天，對這個空飄而來的奇怪旗幟，還是不斷地開火射擊，對粉墨登場的一大群支那政客，罵聲不絕。駐南京日軍司令部，不得不再派出大量的憲兵，維持秩序……整個日軍基層官兵軍心浮動，士氣大受打擊，這代表就算日軍攻下重慶，重慶上空仍然掛的是『狗牙旗』，不是太陽旗。

南京。

這裡的街道建築，才從淞滬會戰後重建，經過屠殺事件之後，百姓非常懼怕日本軍人。但為了迎接汪精衛的還都政治戲碼，全部被強迫動員出來。大家都認為，以蔣介石這種爛樣子，不可能再回南京了，日子總得過下去，所以汪精衛既然回來，大家也就照常開店作生意。

酒館中來了五個日本軍官，由上島中佐帶頭，邊吃邊喝，還不時破口大罵支那豬，中國的老闆當然閃得遠遠，不敢趕人。

上島中佐拍桌怒罵說：「我實在搞不懂，怎麼會有這種事！我們打下上海與南京，死了這麼多人，才扯掉支那的狗牙旗，掛上我大日本帝國的太陽旗。現在支那人不發一槍一彈，竟然又把狗牙旗掛回來，日本憲兵自動降下太陽旗，喊著大東亞共榮，迎接狗牙旗，簡直是巴格壓嚕！」

喝了口酒，又拍桌大聲叫罵！

山木少佐也附和道：「真的是荒謬！先前滿洲事件之時，我在關東軍當少尉，親手扯下支那旗，掛上太陽旗。之後上頭說是要扶植滿洲國，暫時降下太陽旗，說遲早太陽旗還是會掛回去！滿洲遲早會是日本領土！結果現在呢？支那的首都都打下來這麼久，滿洲還是掛著那個怪旗幟！南京這裡的事情更誇張，乾脆直接掛回狗牙旗！既然上頭不承認這些地方是大日本帝國的領土，我們死那麼多人，打這些仗幹嘛？到底是替誰打仗？巴格壓嚕！日本內部誰在說謊？到底誰在說謊？」

說到此，其他三個軍官也是義憤填膺。

長木少佐已經忍不住這口氣，大口喝酒，滿面通紅，大喝說：「不行！我要揍一個支那人！我要出這口惡氣！」

週圍的中國人，看到五個氣沖沖的日本軍官喝酒，早閃得遠遠，連店老闆都跑了。長木少佐想抓一個中國人來打也找不到。

上島中佐壓住他的肩膀說：「不要衝動！現在司令部抓得很嚴！說只要搶支那人，打支那人，都要依照軍法來審判！我手下有兩個兵，因為槍殺了一個逃跑的支那人，結果被憲兵抓走，一個因為態度不良，被判了死刑槍決，另外一個拼命認錯，請求原諒，才改判了十年徒刑，現在關回日本監獄裡面！如今跟剛攻下南京的時候不一樣了，這些支那人已經是憲兵司令部的寶貝。打不得，殺不得，甚至罵都罵不得。我們還是喝酒吧！反正這些支那人不敢跟我們要錢！」

長木已經喝得東倒西歪，拍桌說：「巴格壓魯！八嘎！！！」

佐佐木少佐把喝完的酒瓶，往地上扔，然後接口罵道：「巴格壓魯！什麼時候，我們大日本帝國的憲兵司令部，變成了支那的憲兵司令部了？專門抓我們打支那人，專門降下太陽旗，專門替支那人升回狗牙旗！我看，日本有內奸！有賣國賊！他們在替支那人作事！要把日本賣給支那！」罵到此，滿面通紅！

上島高聲說：「佐佐木，你說到了重點！二二六兵變的時候，我堂弟就是當中的士兵！事件之後退伍！他跟我說，日本有賣國賊，有和奸！他們是尊皇討奸！可是這些奸賊才被殺掉一批，又冒出來一批！現在竟然直接跟支那人合作，喊什麼大東亞共榮圈！結果我們日本，什麼領土都得不到！打這些仗，到底有何意義？乾脆全部撤回日本算了！」

佐佐木說：「真的越想越生氣，我們被日本國內的政客給玩了！辛辛苦苦打下一大片領土，給他們這樣作戲，喊什麼共榮圈，這些仗就等於白打！我們每打下一塊土地，就冒出一些奇怪的人，來這裡掛奇怪的旗幟，代替帝國政府統治！滿洲如此！內蒙古如此！華北如此！南京也如此！巴格壓魯！我真的不懂，我們到底替誰打仗？到底我們是替誰打仗？」說罷，抓了一瓶酒，拼命往嘴裡灌。

大家都喝得醉醺醺，滿面通紅。

上島長吐一口酒氣：「我在軍校的時候，是讀歷史的！江戶以前的歷史就不說了，日清戰爭之後，我們佔領台灣。當時日本政壇，就有一堆人跳出來，說佔領朝鮮就好，要把台灣賣回去給支那，乃木希典在日清戰爭時，說要踏破支那四百州，此時竟然贊成台灣賣回去給支那！好在有兒玉源太郎，拼死立下軍令狀，堅持反對到底！不然台灣就真的得還給支那！」

喝了一口酒，又說：「日俄戰爭的時候更怪！我日本軍人死傷慘重，把俄國軍隊全部殲滅，逼俄國放棄滿洲，結果竟然有一批人跳出來，搓弄滿洲領土全部還給支那，對支那簽訂另外一種條約！最後的結果，支那的清政府就在滿洲建省！當時我大日本帝國的戰力，全世界都震驚，衰弱的支那人哪有本事從我們手上搶回滿洲？可那個號稱要踏破支那四百州的乃木希典，在那場戰爭中，死了兩個兒子，此時竟然也贊成日軍全面退出滿洲，只在旅順部屬一萬五千人監視俄國人動向！」

佐佐木說：「難道當時的乃木希典，就是支那的同情者？」

上島搖頭說：「乃木希典是今上天皇陛下的老師，最後也替明治天皇陛下殉死，他的夫人也一起殉死，他忠於天皇的心，誰都不能否認。但是你們想想，為何乃木希典在日清戰爭之後，對支那的態度改觀？」

其他四人聽了，慢慢放下了酒瓶，好像聽到了恐怖的鬼故事。

上島接著這詭異的氣氛，煞不住車，說得興起，繼續營造恐怖鬼故事的氣氛：「你們再想想，為何日本在昭和年開始，支那國民政府北伐奪權之後，一直有政變暗殺，直到二二六兵變，天皇陛下震怒與支那事變爆發為止。又為何我們跟支那人打仗打成這樣，兩國還互不宣戰？又為何天皇陛下就是不巡幸這些大陸的領土？為何不併入版圖？這裡可是有大量的礦產資源。然後你在連結一下我們眼前的怪事，猜一猜誰能控制日本政壇這麼久，誰能讓內閣一直出現賣國賊，到底誰是支那的同情者？誰是真正的和奸？」說到此，逐漸放低聲音。

其他四個人雖然都喝醉了酒，面紅耳赤，卻聚精會神瞪大眼，呆若木雞，看著上島中佐。從出生到現在，他們從沒聽過這麼匪夷所思，甚至會嚇壞人的事情。比天方夜譚還要天方夜譚。但上島所言，卻都是事實。一陣呆愣沉默，令周遭寂靜無聲。

佐佐木趁著一點酒意壯膽，稍微說出了一些大家不敢說的話：「你的意思是，同情支那的和奸是，天……？」

上島趕緊打斷說：「佐佐木少佐！我什麼都沒說！我可什麼都沒說啊！我在喝酒唱歌！」長木也趕緊附和說：「是啊！喝酒唱歌！喝酒唱歌！支那的蔣介石這麼爛！我們遲早還是會攻下重慶！遲早滅掉支那！我們是愛國的！全日本人都會支持我們！」

五人極力轉念，把剛才不小心推論出來的真相，用力忘卻。

照理來說，若要先用汪精衛緩衝，模仿當年併吞朝鮮的模式，那就應該在建立汪精衛政府之後，集中兵力追打蔣介石政府，將抵抗力量徹底殲滅！但日本高層正式確立，『蔣介石只是地方政府』，大日本帝國將『不以蔣介石重慶政府為對手』，要轉到南洋去大顯身手，宣布全力支持汪精衛！這讓危在旦夕的重慶政府，長喘了一口氣。

蔣一時也弄不懂，日本人怎麼突然轉變了戰略目標，若他對日投降，就得在汪精衛之下辦事，這對他而言，怎樣也不能接受。既然日軍進攻減緩，就繼續採取龜苓膏的拖延戰術。只要把時間拖延到日本同意和談，他的抗戰行動，也就有理由，可以從『消極行動』轉入『政治宣示』的階段。

第十七章 局面詭異無間吞食臨定勢 計走極端李代桃僵強脫困

中日兩國內鬼僵持的無間道局面，蔣中正滑頭招數用盡，粉飾抗戰假局，讓日本軍方見獵心喜，中國軍隊已經毫無抵抗能力，日軍只要稍微戰略集結進攻，抗戰就可以瓦解，日本入主中國之勢成為必然。而裕仁高明機關用盡，製造戰略假象，讓中國軍隊能不斷喘氣，反讓日本軍方被耍得團團轉，掉入五里迷障無法戰略集結，中國軍隊只要不自己解散，即便是抗戰無力，也不會立刻瓦解。兩國內鬼不斷糾纏，讓自己國家的軍隊陷入敗局，如此兩國的戰爭就成了歹戲拖棚，荒唐糾纏的一灘爛泥。

如此勝敗已經無法在局內來解決，得靠局外來解。

是故話鋒轉向地球的另外一端。就在裕仁天皇拼命給垂死的中國抗戰局面輸血，替中國抗戰搞緩兵計時，德國閃電作戰一路狂勝。除了攻佔波蘭，還向北席捲丹麥、挪威、荷比盧三小國，所向披靡。

這場戰爭東方人要玩假的，西方人卻要玩真的。

緊接著德國準備與英法兩國決戰，這才是場硬仗。法國建立馬其諾防線，超級加強版的壕溝戰線，大多以第一次世界大戰的戰爭方式考慮。而德國將領大多也遵循此思維，多數的主張都如同第一次世界大戰的史蒂芬計劃一樣，經比利時進攻法國。英法兩軍指揮官也都認定，德國將遵循第一次世界大戰史蒂芬計劃的進攻路線，故在此處，佈署大批精銳的英法聯軍。

希特勒害怕重演第一次世界大戰的西線膠著困境，對此進攻路線尚沒有把握。年輕的德國將領曼施坦因建議，對法國展開閃電奇襲，裝甲部隊協同摩托化步兵，從阿登森林繞過馬其諾防線，一舉衝入法國境內，切斷英法聯軍退路，攻其不備。

希特勒一眼看出這一招潛藏巨大的殺機，大力讚許。於是當時全世界最強悍的陸上打擊力量，德國裝甲部隊與摩托化步兵協同出擊，兼有空軍掩護，兵分兩路併力殺出。一路按照原先比利時進攻路線作為佯攻。另一路穿過阿登森林，打入法國境內，連番激戰，大破英法聯軍。

本來希特勒還有顧忌英法的戰力，要見好就收，下令德國裝甲軍團撤退。不過這德國裝甲軍團已經打瘋了，指揮亂成一團，停不住車。但這亂成一團，反而成了大獲全勝的因素。德軍裝甲部隊一路猛衝猛撞，邊跑邊打，所向崩潰。英法的指揮體系雖沒有混亂，但保守退縮，不認為阿登森林方向會是德軍主力方向，並不打算增派主力來此堵住缺口，從而這一路英法聯軍無力招架，接二連三慘敗，幾乎潰不成軍。

等英法指揮官們發現，這一路德軍已經威脅到英法主力側翼，可以與另一路德軍分進合擊時，潰敗之勢已經無法收拾。德軍竟然在極短的時間內，把近百萬英法聯軍打得落花流水。指揮陷入混亂的德軍大獲全勝，按部就班的英法聯軍全面潰敗。創造了歐洲戰爭歷史上，最大的勝利奇蹟，弄得希特勒在攝影機面前笑呵呵，合不攏嘴。

英法殘軍無力再戰，從敦克爾克搭船逃往英國。法國宣告投降，巴黎為不設防城市，德國官兵在香榭里舍大道踏著正步向前，宣告佔領巴黎，貝當臨時政府與希特勒妥協。法國流亡政府則遷往殖民地，與英國一起隔海與納粹德國對峙。

佔領法國後，德國接著出動大批的戰鬥機群與轟炸機群，對英倫三島狂轟濫炸，並且不斷宣稱要渡海攻佔英國。英軍傷亡慘重，全英國陷入恐慌，號稱日不落國的大英帝國，當初第一個敲中國閉關的大英帝國，而今竟然淪落到跟中國一樣，危在旦夕。只能仰望大西洋彼岸的子孫，美國人的救援。

這幾年來，希特勒誇張咆嘯式的演講，在日本的電影廳裡面播放，從歐洲到日本都有許多他的聽眾。但此時有一個聽眾很不起眼，但這個聽眾是希特勒千千萬萬的聽眾中，最獨特的一個，他將決定希特勒的生死，但全世界的人都不知。

星月法師夾雜在許多聽眾中，看完希特勒演講的影片後，暗暗一笑，出了電影廳，微笑著點頭，喃喃自語說：「口無遮攔，咆嘯瘋狂，莫名的執著，急切的戰略，這種人若拋出一點誘餌，投其所好，必然會上當。就是你了，就讓你也一起墮入這個局，來解陛下的難題。」於是雙手合十自語：「老子云：『堅強者死之徒，柔弱者生之徒。是以兵強則不勝，木強則兵。強大處下，柔弱處上。』」說罷，離開電影廳，前往皇宮。

六門書判－龜局最強項在靈與驗，以柔弱為核心運剛強為表殼而勝。然而其最大的劣勢也在於此。倘若柔弱為核心為局，則小人必定主導核心局面，君子必被全局利用於應付外界變化，且用完即丟，最終還是小人會在堅定狀態下，取得危害全局逐步走向衰頹小丑之勢，如此長久而言，全局離心離德，易被強敵壓制妥協，終將消亡。故龜局在上古純樸洪荒之初世，可以運用於起局，在末法黑暗將滅之末世，可以拖延於拖延。然而在文明相爭，混亂大年腳本之中，必須由內而外，君子上小人下，如此龜局則非常不利於民族運行。故中華民國罔兩於日本，必然只是過渡之用。除非眾人能堅持同心同德護靈龜到底，但卻又是當時亂哄哄的中國社會，所做不到的。

才上任半年的米內內閣，由於反對與德國結盟，避免與英美碰撞的政策，被陸軍派系質疑。在排列組合中，陸軍派系竟然有意與德國結盟，轉移了專心進攻中國的戰略，大有支持南進或北進的跡象。『鬼魁傳生』的皇家機關生效，裕仁從中發現，繼廣田弘毅之後的第二張鬼牌，即將要出現，而且這鬼牌是誰？他心中隱隱約約有了譜。而與德國結盟，將會是擺脫大陸政策困境的唯一途徑。於是內閣再次排列組合，準備讓近衛文磨『回鍋』，再當一次內閣總理大臣。從而早點將真正的鬼牌引出來！

東京皇宮。

近衛文磨、米內光政與畑俊六一同晉見裕仁。近衛是被另外兩人強逼來的。講述內閣總理的任命過於草率，這樣的話會影響政策的穩定。

裕仁似乎不以為然。

近衛文磨流著汗說：「啟奏陛下，米內已經是第三十八任內閣總理大臣……」這是暗示任命太過頻繁。裕仁點點頭說：「沒錯，那下一任不就是第三十九任嗎？」

近衛文磨苦笑著著鞠躬說：「可陛下，臣下已經擔任過這位置。」裕仁微微一笑說：「那就是再當一次。」這微笑頗讓人害怕。

近衛文磨擦了臉上的汗水，他還想到，自己先前被拱上三國軸心負責人的尷尬窘境，謹慎地說：「若是沒有記錯的話，光從滿洲事變前的田中義一開始算起，這次是第十三次替換內閣總理大臣，不到十年就替換十三任，似乎過於頻繁。」

裕仁說：「頻繁又怎麼了？當家方知柴米貴，不讓你們體會一下當家的難處，就不知道怎樣準備戰爭。」近衛文磨謹慎小聲地回應說：「嗨！可陛下，現在是戰時體制，對支那的戰爭政策完全混亂不清，甚至仗打到這種程度，日本全國都動員了，卻竟然兩國相互之間都沒有宣戰，甚至在政治宣言上，還不斷宣稱有所謂的邦交。到底我們對支那的政策是什麼？是要扶植政權分裂支那？還是佔領殖民？還是要徹底兼併支那還都過去？竟然擔任過內閣總理大臣的我，都弄不清楚，常被議員問得張口結舌。」

裕仁怕說下去就露了底，畢竟先前近衛文磨已經快要猜到底牌，於是轉移焦點說：「好了！爾等忠心，朕完全知道，可這些政策不是朕制定的。大力主張與德國結盟的，是陸軍那些人，爾等若擔心帝國前途，那就好好跟東條與海軍的那些人談一談。若爾等談出結論，朕一律照准，可以了嗎？」

東條英機那幫人對戰爭的態度，大家是知道的，這一塞嘴，米內與近衛都說不出話來。畑俊六忍不住頂嘴說：「陛下！臣等一片赤誠忠心，為了大日本帝國的前途，萬萬不能跟德國結盟，更不能南進去招惹英美等國！若逼不得已，真要打英美，也得先全力把蔣介石政府打垮，全盤消化了支那的領土，擁有強大的實力，才能批准這一政策。一定要讓我等，把支那政策定好了，內閣才能改組。」

裕仁皺眉頭手指著畑俊六說：「朕說過了，與德國結盟，還有南進政策，不是朕制定的！不就讓你去跟東條談一談嗎？說你這個人是怎麼搞的？」

近衛文磨趕快跳出來緩頰說：「陛下，臣等都是擔心支那戰爭的問題，而今戰爭最大的問題並不是無法戰勝支那，而是我們自己的政策。」

再說下去，裕仁的本相就會被逼出來，乾脆直接回應，於是說：「朕先前就已經在私下談過，你們都太低估支那人！你們每個人都對戰爭判斷錯誤，陸軍專責部門，應該要立刻結束在支那的戰事，在未來十年內重整軍力，以方便執行其他方面的戰略政策！支那的戰局不要去多想！朕要你第二次組閣，就是要你能看清戰爭方向，做好真正的戰爭準備！既然支那人不是我們的對手，那我們就要找尋新的對手！」

中國的抗戰局面已將潰敗，只要再把重慶打下，遷都北京。甚至不必急著把重慶打下，現在就學滿人一樣，直接遷都北京，大陸政策都同樣會大功告成，日本將成為超級大國。放著這個不幹，跑去找新對手，這種戰略，豈不是自討苦吃？在場的人都知道這個道理。但見到天皇瞪大眼，口氣嚴厲，表情不悅，只好退下。

基於米內內閣反對與德國結盟挑戰英美，裕仁堅決要釜底抽薪，撤換米內內閣。但畑俊六是米內內閣的支柱，而且極可能在近衛內閣中，還會繼續穩定大陸政策，遂決定將他趕出內閣，去參加其他官職的排列組合。

過幾天，畑俊六回到辦公室不久，以嚴謹忠貞的軍人態度，努力辦公，繼續思索該怎樣解決在中國的戰局。參謀次長澤田茂，忽然來到他辦公室，出示了參謀總長閒院宮載仁親王的文件，上頭還有他的蓋章，丟給他看。上面都是批判畑俊六無能的內容。澤田茂皺眉怒目，悻悻然說：「閣下的去留，應該要好好考慮了！」

畑俊六瞪大眼看著這個軍中政客的嘴臉，一陣氣沮。若非他狐假虎威，扛皇族作靠山，當場就會大聲罵他。本想要在陸軍大臣位置待久一點，以穩定住大陸政策，促使日本入主中國，但而今看來無法堅守下去。

這種詭異的情況下，皇族人士對自己的意見提出批判，必然也是裕仁的意見，長嘆一口氣說：「原來是總長宮殿下……我知道了……」

於是畑俊六上表辭去陸軍大臣的位置，米內內閣垮台，全部再次排列組合，近衛文磨回鍋組閣。他已經在不斷地排列組合中，揣測出上意，遂啟用了強硬派東條英機接替畑俊六，擔任陸軍大臣。裕仁總算鬆了一口氣，第二張鬼牌，正式出現！

局面走到這一步，中國對日本的無間吞食運轉，將面臨到最後關頭。只要重慶一陷落，抗戰局面徹底瓦解，『天皇萬歲』的呼喊就不是只有日本人喊，在中國人之間也會逐漸出現，日本皇室的壓力就回到二二六兵變之前，轉向回日本國內，逼天皇遷都，接收大陸領土與資源。之後只要中國人的『萬歲』全面高呼上來，頭一磕下去，細胞們紛紛『打入』日本體內，這大和王朝就不可能活過三百年。反之，日本假設藉著傀儡政權拖延時間，而後再挑起另外一場戰爭，引火自焚，製造自我敗局，從而跳脫陷阱，那就會變成中國超個體自己來承擔，自己得收拾殘局。

無間之鬥已經進入最重要的轉折，超個體鬼局意識，查覺獵物識破了陷阱，拼命在拖延，遂繼續沿著鬼變路徑，繼續製造中國軍隊的敗局，強制要日本勝利。故裕仁雖已經對日軍展開釜底抽薪，大肆削弱日軍戰略進攻的兵力與士氣，但中國大陸的日軍軍官們，仍然在相互努力拼湊戰力下，一步一挪地向重慶進兵，而蔣中正展開最深層的投影以致靈龜出奇的下三濫，讓裕仁的釜底抽薪支援抗戰的策略，瀕臨破功。

廣西桂林行營，白崇禧辦公室。

常敗將軍陳誠又來了，在軍事會議上，聲稱這次日軍進攻崑崙關，目的就是南寧，南寧存亡事關廣西的存亡，廣西的存亡事關重慶存亡，所以中央特別調派精銳主力，來增援新桂系。

陳誠拿著指揮棒，指著軍事地圖，說明『軍委會指示』：「……故可以說南寧之存亡，就是重慶之存亡。蔣委員長特定指派，中央最精銳之主力第五軍，下轄榮譽第一師，兩百師，新編二十二師，來廣西助戰。該軍由杜聿明軍長指揮，擁有最強的火砲與國軍少有的坦克部隊。必定要奪回崑崙關，擊潰倭寇。」

白崇禧說：「蔣委員長派出主力，增援我桂軍，已經能感受到中央的誠意。但崑崙關地形複雜，又將火砲與坦克分散使用，掩護步兵強攻。這種做法，可能會讓國軍數量原本就稀少的裝甲部隊，變成日軍火力砲靶。我不支持這種作戰方案。」

陳誠說：「白主任，在過去桂軍都責怪中央，派地方部隊打前鋒送死，讓中央軍去搶戰功，而今蔣委員長不惜血本，拿出了最精銳的中央主力軍，要替桂軍打前鋒，奪回崑崙關，保護南寧不失，事成之後移防給桂軍重新駐紮。難道您還有意見？」

桂軍將領也都自知，光憑自己，無力反攻崑崙關，紛紛表態支持。白崇禧張口結舌，總感覺訝異，難道抗戰危急之下，真讓這老蔣變性？

蔣中正最重視的黃埔一期模範生，杜聿明。率中國武裝最精銳之主力，大舉反攻崑崙關，新桂系的部隊也從旁助攻，在六比一的慘重傷亡狀況下，總算打下了崑崙關，日軍大舉敗走。中央主力部隊損傷過重，必須整補，於是將防務交給新桂系的部隊。

抗戰頭一次出現逆襲，而且蔣系部隊自北伐以來，頭一次表現最有風度，讓新桂系對中央改觀。

但整體而言，別高興太早。崑崙關的日軍旅團，雖被擊潰，但只是個偏師，真正主力已經從欽州灣登陸，攻破欽州之後大舉進逼南寧，而好不容易收復的崑崙關又被日軍攻占，最後南寧守軍大敗，南寧被日軍攻占。整個中國對外的海上交通線，被完全封死。

桂軍與中央軍各將領發現，自己被反攻崑崙關的損傷拖累，最精銳的機械化部隊不但沒成為機動主力，去伏擊進攻南寧的日軍主力，反而變成累贅，無法對日軍從海上進攻南寧做出反應，接二連三大敗，陳誠再次在戰場上建立大敗奇功。

軍委會不得不對各將領，全部下達降職處分。陳誠雖然也一併處治，從一級上將被降為二級上將，但還是上將，代表過不久，仍有重任。

南寧，日軍第二十一軍司令部。

軍司令官安藤利吉中將，收到一封『大本營下轄的軍令部指示』，差點昏過去。

第五師團長今村均中將問：「軍令部又有什麼命令了？」

答道：「參謀次長澤田茂，轉達總長宮殿下的指示，說此次南寧作戰，鬆動支那桂系軍團抗戰意志的目的達到，南寧不再重要，要立刻撤出南寧，回到作戰之前的態勢。」

今村均等眾將領大為不滿，抗議說：「支那的桂軍作戰意志，根本沒有被動搖，大本營的指令，我們可以拒絕聽從！」

安藤把電文丟給他看，怒目說：「你自己看最後一段命令補電，我懶得說！」

今村均等人上前一看，命令電文後面說：「倘若支那桂軍作戰意志沒有動搖，代表南寧攻略的計畫，是失敗的，南寧則失去了戰略的重要性，第二十一軍必須立刻撤退，重新調整對支那的作戰計畫！所有彈藥物資補充，改換地方，調去支援中支那派遣軍。」

可見，無論『支那的桂系軍團作戰意志』有沒有被動搖，日軍都必須撤退，放棄南寧，甚至放棄對廣西的進攻……

眾將領一陣錯愕，代表這場仗白打。今村均怒目說：「我們拒絕這項命令！桂林已經近在咫尺，桂林一旦攻破，距離重慶就不遠！重慶就面臨三面包圍的態勢！」

安藤雖也頗為不滿，但不得不說句實話：「這是皇族參謀總長的命令，甚至可以說，就是天皇陛下的旨意。就算我們要抗命，但戰略物資，說要改調去中支那派遣軍的宜昌作戰，你沒有彈藥補充，請問你怎麼打下桂林？」

眾將領一陣氣沮。

軍委會與大本營，各自把自己的部隊，弄得團團轉，戰局繼續變成焦爛拉扯。

宜昌，李宗仁司令部。

常敗將軍陳誠又來了，原本去長沙第九戰區攪和薛岳，後來又去桂林攪和白崇禧，現在改派來第五戰區攪和李宗仁，而來攪和李宗仁，這是蔣授意下的重點！

表面上對李宗仁很有禮貌，實際上暗中搞鬼，同時掣肘，藉口抗戰危急需要軍事調度，把新桂系的人馬打散，讓他李宗仁在抗戰中，逐漸失去軍事班底，徹底架空。使其無法再製造一個台兒莊大捷，無法建立民間聲望，更沒有力量跟他老蔣對抗。

陳誠在會議中，拿著指揮棒在軍事地圖上，說明了『軍委會的指示』，表面上是將戰略佈局說給眾將聽，但實際上他瞪大眼睛，盯著李宗仁看，像是只說給李宗仁聽：「日軍當前的戰略進攻，兵力約八萬，是乙級以下的師團所組成，首當其衝的是襄陽。但敵軍極有可能的戰略目標，是四川的門戶宜昌。依照軍委會的指示，首先我們當收復襄陽，我軍的防線佈局如圖。日軍只有乙級師團的戰力，也只有八萬人，我軍總共有五十八萬最精銳中央軍，如同七個人強壯的人打一個瘦弱者，這場戰役必然能在蔣委員長英明指導下，獲得勝利，宜昌一定固若金湯！接著一路打回南京！」

說罷，握緊拳頭，像蔣當初在淞滬，徐州，武漢的表演一樣，好像勝利十拿九穩。在場除了李宗仁之外，其他的將領紛紛鼓掌。宣稱他已經準備好，要痛殲日軍，趁勝反攻，打回南京。實際上先前湖北宜城的南瓜店之戰，張自忠所部就在陳誠搞的這種戰略之下，慘敗陣亡，但陳誠仍把這一套拿出來，繼續執行。

誰要跟陳誠合作？已經有很多人跟他合作之下，戰敗或戰死。

說了一長串，李宗仁終於忍不住了，開口道：「軍委會也知道，日軍進攻襄陽，極可能只是佯動！目標是在四川的門戶宜昌！我們把主力調去參加襄陽收復作戰，不就等於落敵之計？三十三集團軍司令張自忠，已經在軍委會的佈署之下戰死，所部幾乎全軍覆沒，日軍竟然以寡勝眾，擊潰我軍的圍堵，怎麼還敢拿這種計劃出來？」

陳誠露出微笑，這微笑相當詭異，但看上去又很自然。很有禮貌地說：「司令官說的是，不過這是軍委會做出的一致決議。蔣委員長在先前的會議上也說過，襄陽乃自古兵家必爭之地，當年的蒙古人就是打下襄陽之後，南宋就滅亡的。所以此地的重要性，不輸給宜昌。」

李宗仁拍桌說道：「移山倒海，胡扯一堆！當年南宋的首都在現在的杭州，蒙古人突破襄陽就等於突破水路天險，所以襄陽在當時當然重要！但現在水路，根本不是我們阻擋日軍的天險，反而靠水我們就吃虧，淞滬會戰與武漢會戰的教訓還不夠？所以抗戰陪都才轉到了重慶山城！這兩者怎麼能拿來相提並論？」

陳誠笑而不答，與會的第六十八軍軍長劉汝明，就像當年的黃光銳，早已被分化收買，是雜牌軍內部響應蔣的政治內應，當年替蔣瓦解西北軍團結，出過不少力氣，於是跳出來說：「我支持軍委會的意見，軍人當以服從為天職。現在是抗戰最重要的關頭，只有團結在委員長的領導下，才能保住宜昌！要收復襄陽，才能保住宜昌！」

身為西北雜牌軍出身的劉汝明，打了頭砲，在場的黃埔系將領當然不甘示弱，也紛紛跟著起鬨，紛紛你一言我一語，支持陳誠的說法。「是啊！收復襄陽！」「服從軍委會指示！」「聽從蔣委員長指示！」「收復襄陽！收復襄陽！一路打回南京！」「團結一致才有抗戰！軍人要以服從為天職啊！」「誰抗命誰就是破壞團結！」

黃埔系既然鬧了起來，其他的雜牌軍頭也跟著瞎起鬨。最後大家一致要求按照軍委會佈署，李宗仁無可奈何，新桂系的兵馬在抗戰初期打得太猛，消耗太大，之後又分散各地協助抗戰，手上已經快無兵無將，只能被蔣系軍頭你一言我一語最後遭脅制。

第七十七軍的馮治安見此，沉默不語，看著地圖上的繪圖。日軍為何只來八萬人，他不知道，但他知道蔣搞的這場宜昌保衛戰，純屬瞎弄，讓非黃埔系雜牌軍在外圍打主力，而黃埔系在中間搞投機，準備尾隨日軍之後，虛報戰功，若非日軍只來八萬人，恐怕重慶必然保不住！

馮治安輕瞄了李宗仁一眼，暗暗苦笑，並思度：李宗仁已經被趕鴨子上架。而這蔣介石與國民黨到了這步田地還在搞內鬥，簡直是無可救藥，看來宜昌也是守不住。若日軍最後堅決要打進重慶，他得為自己的將來考慮。

在眾將領挾制之下，於是李宗仁與陳誠各自率兩個兵團，對襄陽反攻，這一路的日軍當然是佯動，且戰且走撤出襄陽。日軍主力由園部和一郎率領，見中國主力在調動中遠離，便直指宜昌。宜昌守軍兵力空虛，在江陵一線雖竭力抵抗，但節節敗退。

宜昌忽然告急，陳誠不承認自己失策，反而宣稱這是口袋戰術，大聲叫喊要『夾擊日軍』『讓日軍有來無回』。實際上他只率軍尾隨在日軍之後，走走停停，不敢發動進攻。

日軍炮火逐漸逼近宜昌，宜昌居民早見過，從南京與武漢，整個北中國，乃至東北逃來的難民，相互告知各地當時敗逃的慘況，預料蔣中正根本守不住這裡，於是紛紛先逃離城區，到郊外避禍。日軍前鋒第十三師團連番強攻之下，中國軍隊只守了十二天就潰敗，當陽等要地全部丟失，最後宜昌城果然被日軍攻佔。

重慶，軍委會委員長辦公室。

蔣介石收到宜昌失守的電報，陳誠在電報中學當初蔣中正丟失徐州與武漢的口吻：「國軍即將『戰略轉進』。先前國軍力挫日軍，收復襄陽等地，大獲全勝。此次會戰戰略目的達到，『空間換時間』的總體戰略獲得勝利，宜昌已經不再重要！請委員長下令各部隊『全面轉進』『揚棄長江三峽』，固守棗陽一線與重慶外圍，伺機殲滅日軍！」

電文還不斷宣稱，『三峽天險』並不重要，『空間換時間』的戰略目的達到。

蔣中正看了陳誠的電文，滿臉鐵青，再這樣『空間換時間』下去，重慶也將『不再重要』，那就快沒地方可以跑了。但陳誠所言，卻又是標準『蔣氏兵法』的風格，繞了一圈，四處躲避敵軍主力，等要地被敵軍攻佔之後，高喊戰略目的達到，自己已經獲勝，要全面『轉進』。蔣的心腹愛將陳誠，已經盡得此兵法真傳，戰略目的當然會因此達到，宜昌看來是玩完。日軍若據此，集中兵力，對重慶展開戰略總攻擊，他就真的要準備逃到國外，放棄不再重要的重慶，展開『最後的戰略大轉進』。

媒體很快就知道宜昌失守，輿論譁然。本來蔣準備把戰敗的責任全丟給李宗仁去扛，但各黨派團體與各軍政要人可不傻，都從各自的管道，知道宜昌會戰都是陳誠一手操弄的，李宗仁只是被架空用來扛責任的人，大家一致要求嚴懲這次戰敗的陳誠以謝國人。還有報紙說得更明白，陳誠貽誤戰機，胡亂調動宜昌防務，宜昌一失，三峽天險被破，四川平原即將無遮無攔，抗戰已經面臨最危險的時候。

重慶居民聽聞消息，害怕自己重蹈南京居民的覆轍，開始往郊區逃離。

蔣中正在壓力之下，於是回電文給陳誠：「宜昌乃四川門戶，當前國人所最關心者。切不可失守，當盡力奪回。」並且也強調，抗戰到了轉折時，不應當再有某城某地不再重要的敘述。

陳誠接到電文，也聽說了重慶已經有人要求，要將他軍法審判，所以不得不組織部隊反攻。但他自知不是日軍的對手，所以只好以拖待變……

宜昌，日軍第十三師團長指揮所。

師團長田中靜壹接到電文後，大為震怒。把電文撕毀，大罵道：「什麼！要撤退！大本營參謀本部的一群笨蛋！」吉田支隊長問：「師團長閣下！這到底怎麼一回事？」

田中靜壹怒目指著被撕毀的電文說：「東京大本營所屬的參謀本部次長澤田茂來電，他透過軍令部轉達總長宮殿下的命令，說歐洲的德軍正展開西線作戰，擊潰英法兩國的軍隊，所以我們大日本皇軍要作戰略調動，立刻放棄宜昌，要立刻撤軍！」

第十三師團的眾軍官聽了，議論紛紛。歐洲德國人的西線作戰，跟亞洲日本人打宜昌有什麼關係？四川門戶宜昌不重要，那麼整個重慶是不是也不重要？而且大本營玩出軍令部與參謀本部，兩者混淆來混淆去，根本摸不清楚，到底他是奉了誰的指示？從此可以看出，有人在日本軍方高層混水摸魚，大玩政治手段。

吉田支隊長問：「德國人打德國人的，關我們日本什麼事？難不成參謀本部要調我們去歐洲支援德軍？」

從第六師團調來支援的池田支隊長也大惑不解：「這是亂下命令！宜昌天險已破，再堅持下去就可以打下重慶！怎麼會不重要？至於歐洲戰場，關我們什麼事？」

田中靜壹皺眉怒目，奮力拍桌，然後說：「軍令部替參謀本部解釋說，『戰略目的已經達到，宜昌不再重要』！支那派遣軍所有部隊，『尤其是佔領宜昌的部隊』應當立刻停止對支那進攻，向後撤退！去打『鬼畜英美』！這口吻跟蔣介石一模一樣！我懷疑澤田茂他們，根本就是蔣介石的同學！」

吉田怒道：「我們拒絕！他才用宜昌當藉口，讓二十一軍放棄了南寧，現在竟然用歐洲當藉口，要我們放棄宜昌！將來難道要用太平洋當藉口，讓我們放棄支那？師團長閣下，拒絕這道命令！」其他在場軍官也紛紛附和。
六門書判－真的，你猜對了，歐洲可以當藉口，太平洋當然也可以。
田中皺眉跺腳喊道：「他們已經對後勤部隊，下達了命令，暫時停止對第十三師團的彈藥補充！我們難道等著彈藥用盡嗎？」說罷滿面怒容地離開軍事指揮所。
後勤被自己人切斷，想自己打進重慶，也沒門路，眾軍官聽了一陣氣沮。
於是日軍暫時撤出宜昌。
愁眉不展的陳誠，聽聞日軍撤出宜昌，喜出望外。於是下達進攻宜昌的命令。所屬官兵爭先恐後，毫無組織突入宜昌市區，陳誠也不管到底有沒有穩固防線，立刻電報到重慶。
「我軍不辱委員長交付的使命，經過連番激戰，殲滅倭寇第十三師團大部，收復宜昌！」見到心腹愛將收復宜昌，於是立刻招開軍委會緊急會議，在會上吹牛。
蔣中正掃視了底下數十名高級將領後，微笑道：「辭修這次率領國軍，痛殲日軍第十三師團主力，收復了宜昌要地，拱衛重慶門戶，堪稱國軍將領之楷模！抗戰之中堅！擬頒發青天白日勳章一枚，獎賞所屬官兵五千大洋，以資鼓勵！」
見到他一付趾高氣昂的樣子，底下的川軍將領，鄧錫侯等人面無表情。
蔣中正然後話鋒一轉，暗批李宗仁：「辭修遵照軍委會的決議，打了一場大勝仗，是國軍的中堅！不像第五戰區的某些人，平常只會夸夸其談，說什麼不該分兵收復襄陽，不然宜昌不保，重慶危急，又說什麼會重蹈淞滬與武漢的覆轍。如今已經證明，辭修的調度才是正確的，宜昌與襄陽都在他的指揮之下收復，重慶的門戶固若金湯！宜昌永遠不會丟失！」

又道：「抗戰需要團結！誰若牴觸軍委會的決議，那就是地方將吏抗命，危害抗戰！」接著又陰沉地說：「百姓的眼睛是雪亮的，國民對此自會有公正的評鑑！所以宜棗會戰，我可以說，以國軍的勝利告終……」

趁著眾將領議論紛紛，鄧錫侯對潘文華低調說：「老蔣高興得太早了！等著看吧，宜昌還會再丟失，到時候我們就對陳誠發難！」

日本支那派遣軍總司令部眾將領，對日軍放棄宜昌一片譁然，要求立刻再次佔領宜昌，國內許多將領也紛紛上奏，請求再次佔領宜昌，並以宜昌為基地，進攻重慶。

東京皇宮。

裕仁收到這一連串戰報，已經坐立不安，急召星月入宮。沒料到日軍兵力如此寡弱，還能大破第五戰區五十八萬的中國軍隊，一腳把重慶門戶踢開，再這樣打下去，一不小心重慶就會變成第二個武漢，國民政府就垮了。

裕仁一見面就把所有戰報丟出來，指著說：「支那派遣軍一陣騷動，連帶軍令部也有人鬧了起來，一致要求佔領宜昌，總攻重慶！可恨！可恨！明明已經釜底抽薪，讓中國軍隊用七比一的優勢來打，朕還派了皇族軍官去扯後腿，結果蔣介石這個鬼畜，還會打了一個大敗仗，以致現在所有軍方將領一致上奏要重新打宜昌，星月！你先前說要利用德國，推動南進政策可以開始了吧？」

星月雙手合十，點頭說：「陛下勿急，無間之戰，目前已經是最後關頭，日本只要能沉住最後一口氣，就能跳出中國佈下的陷阱。如今北進風險太大，南進時機還沒有成熟，我們應當再沉住氣！」

裕仁瞪大眼說：「還能沉住什麼氣？從滿洲事變，不！從皇姑屯事件到現在！朕已經沉了很多年的氣。結果蔣介石一路從滿洲敗到重慶，聽說他已經派宋子文在國外洗錢，把外匯全部脫手轉境外資產，調入私庫，這是流亡政府的前奏！如今中國軍隊被蔣介石搞成這種爛樣子，連七比一的防守作戰都還會吃一個大敗仗，重慶若不保，大陸政策大功告成，朕就要被人扛進中國！中國現在要玩的遊戲，已經荒謬到，不打都會吃敗仗，中國軍隊現在要玩自我崩潰了！朕還能沉住什麼氣？」然後拼命搖頭說：「不成！南進政策必須立刻踏出第一步！」

星月雙手合十說：「歐洲的戰局情況已經明朗化，英法兩國敗局已定，趁著德國佔領法國之際，貧僧建議先攻佔法屬的越南，踏出南進第一步！只要這一步踏出去，驚動到英美勢力，並不斷煽動打倒鬼畜英美的政治氛圍，這必然讓中國要玩自我崩潰的手段，立刻停止。因為：：超個體這隻鬼：：必然會感應到我們這麼做的目的：：會知道我們也要玩自我崩潰：：這樣它就會暫時停止，並觀察我們下一步動靜：：可以爭取時間：：」

裕仁問：「好！但宜昌戰局現在迫在眉睫，要怎樣才能讓戰略進攻停止。」

星月苦著臉說：「既然蔣介石兵法這麼厲害，能讓自己的軍隊，在絕對優勢之下，還能吃一場大敗仗，那就要繼續學習蔣介石的兵法。支那派遣軍的人事，也都讓苦幹實幹者外調降級，講大話華而不實者，都晉升褒獎，製造軍隊中的反淘汰。那便可暫時緩住失控的戰略局面。藉此亦可把能征善戰的官兵，都調往南進政策的戰略整備中。」

裕仁立刻答道：「就這麼辦！還有，請法師暫時待在皇宮！現在中國這個陷阱已經主動跳出來，張開血盆大口在朕的面前，日本皇統進入最後時刻，您暫時別離開。」說罷急忙離去，準備南進的人事佈署。星月以衣袖擦拭汗水，長嘆一口氣。

參謀本部與支那派遣軍司令部總算達成協議，大舉再次進攻宜昌。宜昌市中心，兩軍反復巷戰，中國軍隊各自為戰，毫無組織，陣地接連崩潰，傷亡超過日軍五倍以上，甚至有一大堆官兵成建制放棄抵抗，攜械逃跑，被列為失蹤單位。軍隊失蹤總人口數，成為抗戰以來比例最高者。

中國軍隊會發生有成建制地逃兵現象，其原因很簡單，陳誠遵從蔣介石『以空間換時間』的大戰略概念，制定其戰場戰略。底下的軍官自然也會秉持陳誠『以空間換時間』戰場戰略，制定其作戰戰術。於是諸多前線軍官決定，以宜昌的『空間』，來換取他們自己的活命『時間』。

『自我崩潰』真的開始了。

日軍一陣砲擊，接著以數台輕型戰車為前導，後頭跟著大批步兵殺入市區。前方有抵抗的幾個團陣地已經被擊潰，後面數個團的團長，並不來支援。

五二九團的傳令兵吳德順，冒著日軍的砲火，跑進五七二團指揮部，要請求支援。

只見陳團長招集了全團，營連排各級軍官約一百人，作戰前之訓話。陳團長底氣十足，聲音蓋過了外頭的槍砲聲，大喊：「弟兄們！我團隸屬於第十一軍！是陳誠司令的嫡系部隊！而陳誠司令，又是蔣委員長的嫡系將領。所以我團是全中國最精銳的部隊，配備了各種最精良的武器。但戰場上光有精良的武器並沒有用，更需貫徹上級英明的戰略思想。蔣委員長提出了『以空間換時間』的抗戰原則，陳誠司令也多次以此對我們訓話，所以師長也給我們指示，要遵循蔣委員長與陳誠司令的戰略轉進概念，實施戰場上作戰戰術。」

然後陳團長嚴肅地站了起來，底下的軍官也紛紛站立，神情嚴肅，像是要去與日本鬼子廝殺。說道：「我團立刻帶上所有能帶得上的武器彈藥，『殺出』日本鬼子的重圍，在宜昌外會合。以宜昌的空間，換取我團的作戰時間，實施『戰術轉進』！在宜昌之外『伺機』殲滅日本鬼子！」

語氣慷慨激昂，底下的基層軍官們內心知道，這是要鼓起勇氣，攜械逃跑。

吳德順趁間傳達他們團的請援說：「報告陳團長，五二九團跟日本鬼子交火中，我們團長請求支援！」陳團長聽了，眼皮青筋跳動，滿面怒容，大罵吳德順：「他媽的！沒看到我正在下達作戰命令嗎？給我死出去！」

吳德順被罵得摸不著頭腦，但他知道陳團長這種態度，是不會支援他們團部。喊說：「我團跟鬼子已經拼上了白刃戰，陳團長若要『戰術轉進』，我團就沒啦！抗戰重要啊！」

陳團長雙眼噴出怒火，衝上來給吳德順兩個耳光，罵道：「混帳東西！你是哪根蔥？我團正實施上級『空間換時間』的抗戰大原則，誰敢再說我不抗戰，我就槍斃誰！」

陳團長罵得痛快，然後對所屬部隊正式下達命令，所屬軍官立刻帶著部隊往宜昌外奪路而逃。吳德順被賞了兩大耳光，看著所有人都跑出團部準備開溜，立馬空無一人，他竟然也醒了。

吳德順用力在地上啐了一口水，說：「呸！我操你的王八蛋！這些當官的明明膽子最小，還死要面子。既然你都不去救援，我又為何要回去？以為只有你們當官的會跑啊？老子我也搞一個『戰術轉進』，回家去抗戰，蔣委員長也拿我沒輒，誰敢說我不抗戰，我就斃了誰！」

於是傳令兵吳德順，自己也高喊著『戰術轉進』，往城外開溜。

通往西邊城外的道路上，『戰術轉進』的國軍人數，遠遠超過一個團，憲兵根本阻擋不住。而且大家混在一起，相互推擠，單位建制全部打亂。

「你到底是哪一個單位的？怎麼會跑到這，跟我們搶道？」「我是五七二團第二營營長，我團要實施『戰術轉進』！」「現在是五七六團實施『戰術轉進』，你怎麼會在這啦？」

「又不是只有貴團實施『戰術轉進』，我怎麼不能在這？」

幾千人亂哄哄，拿著輕重兵器往城外擠，只剩少數不懂『戰術轉進』的部隊在跟日軍作戰，整個宜昌守備不戰自亂，日軍逐街掃蕩，宜昌外圍的軍隊見了更是四處逃竄，於是宜昌再次淪陷。

陳誠果然不辱常敗之名，醜態畢露，又吃了一個大敗仗，所屬精銳主力逃的逃，死的死，被日軍重創，元氣大傷，宜昌再次被佔領。重慶再次譁然，街頭已經流傳，日軍不久將要總攻重慶的謠言。重慶居民已經有人開始往城外山區逃竄，尋找安全的住所。

重慶軍委會會議。

蔣顧左右而言他：「這次的宜棗會戰，相當的激烈，所幸將士用命，穩住了日軍的攻勢，讓他們只得到宜昌空城，無法越四川平原雷池一步！抗戰將從相持階段，準備進入反攻階段，一切都在我國軍的掌握之中，國軍的大反攻準備開始……」他看準李宗仁這次也已經被拖下水，肯定也在會議上害怕糾纏，於是如此扭曲是非黑白。

說到一半，忽然川軍潘文華發難：「委員長！您先前不是說，陳誠打了大勝仗，應該頒發青天白日勳章一枚？現在宜昌已經在陳誠手上丟失，四川門戶被日軍踢開，重慶居民一日數驚。這青天白日勳章還應不應該發下去？」說罷，在座將領紛紛你一言我一語，甚至已經開始騷動，要求將陳誠立刻軍法從事！

蔣中正滿臉鐵青，拍桌道：「注意秩序！」

眾將領一陣沉默，看他如何交代。

蔣緩緩說：「陳誠的事情，我已經有了決定，將他轉調文職！處理糧食的問題。」

李宗仁悻悻然說：「是啊！該處理糧食問題了！這次戰役我李德鄰無能，沒有管好陳誠，結果吃了大敗仗，看來也應該調職處分！宜棗會戰失敗，不只是第五戰區遭到重創，江漢平原豐富的產糧區也被日軍控制，國軍恐怕連飯都吃不飽！怎麼守住重慶？軍委會該給全國百姓一個交代了。」

蔣悻悻然說：「休息一小時，再回來開會！」說罷離去。

日本昭和十五年，九月，日軍已經佔領宜昌，重創第五戰區的中國軍隊，還奪得江漢平原糧倉與若干擁有軍火生產能力的要地，更重要的是，四川門戶已經打開了，全重慶陷入恐慌。但日軍真正的主力部隊，竟然出兵法國殖民地越南北部，口實是封鎖中國對外的運輸管道，實際上是踏出南進的第一步。法國已經敗於德國，自然無力與日本抗衡。對於日本開始推動南進政策，美國從而警惕起來。

東京皇宮。

新任外務大臣松岡洋右，在近衛文磨的陪同下，晉見裕仁。

裕仁冷冷地說：「冠冕堂皇的官話，在會議當中都說過了，既然現在這裡只有我們三人，那朕就不拐彎抹角。松岡，近衛應該有跟你說過，與德國及義大利結盟的事情，你能勝任嗎？」

這松岡洋右，早年曾經在滿洲鐵路株式會社擔任多年職務，有機會去歐洲晉升，卻拒絕了，因為他認為，中國大陸對未來的日本才最重要。在滿洲事件後，國際聯盟作出對日本不利的判決，松岡洋右相當強硬，國際聯盟當然無可奈何，從而松岡洋右在國內受到相當大的歡迎。也曾經大力支持軍方的大陸政策，主張征服中國，將其整個併入日本版圖。

松岡洋右有所不解，答道：「在接任外務大臣之前，首相已經跟臣下提過，所以陛下放心，臣必然能處理好與德義兩國結盟之事。不過還有一些不解，斗膽請示陛下。」

但裕仁早已看出，這些支持大陸政策的人，有各種成份，松岡屬於不知情的外圍支持者。最容易策反，成為他無間道的下線人員。微笑著答：「卿儘管問。」松岡遂問：「若我日本與德義兩國結盟，則英美等西方大國必然猜忌，以三國同盟的力量，恐怕還不足以跟英美抗衡。除非我們加大力度攻破重慶，征服中國，連同滿洲與蒙古，所有中國的領土，都一起併入日本版圖，使用中國大陸的豐富資源，如此一來，我們大日本帝國就將是擁有大陸領土的大國，世界各國將更為害怕我們日本。」

裕仁立刻大聲打斷他的話說：「松岡！你現在到底是外務大臣？還是支那派遣軍的參謀長？怎麼說的話，跟板垣征四郎這些人一樣？」

松岡與近衛都吃了一驚，不過近衛早已料到裕仁會有這反應，他已經習慣了，只要在政策上提征服中國，擴張版圖到大陸，就會被他喝叱。但這喝叱又一定是在人少的私下場合，在人多的公眾場合上提征服中國，裕仁又是另外一個曖昧莫明，左右擺盪的態度。不過松岡洋右並不知悉，所以踩了地雷。

遭到天皇一聲喝叱，他趕緊鞠躬道：「臣失言，陛下玉音訓斥得是。」

裕仁看近衛文磨在場，轉而輕聲說：「你就好好處理三國結盟的事情，其餘的事情不要討論，你去柏林的一舉一動，一言一行，朕都會仔細觀察。注意，是仔細觀察！」松岡點頭答嗨。

只好轉個彎又問：「內閣成員都認為，三國聯盟力量還不足勝過英美，應該把蘇聯也納入，最好形成四國聯盟。如此，歐亞大陸聯成一片，法國又敗了，英美就算實力強大，也勝不過四國聯盟的力量。」

裕仁此時還沒拿捏好，對蘇聯的態度。本來應該反共，但是德蘇已經互不侵犯，共同瓜分了波蘭，與三國聯盟靠近。蘇聯又暗中給中國的抗戰，輸送武器，倘若納入四國同盟，可能會斷絕對中國的援助。

裕仁點點頭說：「跟蘇聯的關係，朕沒有意見，不要進犯滿洲就好。朕記得先前，希特勒與蘇聯簽訂互不侵犯條約時，我們日本批判過他沒有反共誠意。他私下派人告訴我們，這只是個權宜之計，要讓德國免於兩面作戰的威脅。我們就順著德國人的主張，也跟蘇聯人簽個中立互不侵犯條約，這也就可以了，結不結盟的事情，跟著德國後面去辦便是。但別忘了，我們日本是反共的，最重要是要讓德國最後也要反共。」

希特勒的外交詐欺手法，早已被裕仁看出，若要消費一個人，便要先順著他走。

松岡洋右訪問了德國柏林。

德國由於缺少盟友，對此擺出盛大場面，等待松岡洋右的到訪，汽車經過，兩邊德國群眾皆手持德、日兩國旗幟夾道歡迎，汽車通過標的建築下，竟然是日本太陽旗在中間，德國右盤旗在兩側，表示極大的尊榮與歡迎。

松岡洋右與希特勒面談，雙方常懷笑臉，站在官邸陽台上，底下德國群眾傳來一陣又一陣的狂歡。德國在世界上的盟友不多，只有一個國力不強的義大利，終於在亞洲找到一個戰力強悍的盟友，所以特別盛大迎接。原先還跟蔣介石有往來的希特勒，非常看不起中國，早在蘆溝橋事變後沒多久，就一腳將中國踢開，把日本擁抱在懷裡。如今盟約大致成行，日本承認德國在歐洲建立新秩序的統治權，德國則承認日本在亞洲建立新秩序的統治權。

希特勒踢開中國無所謂，畢竟中國當時對他的擴張計劃毫無幫助。但是他去擁抱日本，就注定是夜路遇見了『鬼』，將讓他被鬼玩到死。

松岡洋右訪問德國回程，順道訪問蘇聯。斯大林機警權詐，知道德日兩國如此靠近，且都成為蘇聯近鄰，不好好穩住，那麼蘇聯將有極大威脅。果然斯大林熱情的程度，不亞於希特勒，原本冷酷少言，在會談中忽然笑口常開，顯得異常聒噪，手挽著松岡的手臂，親熱過於兄弟，甚至大喊：「我們都是亞洲人！」斯大林除了沒有染黃皮膚染黑頭髮，其他能做的親愛動作，通通做足了。還不斷地對他說和解、理解，並且擺明了表示，共產主義絕對不適合日本。而松岡竟然也回答，自己也讀過馬克思主義，骨子裡認同共產，於是簽了日蘇互不侵犯條約。回國之後，松岡洋右成了家喻戶曉的外交人物。

六門書判－斯大林為一切問題之源，以光明會或稱共濟會為核心的猶太集團，意圖改造武器在中國北境建立進攻滅亡中國文明的威脅，在明知代價高昂狀況下，仍然操作馬克思的亡靈書招喚式。列寧與托洛斯基份子，都是監督這項投資者，但仍然阻擋不住亡靈出現，並且發現斯大林並不想要滅亡中國文明，反而潛意識與中國超意識互通，談一個行情，亡靈叛變不受控，猶太白白付出代價，無可奈何。故納粹迫害猶太，僅為高貴的代價，猶太人高層實際並不恨納粹，而更恨共產主義。因為背叛的武器系統，比所謂的敵人更可惡。然而猶太人，卻又可以扭曲到在納粹迫害之時，堅持與蘇聯友好，替蘇聯工作，讓希特勒以為共產主義仍然是猶太人的陰謀。挑起德蘇戰爭之後，讓納粹被滅，就露出敵對共產之本心。如此，中國人會選擇黑化的周公？還是與反正的王莽來合作？一切似乎就沒那麼迷惘。即便當時之中國人看透底局，也能知道。

話鋒回頭。日軍攻佔宜昌後，從中支那派遣軍，又把武漢會戰後的戰略總攻重慶方案拿了出來。軍方將先前的計畫，重新修正，制定了五號作戰計畫。

五號作戰計畫的大致內容是：北支那軍派遣軍以數個師團兵力十多萬人，向西安關隴進攻，並沿著古道向成都進發，當作進攻之側翼。中支那派遣軍主力集中三十萬人，據宜昌，先以空中優勢，全面轟炸重慶外圍一線的中國軍隊防線，接著直撲重慶外圍的中國主力軍。日本本土與駐防滿洲的關東軍集結三十五萬大軍，當作兩支進攻部隊的總預備隊。最後兩軍對重慶展開合圍，一舉殲滅中國抗戰的最後力量，以徹底亡華！

面對即將必勝，五號作戰消息已不需當作軍事機密，所以日本民間男男女女都認為，支那即將被日本併吞，在華不少將領，大受日本國內之歡迎。日本所有公務人員都希望趕快攻佔全中國，人員編制都將因此大肆擴編，可以藉機升官發財，去大陸擔任高官。民間男女也都想趁機去大陸開拓事業，民間掀起了一股，嘴巴上沒明說，但內心都一致的共同期望值。若攻佔中國之後，還想用漢奸政權推拖，那麼掀起來的政變，將比二二六還要大上很多倍，連日本百姓都極可能佔在軍方那一邊，連跑帶拉，逼政府遷都中國。看來若重慶被佔領，裕仁就真的無法招架，肯定會被人用推

用扛，拱進中國去。

無間至道，無獨有偶。宜昌被攻佔，在華日軍五號作戰計劃被拋出，距中國抗戰瓦解，只剩下一步之遙，無間道兩大內鬼同時大驚失色。

重慶委員長行營。

蔣中正遣退了所有隨從，召開逃亡秘密會議。在場有宋美齡、宋子文、孔祥熙、孔令侃、陳立夫、陳果夫。眾人面色凝重，大家都已經知道重慶已經危在旦夕，快要沒有地方跑了。

蔣說：「戴笠回報，日本中支那派遣軍，已經制定第五號作戰計畫。這作戰計畫若是實施，別說重慶，整個四川省都會被日軍打下來。現在情況迫在眉睫，我們得討論出一個『戰略轉進』的方案出來。」

眾人氣氛凝重，看著若大的中國地圖，還有什麼地方可以『轉進』？看來看去，只剩下西藏，青海，西康，雲南，貴州等中國的邊疆省份可去。但這些地方，窮鄉僻壤，權貴們享受慣了，不會願意跑到那邊做最後抵抗，被日本人最後掃蕩。只剩下往國外跑的一條路可走，但若往國外跑，就代表蔣的政權瓦解，權力結構徹底崩潰。對宋子文等人而言，政權瓦解無所謂，反正還有詐欺掠奪來的大批財貨，可以在國外享受。所以他們非常支持這個方案，但不好在蔣面前明說，得讓宋美齡開口。

宋美齡早先就有跟他們討論過，此時氣定神閒地說：「親愛的，抗戰局面走到這一步，已經沒辦法再打下去。但外頭的那些不知厲害的軍人百姓，還在死咬著抗戰，不肯妥協。你該跟日本人談的條件，也都談過了。我們都知道，日本人若再一窩蜂打來，國軍肯定抵擋不住。到那時候，難不成真要玉石俱焚？除非我們再去找外援。歐洲戰爭再次爆發，美國肯定可以當我們的助力，所以應當與美國加強交往。」

蔣臉色凝重，她知道宋美齡所說，純屬託辭。而且現在中國軍民還在抵抗的狀況下，都已經沒有國家願意支援中國，去跟日本開戰。日本現在的實力已經讓各國都忌憚。而佔領全中國大陸的日本，必然更加強大，讓世界各國更加害怕，誰又會支持國民黨這批流亡殘寇，去得罪日本人？

愁眉不展地回道：「達令，妳的意思我能理解。這裡都是自己人。若日本人真的集中兵力往重慶打來，我們也只能往國外，籌組流亡政府一途。」

宋子文急著開口說：「哥，上次您交代外匯轉移的事情，已經大致辦妥。五億美金已經轉移了四億，在國外的生活肯定能夠保障。現在只剩下，黃金與故宮國寶轉移到國外的事情，需要二十多架運輸飛機來承載。空軍是我們宋家掌握的，抗戰之初我就想到這一天，所以還保有三十架運輸機，及相關飛行人員，還調得到足夠數量的飛機來用。但我們的飛機不夠大，沒辦法一下飛到國外。得先飛往雲南昆明，在那邊補充油料之後，再飛往英國的殖民地緬甸，轉到英國統治的印度去，最後請英國友人協助，將所有飛機與財產，裝船移轉到美國，才是安全。而美國那邊，林森已經有安排接應人員，到時候我們可以在那邊會合。」

陳立夫與陳果夫聽了，嚇了一跳，原來掌握空軍的宋子文，早有捲款逃跑的計劃，甚至一跑就跑到地球另外一端，那真的日軍就算再厲害，也不可能追到。

但為何一定是美國？看似當下美國新興強權，實際上此國，為中國人集體意識最忌憚者。烏龜王八引來真正會滅亡文明，亡國滅種的海盜集團，那也罷了，但罔兩龜這樣指向，日本那邊肯定也會有指向美國的指針。

蔣點頭說：「既然子文已經有了安排，那這個移轉海外的計畫，我就不用擔心。」

孔祥熙發現還有不妥，補充說：「只是這計畫還有一個關鍵，就是雲南的龍雲與盧漢，不能在我們駐腳雲南途中，跟日本人串通搞我們的鬼。所以抗戰的口號，要在雲南特別加強，黨國重要官員要特別駐紮在雲南，動員當地愛國青年，逼迫他們一定要對日本人做最後抗戰，替我們爭取轉移的時間。只要讓他們抗戰氣氛穩住，那我們轉移黨國財產時，就不會被攔截。」

蔣頻頻點頭，利用別人的愛國忠貞之心，來賺取自己的權力與金錢，這事情他並不外行。於是說：「這可行，我會派戴笠與張群，分別到雲南去安排，這件事情由你負責督導。」孔祥熙賊眉鼠眼，也跟著頻頻點頭。

陳立夫插話說：「蔣叔，我們黨的組織，也該在美國安排起來。不然我們兄弟倆，怎麼替您繼續支撐海外流亡政府的局面？」

不等蔣開口，宋美齡說：「放心吧，早在興中會時期，孫總理在美國就有廣大的華人華僑人脈。海外的華僑對抗戰很關心，即便日本佔領中國，我們還是可以運用愛國的宣傳，讓他們支持我們抗戰。只是這部分，需要美國人點頭才可以去做。」

陳果夫微笑說：「跟美國人的關係，就得靠夫人您費心。」宋美齡也點頭微笑：「都是替黨國效力，這應該的。」

蔣輕敲著手杖，說：「好啦，既然大家都有了共識，也有明確的計畫，我們就不怕日軍攻佔重慶的這一天。只剩下最後一點，在海外的愛國宣傳，還需要些忠貞的幹部來做，所以跟我們親近的黨國要人，在這當中也要同步轉移。並且整條飛機航線的安全性，以及最終目的地的政治安排，都必須先確定好。整個計畫以軍事作戰的角度，嚴謹把關。每一個步驟與細節，都要有文字敘述，列為絕對機密文件，讓我來保管。」然後轉面看宋子文說：「子文，這航空轉移的計畫擬定，就交給你來辦。」

宋子文欣喜異常，點頭說：「一切都交給我。」

東京皇宮密室。

裕仁也招開了秘密會議，裕仁與香淳皇后，跟蔣介石宋美齡等人一樣，都是愁眉不展。星月與宮間犬二兩人，在皇宮外住了許多天，仍然拿不出最後解決的定案，兩人見了兩陛下在上座，面色凝重，自己也跟著愁雲慘霧，不斷地向兩陛下致歉。

桌上擺著一張中國地圖，上頭標示著許多軍棋，表示日軍與中國軍隊在四川週圍的佈置。中國最後一塊有工業力量的四川平原，已經危在旦夕。

本來在嚴謹的皇室家教下，皇后是不會主動先開口說話的，然而皇家已經『一腳踏進生死門，半身陷入關鍵處』，兩千年來頭一次碰到這種危機，裕仁對這議題糾纏多年，已經心力交瘁不想說話。所以這次香淳皇后先開口道：「兩位是皇族會議中，推薦出來的參謀。經過這些日子的推演，難道還拿不出辦法，解決皇家的危機？」

兩人再次對兩陛下致歉，請罪處罰。裕仁搖頭說：「朕不要處分人，朕要解決的方案。宜昌已破，軍方又有人開始叫嚷進攻重慶，徹底滅亡中國，議會與國內的輿論，都大肆宣揚重慶攻破之後，中國就一定要全部歸日本統治，他們每個人都要升官發財，統治一塊區域！甚至朕的御弟，三笠宮的崇仁，從大陸回來後，也勸朕乾脆遷都中國，再圖萬世一系。皇族成員都動搖，如此看來，朕真的沒時間了！總之大陸政策是絕對要停止，明治年間一丁點的差錯，導致今天皇統傳承將入中國，植入三百年必然滅亡的危局。真是人算不如天算啊！若皇祖父能見到今天這個情況，當年就不會發動日清戰爭，不會要中國割讓台灣，更不會打日俄戰爭了！」

說罷，苦著臉仰天長嘆。在場其他三人，也因此面色凝重。

又接著說：「太諷刺了，明明知道戰爭怎樣會打贏，卻絕對不可以贏。還要辛苦去尋找，怎樣才能戰敗，全人類從古至今的歷史，大概只有我們最離奇！法師先前，曾對朕提過，中國是超個體的概念。朕重新細細思索日清戰爭後，中國的每一步微妙的變化。

對比他們過去四千年歷史，許多段落，何其相似。彷彿真是看到了，有安排，有分工，有計畫的一系列步驟，拉著我日本與中國相互合併，最後把日本無聲無息中消化掉。若真的不得已，朕最後不得不入主中國，朕只能先向神武天皇的靈位請罪，請求神武天皇處罰於朕，然後讓皇家機關去跟那個超個體，決一生死！但熟知道家哲學的我們，深知有不能勝無，小年不如大年。連眼睛都看不到的超個體變異，請問皇家機關怎麼去跟它，用百年的時間尺度，廣大的人性糾纏，無窮多的鬼變組合，去長時間對抗？光是一個策略運轉的時效，就落差一大截，皇家機關若到此步，就算有死拼到底的決心，也就輸定了，也死定了！改朝換代成了必然，朕怎麼對得起歷代皇祖皇宗乎？」於是掉出眼淚。

兩人立刻下跪叩拜。裕仁與香淳同時起來，令兩人回座。

裕仁說：「法師說話吧，不管說甚麼，朕都不會降罪。」

星月看著地圖長嘆說：「先前對陛下提過，以世界局勢來打亂日中兩國的局面，干擾超個體鬼局安排的歷史劇本，最後讓日本安全過關。但要主動挑起戰爭，又要能安全過關，還差一個環節。這環節就在蘇聯與德國的關係，日本目前要強撐著，等著兩國發生戰爭。」

裕仁搖頭說：「蘇聯現在的大獨裁者史達林，正與德國的大獨裁者希特勒握手言歡，如何讓他們打起來？這恐怕不是我們能控制的。」

星月說：「確實不是我們所能控制。史達林這人在中國西安事變的時候，竟然不支持中國共產黨，而去大力支持蔣介石。再從他這次，對松岡所說的這些話分析，共產主義在他的觀念裡，只是服務政治現實的工具。不過這共產主義國度，已經讓西方所有大國，戒慎恐懼了許多年，包括我們日本在內！」

又說：「先前談過，南進政策是我等為了轉移焦點，不讓重慶政府敗亡，不讓皇統進入中國而設的局。遲早日本會敗在這裡。我們把問題假設得最嚴重狀況，日本在這裡慘敗，英國與美國大舉進攻到日本領土。而蘇聯必然藉機趁著日本戰力衰落，搶佔我日本在中國佔領的地區，把共產主義移植到中國去。中國一旦在蘇聯的勢力之下，英國與美國必然恐懼，害怕日本也遭到共產主義的控制。就可以藉英美的這個心裡因素，與之談判，保存皇統進入下一個階段。」

裕仁搖頭說：「這不好！這太危險了！首先，中國若是被蘇聯併吞，那麼我皇統的早期文化根基被摧毀掉，且在身邊又有一個超級共產主義大國不提，自身又在英國與美國的控制之下，日本就完全被動。屆時他們若有需要，把日本給犧牲掉，我們不就當了待宰羔羊？」

星月說：「是的，所以中國會不會被蘇聯併吞，就是絕對的關鍵。以人種與文化角度來看，中國被併吞的機會很低，甚至滿洲在當年清朝政府後期開放後，已經住滿中國人，蘇聯要併吞滿洲都不太可能。倘若蘇聯真要併吞中國，如當年迷海師父所云，那才是蘇聯招惹超個體，將被中國吞食，最終讓中國力量滲入歐洲的開始！所以以現實來說，蘇聯若真要控制中國，那陛下也知，人玩不過鬼，最後下場會悽慘的必然是蘇聯，而不是中國。日本若被英美控制，雖不可能如殖民地一般。一來文化、人種、國情截然不同，但日本將會是西方大國對付共產集團的前緣，如此一來，中國與日本就會回到原點。屆時日本會遭受不少屈辱。」

裕仁狠下心說：「重慶危急，軍方對中國的攻勢還沒完全停止，中國抗戰局面即將瓦解，一旦瓦解，則全日本人都會歡欣鼓舞，兼併大陸勢必被迫執行。可以說重慶抗戰局面的生死，就是我皇家的生死，朕一定要痛下決定！老子有說，別人汙辱我，只是汙辱我的貧賤與卑下，並不是汙辱我的本身。從漢、魏兩朝與明朝永樂年間，日本甚至當過中國的屬國。莊子也有說，朝菌不知晦朔，蟪蛄不知春秋，小年不知大年。所以只要能傳承下去，屈辱二字，對長久傳承的皇統而言，並不是重要的問題。只是屆時蔣介石政權必然會強大起來，中國倒不一定被共產黨所控制。」

星月搖頭說：「不然，在這幾年與蔣介石交手的情況看來，蔣介石的統治腐朽至極，比當年的李鴻章還不如，中國百姓對他政權怨恨不滿，也遠遠超過對滿清末期的政權，他必定支撐不住中國複雜的局面。貧僧恐怕，極端的狀況會發生，中國改朝換代的慣性又會發作。用超個體理論來說，蔣介石政權只是個餌食，用來釣日本上鉤，倘若失敗，超個體必然會重新排列鬼局，收拾掉這個餌食。」

裕仁沉思片刻，終於點頭同意。

低聲說：「南進政策有你幫朕謀略，朕心甚安，但執行者該找誰？」

星月說：「人事安排當聽陛下聖斷，貧僧對此不敢僭越。」

裕仁說：「東條英機與山本五十六。一人主導政治，一人主導軍事，兩人拉出一條主軸建立局面，最為穩妥。你認為呢？」

星月聽了內心一顫，只點頭示意，不敢多作回答。他想到了先前裕仁與蔣中正，影子與罔兩的關係，裕仁提出了這兩個人主導，蔣那邊也必然有兩個人主導，不說星月也猜得出來，是孔祥熙與宋子文，會不會他們的目光也放在美國？超個體是如何讓這一切形成的？思及此，智慧高超的星月大法師也為之恐懼。

無間至道，陰陽相映。宜昌陷落後，蔣把美國當成逃亡的最後目的地，裕仁也同時把美國當成皇統最後的救命稻草。兩個內鬼同時把目光都放在地球的另外一端，也同時制定相似的，最後一招拼殺。

一九四零年秋，法國被德國擊敗後，希特勒正準備海獅行動，進攻英國。希特勒要求日本統一行動，當德國進攻英國時，日本要在亞洲對英國屬地，香港與新加坡等地動手！

日本不少明智的人士，已經發覺事情不對頭，戰爭方向開始荒腔走板。但日本少壯派軍閥卻還興致勃勃，簽訂了德、日、義三國軍事同盟後，南進政策已然箭在弦上。『不要誤了公共汽車』成了流行的口號，意思是要趁著德國在歐洲的得手，大舉攻佔英法在東亞與東南亞的利益。

不過近衛文磨內閣，仍然小心翼翼，壓制南進政策的推行，主張先解決支那問題，深怕招惹了英國背後，美國這個龐然大物，遲遲不肯動作，反有加強中國戰局的態勢。讓裕仁非常不滿，批判他沒有做好『戰爭準備』！

雖然日本與德國結盟，但其南進政策只是打法國人的主意，尚屬美國人能忍受的範圍。美國的上層主要的不安，在於恐懼納粹德國可能進攻英國，但是國內孤立主義又同時發酵，無法擺明出兵參加歐戰。這種滋味不好受，既不能置身於事外，也不能介入於其中。同時分析亞洲局勢，也看出蔣介石的賣國與無能，不可能帶領中國打敗日本。

最後美國只能寄希望於，日本快點佔領全中國之後，遷都中國本土，去對付蘇聯，從而有強大而反共的國家，讓日蘇兩國相互制衡，美國得到安全。所以採取兩手策略，一方面拒絕承認日本扶植的偽政權，暗中幫助中國幾支航空隊伍，當作政治籌碼。但是另外一方面又把戰略物資，源源不絕往日本銷售，提升日本戰略進攻的能力，加速日本消滅中國最後的微弱抵抗。美國支援日本的力度，反而遠大於支援中國的力度，甚至希望中國趕快滅亡，東亞局勢才能快速穩定，美國在亞洲的利益，可以跟日本談判。所以中國的垂危，美國人根本不放在心上，但是對於英國的垂危，基於歷史文化與地理因素，美國人不能不顧慮。所以首要目標是在歐洲嚇阻德國進攻英國，至於亞洲的部分關鍵只在日本的南進政策，若日本南進政策不要走太遠，那麼美國就絕對不會介入。

羅斯福已經決定違背，當時美國總統不選第三任的不成文傳統，宣告參選第三任美國總統，選舉的議題都圍繞在歐亞大陸的戰爭局勢上。從這政治出軌，已經透漏訊息，美國高層已經警惕當前的世界局勢，有參戰的可能。一九四零年底，羅斯福已經在廣播中表示要提供軍火，美國群眾大感驚慌，深怕『山姆大叔』會參加歐戰，群起在白宮外抗議遊行。於是羅斯福只能轉趨低調，一再表明除了美國被進攻，不然不會主動參戰。

另外一方面對歐洲局勢，就是擺明支援英國，藉著一次德國潛艇事件，對德國提出嚴重警告。第一次世界大戰之時，美國就是藉著德國潛艇猖獗，擊沉了美國船隻，從而參戰幫助英國，如今又以此宣稱被攻擊，從而有參戰的跡象，令希特勒異常恐懼，於是記取前次大戰的教訓，在當年的九月就立刻停止海獅行動。美國高層此時也已經看出，德國不是沒有能力炸垮英國，更不是沒有實力登陸英國三島作戰，而是害怕美國參戰，所以放棄對英國的作戰，令美國沒有參戰的理由。

日本昭和十六年，一九四一年三月。基於日本對南進政策不斷加熱，美國對德國的不滿也逐漸擺在德國的盟友日本身上，美國正式通過租借法案，要提供軍火給抵抗三國軸心的國家。同時逐步凍結日本在美國的資產，禁止廢鋼鐵與高辛烷石油輸出日本，阻止其海軍發展速度，但是其他有關陸軍的戰略資源，還是繼續提供。

這暗示地非常明確，就是美國對日本進攻中國的大陸政策，並不反對，甚至還會提供資源予以協助，但是堅決反對日本進攻東南亞的南進政策。況且美國對日本的物資禁運有名無實，不少戰略物資仍然以各種管道不斷進入日本本土。這禁運的另外一個目的，是在逼迫日本未雨綢繆之心，迫使日本早點滅掉中國，遷都到中國去，使其投資在中國大陸的基礎設施，早點運用中國國土上，穩定的戰略資源，去跟蘇聯挑戰。

美國礙於孤立主義，德國已經確定不會登陸英國，對美國掛起免戰牌。若日本不先動手，美國就不可能動手，就只會在兩洋之間，坐看天下大勢。一些有見識的駐華日軍將領，告訴山本五十六海軍大將，陳述南進政策的危險。當中還不斷地強調，擺著奄奄一息的中國於不顧，跑去招惹工業強國的美國，放棄國土資源豐厚的中國，跑去佔領瘴癘雨林的東南亞，找稀稀落落的所謂資源，是極端荒謬的決定。

山本五十六本來就反對大陸政策，先前對駐華日軍將領頗有反感，從而受到陸軍激進份子的監視，但如今他們所言在理，此時反戰的山本五十六，反而與駐華陸軍某些將領有一致意見。無間至道除了陰陽相映，還會擴散運轉。荒謬的戰略從日本，不知道透過什麼管道，也感染到德國。

昭和十六年，西曆一九四一年六月。因恐懼美國參戰，停止海獅計畫的德國，竟搞出了一個漏洞百出的巴巴羅莎計畫，即便全德國參謀本部的人都反對，仍堅持實施。希特勒下令德軍大舉進攻蘇聯，這等於對長期反對共產主義的英美等國示好，英國雖然表達會與蘇聯合作，抵抗共同的敵人納粹德國，但實際上暗中竊喜蘇聯被進攻，禍水終於東移。希特勒重演了當年拿破崙，登陸英國不成，跑去打俄國的失敗路徑。美國高層對德國放棄英國轉攻蘇聯，十分樂觀其成，甚至希望日本也實施北進政策，趁機給蘇聯背後狠狠補上一刀。

希特勒並不是不知道，他現在是重演拿破崙失敗的故事。之所以有恃無恐，原因是他有另外一套底本，就是有遠東的一個同盟國，可以幫他一同搞掉蘇聯，這是拿破崙時代沒有的條件，拿破崙沒有辦法聯絡當時遠東的中國夾擊俄國。希特勒已經迫不及待，想要看自己的神機妙算獲得的巨大功績。本來這意圖並非不對，但他萬萬沒料到，自己找的這個遠東同盟國，內部的矛盾是他永遠不能理解者。

當初日本北進鬧起來時，跟蘇聯武裝衝突，德國沒有反應。日本內閣不少人，大罵德國沒有反共誠意，使德國不得不派使節解釋，不斷安慰日本加入軸心，遲早德國一定會拿出反共誠意，才讓日本釋懷！而今軸心國形成，德國大舉進兵蘇聯，拿出了反共誠意，等待日本學德國一樣，也同時撕毀中立條約，從蘇聯背後捅他一刀，但這回卻換成日本沒有反共誠意了……

皇宮密室，終於撥開愁雲，出現歡笑。

星月笑著說：「當初以反共協定，與北進政策，引誘德國與蘇聯碰撞，而今收到了效果，驕傲自滿的希特勒終於犯了錯誤！我們等的就是這一天，那麼他將會成為，我皇統延續最佳的利用工具。扭轉中國將危亡的抗戰局面，就靠他了！」

裕仁一聽，內心一喜，便問：「上當了！他果然上當了！德國進兵蘇聯，就是挽救中國將敗的局面？但具體形勢，還請大師詳細解說。」

星月說：「德國人就算再厲害，對內處處高壓，鄙視其他民族，來闡述自身民族優越。對外進攻國土廣大的蘇聯，蘇聯人會對他一呼百應嗎？我看是不可能的。那就是拼死抵抗，則蘇聯國土廣大的優勢會發揮。而史達林精明狡猾，對外還十分強硬，不像蔣介石這般又賣國又無能，如此將有一場殊死之戰。不過希特勒到底會戰勝？還是會戰敗？得看我們接下來會怎麼做，以達成皇家機關秘術第一百七十七招『李代桃僵，金蟬脫殼』之計，此亦為迷海師父，當年預測將會用到的秘術之一。」裕仁點點頭，沒說話。

宮間說：「可日本現在已經與德國結盟，德國又招惹了蘇聯，蘇聯若獲勝，將來對我日本也必然不利。且希特勒派人告訴東條，要日本在遠東當德國的策應，進攻蘇聯。眼下似乎與蘇聯開戰，讓中蘇結盟，比對美國開戰安全。」

裕仁小聲地說：「是啊！當初以北進政策與協同反共，共約德國夾擊蘇聯，現在收到效果！讓中蘇兩國更加結盟，這似乎也是一條可考慮之處！」

星月瞪大眼睛，搖頭說：「萬萬不可！否則陛下將要失敗！」

裕仁問何故？星月答道：「貧僧前兩天才想通，北進政策根本解決不了我們的問題！」然後指著地圖說：「從地理位置來看，北進政策若勝利，基於軍方掌握孫文與蔣介石的賣國密約，蔣介石根本不可能趁機反攻，又蘇聯面臨德國與日本兩面夾攻，極有可能會慘敗瓦解，蘇聯遠東地區必然被控制住，日本佔有更多大陸領土，其實反而讓大陸政策走得更遠，更不可能從中國撤軍，甚至被逼遷都中國的壓力反而會加碼！那我們可真的要遷都中國，變成中國，面臨我們最害怕的事情了！這也正是超個體，最期待我們做的事情，它可以一舉把日俄兩國都吞食，如同滿清入關替漢人開拓疆土一般！反過來說，北進政策若失敗，蘇聯仇恨日本，大舉反撲的結果，就是全中國也可能被蘇聯的共產主義囊括，那麼日本就得被共產主義包圍，除了遠在歐洲的德國，就沒有任何直接外援協助日本抵擋。所以北進政策，無論勝敗，都是中國那隻鬼等待的事件。更何況，若日德兩國同時對蘇聯動手，北進政策極可能成功！」

宮間聽此，也頻頻點頭，表示自己判斷有失。

裕仁思索了頗久，看著牆上的山水畫，點頭說：「好險。當初沒有堅持北進政策！那就堅決南進！你認為希特勒放棄英國，從而進攻蘇聯，其真正原因何在？」

星月說：「自從希特勒的海獅計畫開始，而日本攻佔越南，踏出南進第一步後，美國高層就已經坐立不安，在亞洲玩起兩面手法，甚至希望我們日本併吞中國，糾纏中國的內政，放棄東南亞的擴張計畫。而在歐洲則是擺明支援英國，頗有參加大戰的跡象。德國放棄英國，從而進攻共產主義的蘇聯，必然是為了穩住美國，投英美之所好。同時也就是看準了，英國沒有實力反攻，美國陷入孤立主義。這樣希特勒就會，避免了與資源豐厚，潛力強大的美國碰撞，只要幫助西方國家對付共產主義，投其所好，從而就可以跟英國和談，避開第一次世界大戰，兩面作戰的覆轍。自己又可以進一步擴大領土，讓美國更不敢對德國主動開戰。先前我們日本率先跟蘇聯武力衝突，不斷提出反共協議，連汪精衛的大旗都得掛著反共，使希特勒自以為看準日本的『反共誠意』，希望我們配合他進攻蘇聯，其目的是讓德國免於兩面開戰，使蘇聯面臨兩面開戰，則他的勝算更大。既然當年迷海師傅所演繹的皇家機關秘術，第二百六十七招『末型流轉，鬼魁傳生』奏效，已經跳出第二張鬼牌，東條英機出現，那麼就讓這張鬼牌發揮最大效用，重洗全世界的牌局。」

星月喝口茶，接著說：「既然已經訴求日本要代替中國戰敗。那麼日本就要找一個能替死的國家。與其讓希特勒拖我們下水，不如索性我們拖希特勒下水，讓德國人極力避免的事情，成為事實。那麼戰後，日本的結果就會比德國強，皇家生機就在其中。美國上層雖然重視亞洲，但是廣大的輿論意見，還是更重視歐洲，重歐輕亞成了美國高層不得不做的決定。所以美國一旦在歐洲先與德國交戰，並不會在亞洲對日本開戰，但若美國在亞洲先與日本開戰，就必定也會對歐洲的德國宣戰！先德國而後日本！從而美國戰後，才能在歐洲有一席之地，主導世界局面！所以我們不妨讓南進政策走得更遠，直接觸及美國人的怒火。日、美一旦開戰，美國對德國就不得不開戰，牽動英國都得積極起來！日本對美國宣戰後，就立刻對中國宣戰，那麼中國的抗戰局面，就連結到世界的大戰之中，突然增加一大群的強國當盟友，可以起死回生。如此整個局面就會變成，德國將有兩面勁敵，日本只有一面勁敵，日本比德國省力。只要日本死戰拖延的時間比德國久，就可以抓住兩國戰敗時間中的空檔，以歐洲德國破敗後的新局勢，來尋找亞洲日本的安全地位。德國一敗，英美與蘇聯共產這兩股勢力一接壤，先天相互意識型態敵對的情況就會發作，頓然就會在歐洲對立起來。日本就可以戰時最大的敵人，來當戰後最大的盟友，然後跟著這個盟友，去對付戰後他最大的敵人，那麼日本皇家與整個日本就過關了，進入到下一個歷史時期。此即皇家機關秘術第四百零三招『四海同舟，風雨轉授』與最後一招『無間上綱，天道回返』的聯合運作。此兩招演繹自道家哲學，老子所說：『長短相較、高下相傾』『以天下之至柔，馳騁天下之至堅，無有入無間！』。」

說到語末，語氣逐漸高亢，雙手合十，鞠躬點頭結尾。

裕仁握緊拳頭，微笑著長吐一口氣說：「好！四海同舟，風雨轉授！這是中國人常說，最經典的『李代桃僵』之策，加以老子『無有入無間』，最高段的操作手法！朕所期待真正的世界大戰重新洗牌，終於有了眉目！好，事情總算明朗化了！既然定調在日本不可以戰勝中國，卻又要敗得安全，那就得把德國抓來消費！讓希特勒當墊背去死！立刻準備讓強硬派組閣，全力南進，對美國開戰！從而讓德國陷入兩面作戰！日本代替中國戰敗，而德國代替日本去死！一定要把德國人消費到死！」說罷眼睛盯著歐洲德國的地圖，握緊拳頭，露出陰沉的神情。

雖說裕仁施展這招『李代桃僵』，是中國人常用的計策，但將之做到如此大規模，牽扯全世界，主旨在『求敗』。這還是人類史上的頭一遭。

於是在一九四一年六月，希特勒下令進兵蘇聯，蘇軍節節慘敗之際。同年的十月，陸軍大臣的東條英機，受到天皇的親睞，提拔為內閣總理大臣而陸軍大臣位置仍繼續兼任，第二張鬼牌正式運作，近衛第二次內閣又宣告下台，再度排列組合一番，但這次內閣就相對穩定了，主旨在大力推展南進政策。

日本的南進政策一出，世界局面全然改觀。

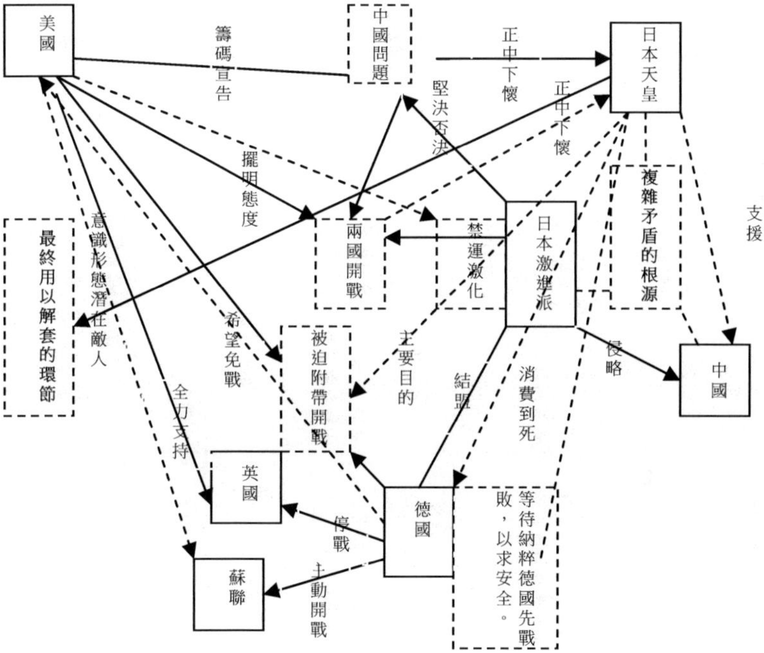

美日開戰前實際關係概略圖

第十八章　鬼牌出現東條英機強勢組閣
上意逼迫山本大將橫挑強敵

東條組閣，大力推動南進政策的消息傳出，德國與美國同時緊張起來。希特勒透過外交部長里賓特洛普，以及各種管道，強烈希望日本採取北進政策，而不是南進政策。美國也大動作警告日本，若繼續推動南進政策，奉行希特勒主義，則日本將會徹底失敗，且以進一步禁運，與大力支持中國，當作威脅日本的條件，並且協同英國調動艦隊，一在夏威夷，一在新加坡防範。美國總以西方人為中心的歷史觀來看事情，實際上日本不是要奉行希特勒主義，而是要去搞死希特勒。

德、美兩國嚴重關切都屬枉然，南進政策已經箭在弦上。

東條英機派特使來栖去美國，要求美國解除對日本禁運。美國高層立刻提出解除禁運的底線：退出軸心國同盟，退出法國殖民地越南，並放棄南進政策。作為條件交換，美國則可以默認日

本佔領中國的一切權益。這代表美國仍想堅持孤立主義，並不想主動對日本開戰。

東條英機得到消息，故意把美國對日本開出的合理條件，扭曲為美國要日本將軍隊撤出中國，並要日本撤掉所有的傀儡政權，藉此刺激日本軍方各界，對美國的誤解與敵視。同時警告美國，若堅持禁運，日本將不惜一戰。東條英機同時將扭曲的消息，傳遍日本大街小巷，從而日本各界掀起一股，打倒鬼畜英美的呼聲。

六門書判—當此之時，猶太人已經大量聚集在美利堅海盜國。而美國這國家的成立本身就是滅亡中國文明而設。依照五大自源系文明滅門戰役的歷史，『抓空打』為毀滅自源系中空間系或中間系文明，最有效方法。必然在異族入主朝代之最後階段，發動對核心進攻。故清末遭遇列強猛攻，如波斯之蘇美爾巴比倫，遭遇希臘諸邦，馬其頓之古埃及遭遇羅馬，其勢亦屬必然。然而第四門早已經先知前車之鑑，千年前就早做準備，故清末能以各種方式躲過此劫，迫使美國不得不隱遁不發，延長壽命等待。而今美國此時必然希望日本盡快攻佔全中國，大和王朝壽命必短於滿清，將出現第二次抓空打的機會。然而兩烏龜王八局創造這種無間亂局，令其不必然有此機會。況且對中國而言，滿清時刻都能熬過，大和時刻又有何不可？所以無論日本會不會佔領全中國，美利堅海盜都會主軸向東亞進攻，只是使用的態度與方式不同，目標都是毀滅中國。

此刻日本輿論跟國際輿論一樣，陷入緊繃，軍方爭議不休，尤其推動大陸政策的陸軍派閥，多數反對在攻破重慶之前去挑釁美國。連山本五十六海軍大將，都認為南進政策不該如此輕率。但鬼牌發揮了最大效用，美國的善意被嚴重扭曲解讀，海軍激進軍官在爭議之中，支持東條英機。

東條與山本兩人本來就有衝突，但此時山本大感奇怪，當初東條也是支持大陸政策，快速滅亡中國的骨幹份子之一。之後在日本對大陸政策主張不一的混亂中，跳去南進與北進的爭議裡面。而今受到拔擢，換了位置就換了腦袋，轉而大力支持南進政策，把一直混亂的大陸政策丟到一邊冷處理。甚至東條組閣之時，還把反對大陸政策的山本留任於海軍聯合艦隊中，任命他為聯合艦隊司令。在山本的逼問之下，東條只好亮出底牌，原來南進政策推動有『上意』。

山本五十六聽了東條英機道出原委，坐倒在首相府邸的沙發上，顯得有些訝異。

東條英機微笑著說：「閣下向來與推動大陸政策的陸軍派閥不和，當初跟我在滿洲的問題上，也與我意見多有衝突，少壯軍人們甚至放話要暗殺閣下，使得閣下避了一陣子的風頭。現在你終於能理解，為何我組閣之後，還要將閣下繼續留在聯合艦隊中掌握實權，不將閣下丟到橫須賀架空了吧？」

山本五十六對這些年，日本內部的政治矛盾，自然是很清楚，但沒想到是今上天皇做此聖斷，故意扭曲美國人的原意，要讓日本挑起一場打不贏的戰爭。臉冒冷汗，無法回應。

東條英機意氣風發地說：「這場仗不想打也得打，只看是什麼時間打，無論海軍軍官，還是今上天皇陛下，都已經贊成南進政策，更大規模擴張大日本帝國的疆域。閣下是今上對南進政策中最重視的人，應當誓死達成任務。」

山本終於忍不住反問：「當初陸軍少壯軍人們，先動手打了支那之後，拖著政府下水，今天卻是反過來，政府策動我動手打了美國之後，拖少壯軍人們下水。難道陛下沒考慮到，日本內部這樣互相拆台，不斷發動戰爭，會給全日本帶來什麼後果？」

東條皺眉頭說：「這怎麼能叫做互相拆台，拖對方下水？陛下聖斷不勞閣下操心，甚至連我也不能妄測上意，勝利必然屬於我大日本帝國，閣下的任務就是盡力打仗。」

山本也瞪眼道：「勝利？首相你也是軍人出身，應該知道最基本的戰略常識！日本國力與財政一面糾纏支那的戰局，還另外一面挑戰跟支那一樣大的國家，而且這大國的工業實力比支那強得多！日本一不可能攻佔美國本土，二無能力長久跟美國消耗戰鬥！到底勝算在哪裡？難道你得到政治好處，在軍校裡的最基本常識都不要了？連美國對日本的最基本善意，都要扭曲成如此，去煽動少壯軍官，莫非是你假借陛下的權威，故意挑起戰爭？」

東條英機聽了，面色難看，知道若不把事情抖給他聽，他是不可能幫忙推動南進政策的，冷冷地說：「我不跟你爭辯，你也知道我當初是支持大陸政策，而不是這個南進政策。這戰略根本就不是我提出的。你若不服氣，我們一起面見天皇陛下，就知道到底南進政策，是怎麼一回事。」

山本五十六當然站了起來，正色道：「好！我身為軍人！一定要分辨是非！就一起面見天皇！」

從日本上上下下連同輿論鬧騰的現實來看，山本五十六已自知南進政策勢不可免，但仍與東條英機一起拜謁了天皇，看這政策到底是不是天皇本意？倘若只是少壯軍人們的意見，他將會如當初反對大陸政策一樣，就算被恐嚇威脅，也要堅持反對到底，決不執行這場戰略災難。

皇宮。

在行禮過後，山本五十六恭敬地問：「陛下，據首相閣下說，日本將要大力推動南進政策，主動進攻英美等國，臣下頗有不解，為何日本要犯這項戰略錯誤？」

裕仁裝傻地說：「錯誤？哪出錯？據許多軍部戰略部門的人回報，我們日本沒有產石油，需要東南亞的石油，來支持我們在支那的戰爭，這沒錯啊。」

山本五十六要面見天皇，當然有備而來，拿出事先準備好的資料，這些是用來反駁南進政策理由的證據。裡面就是中國大陸從東北到河北，乃至到黃河出海口的油田分佈。

遞上這些證據之後，山本五十六理直氣壯地說：「陛下，這些是陸軍省，戰略資源調查人員提供給臣下的，支那礦產分佈報告。支那大陸的油田與各類礦產，已經有很多在我們的占領區之下，就這些蘊藏量保守估計，至少夠日本三代人使用。倘若日本連同新疆，蒙古等中國的邊疆領土一起併吞，那石油藏量將更可觀。從這可以看出，外面高喊南進政策是為石油的理由，根本不成立！事實擺在眼前，臣下不願意對軍部這種，欺上瞞下的理由，多所辯駁，望陛下聖斷。」於是將此報告呈上去。

裕仁把報告擺在御桌一旁，並不翻閱，反而顧左右言他，說：「中國還有政府存在，這些油田不能算日本的，所以這是另外一回事。我們還有更重要的目標，就是對付英美等國，拯救東南亞被白種人殖民的黃種人。」

山本瞪大眼，大感不解，難道天皇的智商也跟東條英機一樣？

於是挑明說：「雖然當初臣下反對陸軍的大陸政策，曾主張兩國應當團結一致，共同對付白人。但說實話，以現實來說，日本傾全國之力，確實可以攻佔支那。但而今支那的戰局，明明可以勝利，卻被政客們攪成僵局。變成僵局也就罷了，日本卻還要去打一個比支那工業力量強得多，且政治上很穩定的美國。這樣下去，日本完全被孤立，非敗不可。而且到底目的在哪裡？也是不清不楚。這不是錯誤是什麼？」

裕仁笑了出來，山本五十六是反對大陸政策的自己人，自然親切得多，但也不可能把內心的真正想法告訴他：「我們在戰略上不是也有德國人幫忙嗎？所以怎麼能說是孤立？至於戰爭目的，就是要攻佔東南亞，把白人的殖民勢力徹底驅逐出亞洲，保護我們亞洲黃種人的土地。所以東條與軍部意見甚佳，這戰略是可以認同的。」

山本五十六頭一次聽到，裕仁這麼明顯表態，這讓他更加恐懼。趕緊說：「若真要驅逐白人的勢力，那也得先佔領全支那大陸，利用支那國土礦產物資，穩定政治格局，鞏固財政，壯大軍力之後。而不是一面跟支那政府糾纏政治細節，擺著重慶不去打，政治方向混亂，拖耗不止，另一面就急著先招惹，根本打不贏的美國人。而且還是撕破臉全力開戰。臣實在不敢想像，戰爭最後的結果。」

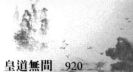

裕仁打斷他說：「朕不認為如此。以我們大日本帝國實力，可以跟美國人打個幾年，然後和平談判。最後他們會知難而退，放棄對我們亞洲人的殖民企圖。不然日本遲早也會被殖民。」

山本苦著臉說：「以我們日本目前的實力，沒有西方國家敢殖民我們。陛下，當年日俄戰爭時期，大家都知道以日本小國，要跟俄國這樣的大國打，要考慮諸多內部因素，只能目標明確，速戰速決，減少人員傷亡以及財政消耗。明治天皇陛下也是從善如流，以最英明的聖斷，擊退俄國。若讓明治那一代的人，來看我們今天決定打太平洋戰爭，簡直無法想像。」

裕仁聽了收回笑容，他無法跟山本五十六細說，今天的局面，就是當年明治時代的人，沒正確處理好對中國的關係所造成。

嚴肅冷冷地道：「更正剛才所言，朕不是說日本，而是亞洲人，是整個東南亞民族！現在亞洲，除了日本與中國兩國，外加一個泰國，還有獨立的政府之外，其餘全都被西方人統治！泰國這種落後的國家就不用說了，而中國雖大，卻這麼衰弱，只會往內陸躲避，當然不可能打跑這些白種人，而且他們又不跟我們合作，現在該是我們日本承擔亞洲責任的時候。」

山本發現他變臉，但基於對日本的憂慮，仍犯顏說：「東南亞民族已經被殖民很多年，不必在乎再等幾年。我們日本當然有責任去解救他們，但也得考量自己的力量。以現實最可行的方案，若要收復東南亞，先把這些準備對英美作戰的戰力，全部集中，執行先前擱置的五號作戰計畫，全力把蔣介石政府打倒，滅掉支那，將整個廣大的支那大陸都併入版圖，運用支那大陸的資源，團結人數眾多的支那人，軍力充足，如溥儀祖先的政策一樣。屆時海陸數百萬大軍並進，力量強大，西方人肯定紛紛放棄殖民地，這目的不就順利達到？」

山本萬萬沒想到，學溥儀的祖先，那正是裕仁一千個不願意的。

只見裕仁搖頭。

山本見天皇如此堅決，於是跪下，眼眶泛紅，嚴肅地說：「陛下！在征服中國之前，美國不可以招惹，這個道理已經再明白也不過。陛下所言，臣下萬萬不敢苟同。倘若陛下堅持執行，臣下身為大日本帝國臣民，自然要拼死作戰。但如今我只想問，為何陛下要堅持推動南進政策？這全然不合理。臣下不希望一些錯誤的觀念，讓陛下千萬的忠臣良民，死於戰火。」

裕仁臉看著旁邊的東條英機示意。東條說：「這政策不是陛下要的。」

沒想道山本怒目罵回去說：「首相你不要說話，這事情明擺著，南進政策一直遭到陸軍不少派系反對！若沒有陛下的批准，是絕對不可能推動！若日本內部沒有人阻擾，重慶早在兩年前就被攻破，支那政府也早就垮台！若不知道事情原由，臣下不敢執行這項會死很多人的政策，給日本臣民招來禍患。注意我說的，會死很多的人！」語氣頗有些激動。

裕仁點頭說：「東條你先到隔壁去，朕單獨跟山本談談。」

東條英機遂鞠躬退出。

裕仁說：「你對日本的憂慮，朕能夠理解。但是軍人就是以服從為天職，你若真要問個清楚明白，那朕就要反問，你對朕是否忠心？你以朕臣民的身分發誓，死也不能將原因說出去！立刻發誓，你是忠臣！」

山本五十六遂發誓對天皇忠心不二，死也不說。在天皇面前發誓，以日本人的角度，自然是絕對會遵守。發誓完畢，瞪大眼睛，滿臉冷汗，似乎聽南進政策的真實原因，比死刑還可怕。

裕仁相信他能守口如瓶，但仍不願把所有的真相說出來，只調了半個事實道：「既然現在是在檯面下，那麼冠冕堂皇的官話，就不說。推動南進政策確實是朕的旨意，原因是朕反對大陸政策。但自從朕登皇位以來……不！應該說自從中國的國民政府北伐以來！從民間到少壯軍人，拿著孫文的賣國密約威脅蔣介石，死死拖著政府去進攻中國。而蔣介石這個鬼畜，竟然也跟軍部的人暗中配合，滿洲事件竟然壓著全中國人的怒氣，堅決不抵抗。之後更在中國內部分化，企圖割地求和，他打仗更是從後搗亂，兵敗如山倒，以致現在中國極可能會被日本兼併！朕不願意如此，所以透過內閣不斷旁敲側擊。結果軍部的人不但不聽，竟然暗殺閣員，暗殺內閣總理大臣，甚至假名尊皇，實際上兵變威脅。朕堅決不依，他們竟然自己在中國大陸，逼迫蔣介石接受孫文的賣國密約，然後動手打下去，再拖政府下水！這些人都不聽朕的話！既然他們那麼想打仗，那麼朕只好另外再搞一套，更大規模的戰爭，讓他們發現日本國力不足，整個戰爭出現敗局，自然就會放棄大陸政策，日本就可以退出中國了。」

山本終於聽到一點真相，面色慘白地問：「兼併中國那麼可怕嗎？」

裕仁說：「還要朕說得更明白嗎？」

山本露出疑惑的神情，但仍謹慎發言，也將支那改口叫中國。山本五十六真不愧軍人本色，堅持是非到底，追問：「請陛下原諒臣的無禮犯顏，臣堅持要問，為何不滅支那……不……是中國？所有證據分析都顯示，攻佔中國輕而易舉。雖然臣下先前也反對大陸政策，主張兩國和好對抗西洋，但觸到陸軍的利益，以致要在家裡放一挺機關槍自保，然坦白說，陸軍主張是眼下能避免與美國交戰的正確路徑。而跟美國打這種戰爭將會是災難，必定犧牲千萬忠臣良民，政府甚至有垮台，陛下的皇統可能有滅亡的危險。」

裕仁冷冷說：「放心，這朕都計算好了。如今德國的希特勒已經上當，跟我們結盟，大舉進兵蘇聯，我們只要挑起跟美國戰爭，那麼美國也被迫會在歐洲對德國開戰。德國兩面勁敵，日本一面勁敵，我們日本省力，我們只要死撐到德國倒下去，資本的美國與共產的蘇聯在歐洲對立起來，就可以求和。雖然日本會犧牲慘重……但日本與皇統都不會亡，最重要的是，可以趁機退出中國……這就值得……」說及此，眼神斜一邊，語氣停頓，似乎是被什麼人暗算。

山本有點糊塗了，眼前的裕仁到底是日本天皇？還是中國天皇？追問：「臣下斗膽，陛下……為何寧願承受災難……也堅持不併吞中國？」

裕仁露出陰沉的表情。圖窮匕見，緩緩說：「朕把話挑明吧。目前對中國的戰爭，全日本人，乃至大部分的中國人，都以為是日本併吞中國，但以朕看來卻不是這樣，這分明是中國在併吞日本！而有極少部分中國人的看法，也是跟朕一樣的。」

這真是晴天無雲一聲雷，山本五十六大惑不解，全身抖著問：「臣下不懂，請陛下明示。」

裕仁長喘一口氣，然後道：「你剛才說溥儀的祖先，說得好！溥儀的祖先確實都是英雄，但現在溥儀怎樣？你要朕學溥儀祖先，是不是要朕的子孫最後變成溥儀？」山本一聽，冷汗如流水一般，愣著無法說話，似乎又有些懂。

沉靜了一分多鐘。

山本知道這牽涉千萬人性命，堅持做最後辯白，道：「陛下說的只是文化同化的小問題。我大日本帝國不同，有明治維新的基礎，結合東西方文明兩者各自的優秀成果，而中國文明已經衰弱。我大日本帝國不會跟中國的其他朝代一樣，陛下的子孫，絕對不會跟溥儀一樣。」

裕仁大喝：「怎麼不會？支那的蔣介石國民黨也說不會，但事實是他們這群混蛋說的那樣嗎？中國四千年歷史，多少王朝？多少外來文化？當中多的是外族的皇帝！也多的是看不起中國，自認為可以另創新局的英雄人物！不管漢族皇帝還是外族皇帝，每個人都認為自己江山永固，請問那一個真的永固了？到最後還不是都被中國百姓，一個一個的收拾掉？你真以為只是文化同化的問題？那你對歷史本質，真的認識得太膚淺。」

山本頓然跪坐地上，真如判了死刑一樣，呆滯片刻，沒想到天皇對中國歷史是這樣認知的。他無法認同，斗膽繼續反駁，但語氣已顯低沉：「朝鮮不也一樣有過改朝換代？我大日本帝國不也併吞了朝鮮？陛下這種說法，純屬臆測，並不據理，如此就要讓日本臣民招惹強敵，毀掉一切，甘願讓日本慘敗，如何跟戰爭中死難者交代？」

裕仁聽了站起，走下來靠近山本，邊走邊繞在山本的周圍。

緩緩說：「朝鮮？你把中國當成大號版本的朝鮮嗎？你似乎不太認同朕的歷史觀，朕再給你上一課歷史。朕的家族是傳承兩千年的政治家族，注意！是全人類歷史中傳承最久的！兩千年的政治家族！這兩千年來，隔壁有一個自稱中國的大鄰居，朕家族的政治制度與文化體質，幾乎都從這大鄰居身上學過來。住在這大鄰居裡面的一群人，他們到底在玩什麼遊戲，朕的家族怎麼會不知道？所以朕讀的日本歷史，會跟一般日本人不一樣，朕讀的中國歷史，雖然會跟一般中國人一樣，但心得卻會不同。你認為中國真的是你現在眼睛所見，衰弱腐敗，即將滅亡嗎？他們每一個單位就像顯微鏡，海洋動物的細胞，看似自主，實際上都圍繞一個目的。」

說到此，兩人都瞪大眼，四目交對。

「陛下，這理論是想像性質。」

裕仁挺起腰，臉甩一邊，也頗不以為然，但不說服山本五十六，南進政策就很難推動。乾脆放掉天皇身段，也坐在地下。舉動真不知道是恩典？還是失態？但山本不敢動彈，已經稍微冷靜。

「你說朕的這理論是想像性質？看來你真的還沒懂，強大的敵人並不可怕，因為你可設法跟他當朋友，打不贏的敵人也不可怕，因為你可以屈服示弱，用各種方法妥協，等其衰弱再報復。真正最可怕的是，打不死的敵人，會製造假象的敵人，想把你拖到黑暗角落，吞食掉的敵人。朕再替你上一堂歷史課，應該說中國這個……一體成形的，四千年完整形體。」

長喘一口氣，繼續背靠背說：「中國人很多東西都是玩假的，商品可以是玩假的，法律可以是玩假的，信仰也可以是玩假的，皇上可以是玩假的，民主可以玩假的，政策可以玩假的，政府體制可以是玩假的，甚至國家本身都可以是玩假的。最後就是真真假假混在一起，連中國人自己都分不清，所以他們的敵人無論怎麼觀察，也都看不出真假。

你再怎樣猜疑那些中國鬼子的目的，也猜不出來……因為跳出來演戲的中國鬼子……他們自己也不知道……而現在你看到的中國，國號稱中華民國，這其實也是個假貨，是它因應世界變局，玩出來的新花樣，你知道它這個新花樣，目的是要釣誰上鉤嗎？」

山本瞪大眼，結結巴巴，但天皇問話，必須回答。答道：「難道是我們日本？」

又說：「兩千多年的皇帝制度突然消失，中國的社會文化卻還跟以前一樣，對比歐洲人革命，歐洲人因此脫胎換骨，都完全不同，你不感覺很奇怪嗎？而且這個假東西，一開始就跟日本與蘇聯，簽下密約，瓜葛不休，你也沒察覺這有問題嗎？甚至用孫中山這種漢奸，蔣介石那個流氓，不斷引誘鄰國隨心所欲去侵略它，佔有它，倘若你真的跳進去，吃掉那個假東西，那你就上了大當，真正的中國，才會因此跳出來顯現。哈哈……他們中國人永遠都不會脫胎換骨了，因為他們早就已經是最終極的胎骨……他們可以因外界變化，用各種不同的面像，去組成他們的國家……但絕對沒有一個面像是真的……」越說越緩慢。

裕仁慘笑問：「哈哈……朕想問你……哈哈……你知道萬里長城嗎？」

山本嚴謹地答：「知道。」

苦笑著問：「那你可知道，萬里長城是什麼用途？」

山本嚴謹地答：「是古代漢民族，用來抵禦北方諸多遊牧民族的防線。」

裕仁聽了繼續哈哈慘笑，笑得讓山本不知道該如何是好。

停了一會兒，裕仁又問：「以你軍人的專業，你認為這條所謂防線，有發揮效果嗎？」

山本嚴謹地答：「戰術上來說，可以讓漢人軍隊快速集結，用烽火串連通知敵人來襲，所以這條防線，在戰術上勉強是有功效。但是在戰略上，遊牧民族要突破這防線，非常簡單，漫長的邊際，只要找到一處弱點，直接穿插進來，在長城防線內部仍然可以機動奔襲，最後還是達到目的，反而漢人的軍隊會因此陷入恐慌混亂。而且長城太過漫長，目標太明顯，漢人等於把自己的戰略與戰術，都自我設限，曝露給遊牧民族知道。如此漢人得耗費十倍以上的兵力，二十倍以上的資源，才能勉強抵擋遊牧民族，但最後仍然不能解決問題。所以這條防線在戰略上，是個失敗的防線。而中國人那麼長的時間，那麼多朝代，投資那麼多的人力物力，只得到一點點的戰術優勢，但戰略卻徹底陷入劣勢，所有歷史記載都證明，結果他們並無有效地抵擋遊牧民族，這代表他們拿不出好的方式，來解決問題。」

接著自信地說：「如果換成我們日本人，要取得這戰術優勢，就聰明多了。可以用多點堅固，目標隱遁，且廉價的小城堡，節省很多成本，烽火相互串連，功用還是一樣。多出來的人力，金錢，可以拿去做別的事情，例如訓練機動部隊，主動打擊，或建立縱深的防禦體系。像我們日本古代的方式，就是一個好方法。臣下在美國留學時，也研究過古羅馬的長城，利梅斯，型式跟我們日本人的想法很接近，對於防範北歐蠻族入侵，是個非常有效的辦法，所以羅馬帝國的長城方法，節省成本，減少傷亡，便於機動伏擊，防範得更有效率，羅馬人比漢人更務實成功。」

山本自認為自己說得嚴謹，看得很深入，說得很對，意見必能得到天皇認同。情緒稍微回穩，甚至還露出些微笑，繼續說：「臣下在美國認識的西方人，他們跟臣下一起研究過中國長城，都認為，這代表支那人古代皇帝好大喜功，他們喜歡集體用一個華而不實，功效很差的東西。人一多反而就不聰明了。難怪西方人可以強大，我們日本人也用明治維新可以成功，支那人他們只有失敗。支那人拿萬里長城拿來當精神象徵，更是可悲，支那人集體地華而不實，難怪有今天可悲的國家命運。有一個英國軍人跟臣下說過，萬里長城看似是一條偉大的巨龍，但這巨龍是假的，像金字塔一樣，耗費巨大而不實際，代表中國這巨龍，在現代工業化培養的軍隊面前，即將倒榻死亡，這種自主發展出來的古文明民族，難以存活下去，如古埃及，古巴比倫，古印度等等，所有自主發展出來古文明一樣，都會崩解。」

繼續微笑說：「陛下千萬不要高估了中國人，不必害怕他們的集體智慧。總的來說，萬里長城這個防線，不管從哪一個角度來看，都是華而不實，很失敗的防線。」

裕仁聽了又哈哈慘笑，連笑帶說：「你還稱它為防線？哈哈……你還相信英國人那群傻瓜的胡言亂語……哈哈……那不是防線……哈哈……哈哈……朕告訴你，那是一根釣線，哈哈……哈哈……」

山本見天皇失態，嚴謹說：「陛下，我們現在討論的事情，攸關大日本帝國千萬人的生命，更攸關明治維新富國強兵成果的存亡，陛下玉音必須嚴謹啊。」

裕仁稍微收拾笑容，轉而陰沉說：「朕查看過皇家檔案，古代中國流到日本的資料，上面也有很多記載萬里長城的事情，古代中國的底層人民，還有知識份子，很早就已經知道。萬里長城根本沒有用，那是一個假東西，遊牧民族要越過來搶掠，太簡單了。而且因為有了這假東西，漢民族得要花費更多力量，才能去防範遊牧民族，而且最後還會失敗。但你知道為何他們歷朝歷代，還要用各種理由，甚至是用欺騙的方式上奏，請自己的皇帝，一二再，再而三，耗費巨大，去蓋那一條，看似雄偉堅固，卻絲毫沒用的……所謂防線嗎？」一字一句說得緩慢，說到此，裕仁四肢攤軟，好像被嚇傻。

山本嚴謹說：「臣下不知。」

裕仁喘著慘笑答道：「朕也曾很納悶？中國人真有這麼笨嗎？花那麼多錢？甚至犧牲人命，去玩那條，看似非常雄偉堅固，卻根本沒用的爛土堆？全世界怎麼只有你們這麼笨？假設你們真這麼笨，怎麼還能存在這麼久？我們日本人還用這笨拙的漢字做什麼？當把時間拉長來看，還派了人，去中國長城底下，問了一個基層的中國人，才終於想通，其實那萬里長城，真像是一根釣魚用的釣線，那是用來讓一大群自作聰明的人，集體上當用的。哈哈哈哈……」慘笑不止。

山本目瞪口呆，嘴唇已無法合攏，說：「集體上當？這臣下真的不懂。」

知道山本真的認真，裕仁收拾笑容，轉而臉色出現驚恐狀說：「早期的遊牧民族，利用中國的混亂，進來搶掠，只要越過長城進來後，就再也沒有出去了……西戎，北狄，胡林，義渠……再後來的民族，剛開始有所猶豫，經過糾纏之後進來，也同樣沒有出去了，匈奴，羯，鮮卑，氐，羌……你可以想像，他們曾在那條沒用的長城底下，屎尿汙辱，嘲笑中原人的笨拙與愚蠢，想像長城裡面有多麼美好，有多少東西可以享有，然後族群集體往裡面衝，滿載歡笑，但最後就分批地在長城內糾纏廝殺，沒有出去。男女老幼，整個民族，經過若干流程，最後全部細部分解，自願成為漢人的一部分。」

喘口氣後再說：「後來再跑過來的其他民族，聽說了先前早有前輩們的故事，變聰明了許多，而且一個比一個聰明，制定了無數個針對長城，非常聰明的入侵計畫。會先在長城內外建立根基，保住自己的圈子，然後才進進出出，來來回回長城兩邊，反復挖心搶掠，直到漢人們全部屈服，到最後漢人們也真的屈服了。他們便繼續去嘲笑那個土堆，繼續屎尿汙辱，嘲笑長城內的人有多愚蠢笨拙，柔然，吐谷渾，突厥，吐蕃，回紇，沙陀，契丹，党項，女真，還有把圈子開得最大，一直開到歐洲去，最厲害，自認最聰明最穩固的成吉思汗，蒙古人……結果沒想到就像飛蛾撲火一樣，各路人馬，是前前後後一個接一個，大家又往土堆那邊走……前面進來的聰明人，才開心沒多久，發現後面竟然還有更聰明的，都要進長城來……最後相互覬覦，聚集在土堆內部的一個區塊，相互大火拼，拼輸掉的民族，為了生存，就變換本性，躲去成為漢人……當最後的勝利者，蒙古人，發現自己被以前所有失敗的敵人，連合起來包圍了……這一切都不對勁，好在長城外頭我的圈子還很大……最後殘存了一小部份人，成功逃出去。開始慶幸自己還存在，以為一切事情，就這樣結束了……」越說越慢。

接著更恐怖地神情說：「但當最後的一條長城，就是你眼睛現在可以看到的，明朝長城再蓋上去的時候……分散在西亞廣大地區，最遠跑到歐洲的蒙古人，又好像昆蟲看到光一樣，認為那邊比這邊好，又開始慢慢分批拿著武器，夾帶著其他不相干的民族，又聚攏回來，融合成韃靼，瓦拉等等不同的部族，不同的名字，圍繞長城上演新的故事……跑了歐亞兩邊，佔領廣大區域，本來蒙古各部族可以擁有一大片天地，結果大家像鬼打牆一樣，統統又回來火拼了……原來那條爛土堆，不止是一條釣線，還是一條玩弄兩邊對立手法的邊際線，更是吸引昆蟲來回飛舞的光線。哈哈哈哈……」

「朕終於知道，為何萬里長城在山勢險峻，人根本不會爬上去的地方，還要堅持蓋上去，耗費巨大也絕不中斷……因為它根本不是城牆，而是道路兼燈塔，不是要防範外族的，是要外族輕鬆地沿著這條長城，可以翻山越嶺回來……看著那雄偉的長城，拿著武器，邊走還邊幻想，長城內肯定有非常好的東西等著他們，才會蓋這麼長的城牆……哈哈……可跑過去發現，等著他們的，是另外一群跟他們一樣，先前就拿著武器闖進來的其他人。拼贏這些人之後，在他們後頭，還有其他人沿著長城要來，找他們拼殺。」

「兩千多年來，諸多被吸引來這裡的各個民族，在那條爛土堆南北兩邊，爭奪著自己想像，最後卻都不是真實的美好光影，用盡方法，你爭我奪，消滅對方，相互拼殺，在那邊倒下了無數自認聰明的人……甚至有些民族就是因長城興起，因長城滅亡……」

「哈……故事還沒完……當最後終於出現一位，人類史上真正最聰明的英雄，叫做努爾哈赤，他能夠原本孤孤單單一個人，拿著十三副爛鎧甲，就建立一個大帝國，統一了最聰明的民族……他與他的子孫，在外頭圈子準備最好，自信滿滿，穩扎穩打，要擺平長城，搞定一切。他們這民族真的把一切都準備好了，他們計畫讓長城周邊，所有東西南北，任何扯上一丁點跟長城有關的五十多個民族，全部都要統一進長城來集合，還計畫讓漢人都剃髮留辮，變成滿人……他們首先征服了最大的競爭對手蒙古人，然後拿著最新的紅衣大砲，全盤圓滿的計畫，領著滿蒙八旗勁旅，向長城出發，要終結兩千年漫長的長城故事，漢人們此時竟然自動把山海關打開，迎接這計畫最好，歷史上真正最聰明的民族進長城裡面來……讓這個最後一個進長城的民族的命運，跟最早進長城的民族的命運一樣……此刻……長城外聽從長城內……大家要和平共處……這個兩千多年前第一個長城夯土放下去的時候，那最初……最原始的目的……終於在此刻……達成啦……哈哈哈哈。」最後幾乎用大叫慘笑的方式這麼說。

山本五十六聽懂了裡面的寓意，瞪大眼也跟著慘叫，下巴落到了最底，無法合攏，四肢也癱軟，出生到現在從未聽過，這麼匪夷所思的事情，但這又是眾所周知的事實。

天皇玉音，果然不同凡響。

良久醒了神，山本還不服氣，抖著說：「陛下，事情沒有這麼可怕。有了西方的新知，還有堅船砲利，還有航空母艦，還有飛機炸彈，時代不一樣了，中國人這種……這種變態的長城遊戲……過時了……對我們日本人，絕對無效。」

裕仁冷笑，非常緩慢地說：「西方的新知？你說西方新知？你還沒聽懂啊？朕已經看見，他們現在因為要對付你說的西方新知，又蓋了一座新的長城，比先前的長城還要厲害，讓拿著西方新知的民族，跟當年哪個自認聰明的民族一樣？」

穩了情緒，仰天長吁一氣，然後說：「你剛才說朝鮮，你可知道為何朕的皇祖父，敢一口吞併朝鮮嗎？因為朝鮮這民族兩千多年來，徹底被中國人嚇到腿軟，不斷對中國下跪磕頭，磕到無法思考，連自作聰明的能力都沒有，才存活下來的。我們日本兩千年來，就是躲在朝鮮這個愣呆頭的後面，才沒有跟中國人糾纏上。但皇祖父併吞朝鮮，開始跟中國人糾纏，那也就罷了，還吞了台灣，台灣已經是中國的一部分，你咬了它一口，肯定不被它忘記。現在只能矯正，明治維新犯下的錯誤。」

山本已經難以回答。

裕仁緩緩冷冷地又說：「唱一首歌吧。唱一首最近中國人常唱的一首歌吧。滿洲事變後，跑進關內的一部分中國軍隊，唱出了一首歌，叫做長城謠，在他們的廣播節目中常常出現，歌詞大意是，萬里長城萬里長，長城外頭是故鄉，四億同胞心一樣，新的長城萬里長。」

又緩緩搖著頭說：「這首長城謠真的是意喻深遠，代表我們日本已經被他們盯上。還有一首歌，叫義勇軍進行曲，說……用我們血肉築起我們新的長城，中華民族到了最危險的時刻……哈哈……這更有意思……又是長城，又是民族最危險時刻。」

「中國人被外族消滅的亡國假戲，這套劇本用了兩千多年啦，每次都演得逼真，逼真到上演戲碼的中國演員，他們自己都以為這是真的，入侵者再怎麼聰明也看不出，這是個假戲，等到中國的亡國假戲演完，你最後會發現，真正會滅亡的不是他們。至於這四百年，西方文明勢力崛起，似乎挑戰了他們的假戲，要對他們真正威脅。到底西洋人能不能鬥得過他們朕不知道，但至少知道日本人玩不過。就讓西洋人去跟中國人鬧去，朕寧願只在旁邊跑場，看他們接下來要怎麼演？」

「至於剛才你說那群英國傻子，評論中國長城，長城這條巨龍確實，只有外表，其他全部都假的，萬里長城從來沒有發揮過，中國人宣稱的功用。但有一個重點被中國人做真了，大家卻都沒看明白，那就是這條假巨龍……也會張開嘴巴，吞食東西的……」

越說越低沉，最後，兩人都呆滯了片刻。

「還有一本中國小說，叫做是西遊記，裡面蜘蛛精說過，『送上門的買賣豈不好作？放了個屁都會使手掩，今天你自個兒送上門來了，還能走得了嗎？』現在我們日本人以為自己是法力高強的蜘蛛精，中國人是可以滋補的唐僧肉，張牙舞爪，拼命咬過去，等一切政治格局都就定位後，日本人最後會集體醒神，原來自己日本人才是那個要被滋補的唐僧肉。到了那步田地，就不會有孫悟空來救了。變成日本人要唱那兩首歌……而且唱也沒人聽了……就像現在的溥儀，哭喪地唱他最聰明的祖先一樣，連滿洲人都不聽了……」

山本說：「陛下，歷史不是這樣的，溥儀皇帝，現在不就帶著所有滿洲人，都回到滿洲了嗎？」

裕仁瞪大眼道：「原來你三本五十六還沒懂啊？你以為溥儀真的回滿洲了嗎？他根本沒脫離如來佛的五指山，滿洲族也早就不存在啦……他遲早得鬼打牆回北京去，被他曾經統治過的中國人，狠狠地整到跪下去……」

山本低頭說：「陛下，臣明白了。難道現在不能，下一道最嚴厲的飭令，強勢命令，所有在中國的日本皇軍，全部停戰，向中國人道歉，撤回日本嗎？」

裕仁無氣地說：「你想有可能嗎？說真的……朕還真的下過三次敕令……還沒出去就都彈回來，而且就鬧出事情，一次比一次厲害，好像事先就已經被察覺，外頭都準備好一堆人際關連網，讓這種飭令想發也發不出去，濱口雄幸一次，五一五一次，二二六兵變又一次。當朕想換個方式解決，中國大陸那個鬼，好像它就在針對朕的想法，來阻止朕的企圖，立刻跟著變化，接著盧溝橋事件就爆發，中國軍隊用更快速的方法，兵敗山倒。朕曾苦思，意圖是誰在刺探，環顧四周，沒有人刺探啊……朕發飭令越發越隱密，外人完全看不出來，但結果就是告訴朕，你自己被看得一清二楚……這事情朕獨自想了好幾年才想通，竟然就是朕的影子，洩漏了朕的意圖。這個景象是活的，有意識的，比你聰明的，在你看到它之前，它早就盯著你，要你當它的時間芻狗。」

「說夠多了，該回到現實，開戰吧！」

「陛下……」

山本五十六已經被裕仁的本相，驚嚇過度。難怪他剛才會說，皇家讀的日本歷史會跟全日本人都不一樣。

「在這麼獨特的民族文明旁邊當鄰居，朕怎麼可以計較什麼戰敗被美國羞辱？就被隨意羞辱好啦！無論這個羞辱有多難受，努力忍啊，咬著牙閉上眼睛忍啊。不過你美國人就算之後打贏我們日本，也別得意。之後我們日本人要做的就是……拖美國人下水……讓他們也去跟中國鬼子糾纏。以美國海盜特性，佔了我們日本肯定目標會是中國。中國要搞倒他們還要很長時間……可以拖延時間……忍到美國與蘇聯都被中國搞掉，中國人就會淡忘了日本。一切就沒事了。」裕仁流下眼淚。

收拾眼淚，低沉聲音，站起翻過頭說：「日本人把朕當做神，但朕不是神，朕只是人，歷代天皇也沒說自己是神。以朕對這世界的認知，這個世界沒有神，但真的有鬼。」

搖晃地走回御椅時，忽然轉面輕聲說道：「走出去之後，別忘了你剛才發的誓。」

山本五十六終於抖著站起鞠躬說：「臣下一切都明白了，犧牲生命，也要對美國開戰到底。」於是跌跌撞撞也站起來，漠然退出。

此時東條英機沒聽到這麼露骨的話，見到山本垂聽玉音之後的臉色，還沾沾自喜，慢慢跟著他一起走出皇宮。

出了皇宮，東條英機笑著說：「我沒騙你吧！這真的是陛下的聖斷，不然誰能帶動日本，從進攻支那轉為進攻美國？閣下這些年來，在家中放置機關槍，咬死不怕少壯軍人們暗殺，敢於反對大陸政策，我自然是知道閣下會懷疑南進政策是誰在推動。而今閣下已經知道答案，該是要拼死作戰的時候了。」山本五十六滿臉冷汗直冒，面色凝重，眼神僵硬，看著遠處的樹林。他不屑看東條英機一眼，但有天皇支持，他也無法罵他一句。

山本五十六自知，這東條英機跟自己不是同層次的人，但命運已經相同，都是凶多吉少，兩人反而是同搭一條船。山本五十六眼睛看著遠方的樹木，皺著眉頭，冷冷對東條英機說了一句：「我不知道東條首相，你怎麼還能笑得出來？你我都已經死期將至。」說罷逕自離去。

實際上，美國高層領導人自知，所謂的『禁運』，根本傷不了日本的毫毛，日本斷然不會因此退出中國，連英國被德國打得危急，美國也只是隔空叫陣嚇阻，自然更不會動手拯救中國的危急。其他國家態度更明顯，德國甚至願意長途運輸資源給日本，換取日本改採北進政策，而蘇聯豐厚的天然資源，也願意跟日本交易，以阻止日本採取北進政策，被日軍佔領的中國國土上之資源，日本若要充分利用，也能自給自足，根本不怕美國所謂的禁運。

這不過是美國拉高姿態對日本宣告：我可以當你的朋友，支持你滅掉中國，也有實力當你的敵人，阻止你佔領中國。最重要的就是，你不要採取南進政策，攻擊英美地盤，把我當敵人。但是美國以中國當籌碼警告日本，卻剛好中了裕仁的下懷！以禁運當手段，反而給了裕仁口實，來操作激進軍閥，加速了南進政策的速度！美國人這種兩面手段，等於告訴裕仁：「快點來打我！」

雖然南進政策，表面上裝飾為東條英機等人推動，但誰都明白，東條英機的威信不足，日本國民不會替他賣命，日本與美國開戰，必需經由天皇批准。裕仁在御前會議討論時，已經知道要敗得安全，不能擺明支持，以免戰後被清算，但又不更能擺明反對，讓大家放棄對美開戰。於是語帶含糊，主義不清，想到了星月所說的『四海同舟，風雨轉授』，但皇家機關秘術當然不能外洩，便引明治天皇的詩句，『四海之內皆兄弟，奈何風雨亂人間』來暗示，檯面上的意思是對開戰有所反感，實際上正為他的本意。

日本內部有極少數人已經察覺：在當初大陸政策，全世界對中國冷漠，蔣介石當了日本內應，兩國交戰日本節節獲勝，中國根本不是對手，日本必然可以佔領中國的氛圍中，天皇的不贊成不反對，其實就是反對！在而今南進政策，全世界各強國都警告，明眼人都知道美國實力大於日本，國內又有大力反對的氛圍中，天皇的不贊成不反對，其實就是贊成！蒙在鼓裡的海軍少壯派軍閥，滿腦子擴張拓土的情緒，見天皇並沒有強硬阻擋，自然順理成章推動南進政策。而東條英機自以為深知上意，更以海軍少壯派開戰的請求為政策基礎。就在德軍於莫斯科會戰受挫，德蘇雙方陷入膠著狀態，蘇軍從西伯利亞調兵保衛莫斯科，從而蘇聯東方力量空虛，蘇聯正害怕德國的盟國日本，從後攻打蘇聯，德國也不斷請求日本從後策應，進攻蘇聯之時！日本的聯合艦隊已經出發，方向卻是美國夏威夷的珍珠港。進攻珍珠港的前一天開始，裕仁的心情非常好，帶著全家一起拍照。

自從登基當天皇以來，內心一直沉重著中國問題，最痛苦的就是他明明有一個態度，卻始終不能說出明白話。只能眼看著大陸政策遂行，反復拉扯而拿不出辦法解決，還得假裝沒跟中國開戰這回事，不願宣戰，不斷強說這只是『支那事件』。經過多年的糾纏，終於把戰爭焦點『乾坤大挪移』，從中國的身上移到美國去！心中大石搬開，輕鬆異常，全套軍裝，帶著家人一起合照，之後準備了對美國宣戰的文件，而且暗中特別指示，必須要在珍珠港被炸之後，才對美國宣戰。以此徹底激怒美國民眾。

由山本五十六大將策劃，南雲忠一中將執行，展開了遠距離航空母艦突擊。

艦隊逼近夏威夷，南雲忠一中將在航母甲板上，對眾官兵宣讀：「目標，夏威夷珍珠

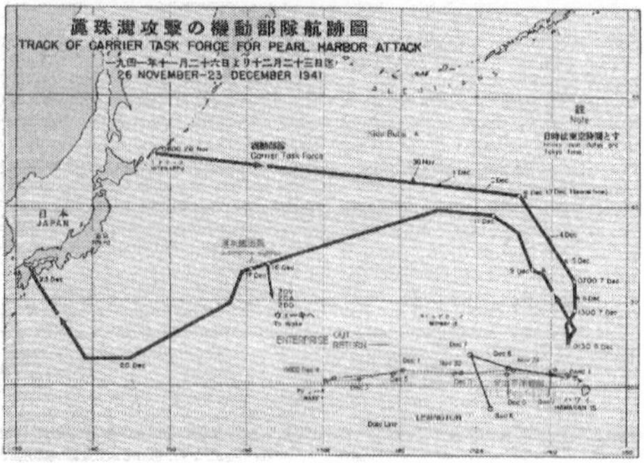

港，皇國興廢在此一戰，人人必須恪盡職守！」

日本飛行突擊編隊飛臨珍珠港上空，美軍還以為是自己的飛機，直到轟炸開始，才知道自己受到攻擊。廣播緊急發出：「珍珠港遭到空襲，這不是演習！這不是演習！」

雖然醒悟，但事發突然，難以組織反擊，日軍兩次轟炸機攻擊波，炸毀了大批的美國軍艦，造成兩千多人死亡。除了三艘航空母艦事先離開不在港內，躲過一劫，其餘軍艦全部被毀，日本艦隊得手之後揚長而去。

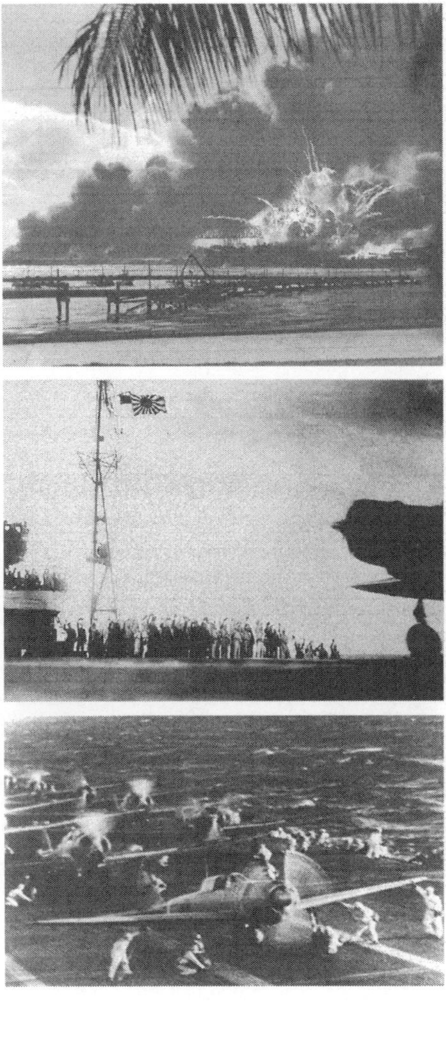

美國人得知此消息，都大為憤怒，從而凝聚美國人的戰鬥意志，跳出了孤立主義。

美國高層自認為日本入甕中計，拋出珍珠港為誘餌使日本跳進來，讓美國脫離孤立主義政治氛圍的糾纏，替美國加入大戰，建立霸權鋪路。實際上卻是美國入甕中計，替日本天皇去挽救中國國民政府，即將要崩潰的抗戰騙局。

六門書判－猶太從各自源系古文明剽竊諸多上古知識，改裝自身並以猶太二一演繹法則，製造科學文明之假相，實際上這些知識，不應當這樣快速組裝，使效力集中爆發於一時，而能運行的週期壽命大幅度減短，並令全世界造成大量後遺症。只有一種解釋，背景另一股力量，正在組裝武器系統，針對當時最後一個自源系文明中國而來，整個故事當然相互串聯。而整個西洋集團，美利堅海盜昂撒猶太混合體，集歷史的陰邪與地理的大煞，其用途本身必然趨於單一，並導向純淨的攻擊性。就如陀螺儀結構顯現，簡單地因應外在變化，做出深度全方位判斷與攻擊。既然與中國有關，其反應必然激烈，且全力投入。不僅在珍珠港對日本之反應，之後中國與蘇聯結盟，其對蘇聯之反應也是如此。故後續的歷史佈局，中國如此特殊不按常理，其一切因素，就在集體意識忌憚此天敵亦死敵。如此戰後，黑化的周公，即便各種努力表達，也有除掉中國當時社會各項弊端的努力，也不能被接受，寧願其他人來除弊。原因無他，中華民國烏龜王八與日本同頻，都跟此美利堅海盜友好，開門揖盜，圖政治利益而要貽禍民族走亡國滅種之路。故當時，集體意識已經準備，追打中華民國烏龜王八局。

襲擊珍珠港得手後，所有日本軍官都高興慶賀，只有山本五十六悶悶不樂。當左右問他為何如此？他答道，日本將不可能從這場戰爭獲勝，這場戰爭的結束，甚至將以整個日本被夷為廢墟為結束，自己將因這場戰爭不得善終。並且還引孔子的話說：「他們能粉碎砞砂，但他們沒有帶走它的顏色，可刻錄香藥草，但不會破壞它的氣味，他們可能會毀滅我的身體，但他們不會搶走我的意志。」

為防美國的怒氣只是一時，而且要擴大領地以拖延戰爭時間，必須把事情做絕！日軍趁著這先手之利，集中海陸兩軍的精銳主力六十萬大軍，大舉進兵東南亞各地。先行大舉空襲香港，新加坡，緬甸，菲律賓等英美兩國的地盤，接著投入日本最精銳的海陸兩軍並進，展開全面戰略進攻。

美國艦隊在珍珠港已毀，尚無力阻擋日本的海空優勢，只能靠以威爾士親王號為首的英國遠東艦隊，攔截日本運兵船，以阻擋日軍登陸作戰。結果英國艦隊在馬來西亞東南海域，被日本海空軍發現，大批艦載轟炸機圍了上來，一陣海空交戰，日本飛機把英國艦隊打得全滅。自鴉片戰爭後，英國艦隊在東亞稱霸，而今被打得落花流水，再也無力爬起來。英國海上霸主的威信徹底破功，從此被打成三流國家，再也沒有海上地位。

除了海空力量大規模進攻外，陸上從中國大陸轉移過來的精銳主力部隊，也對英美殖民地展開總攻擊。

幾乎與珍珠港同時，七萬日本最精銳陸軍，由山下奉文率領，從泰國登陸，然後從泰國進攻馬來西亞。由於叢林水沼遍佈，不利機械化運輸，便以自行車為運輸工具，邊騎邊打，所向崩潰，向英國在東南亞的大本營新加坡挺進。英軍大為震恐，急忙派出印度屬地的軍隊，在新加坡北方陸地叢林層層攔截，日軍對之展開猛攻。兩軍在山巒重疊，河流交錯，瘴癘遍佈，雨林叢生的馬來西亞半島，相互炮戰，戰鬥異常激烈。

馬來半島叢林戰場。

日軍砲兵的前方觀測兵，回報到伊藤少佐的指揮部，說英軍野戰砲兵陣地堅強，反擊砲火猛烈，日軍山砲不斷轉換陣地，火力已經不支，請求暫時撤退。伊藤少佐大喝一聲：「我大日本帝國的皇軍所向無敵，只有戰死沒有撤退！前鋒突擊支隊立刻準備出發，我要親自打垮所有英軍陣地！」

伊藤少佐曾參加武漢會戰與宜棗會戰，兩場大戰役，曾把常敗將軍陳誠的手下軍隊打得落花流水，也曾不斷豪語要殺入重慶，生擒蔣介石。因為在支那戰場『表現太過卓越』，被大本營列為『調離支那戰場人員』的『重點名單』之內。

日軍前鋒突擊支隊整裝待發，來了五百名如虎似狼的日軍精銳官兵。伊藤少佐點名閱兵已畢，立刻出發，率領最精銳的野戰打擊部隊，靠著炮火掩護，接近英軍陣地。伊藤少佐率部，潛行英軍陣地十公尺，忽然他揮著武士刀，大喊：「打倒鬼畜英美！」五百名日軍官兵，跟著狂吼，從叢林跳出，先扔出一票手榴彈，在英軍陣地接二連三爆炸，接著頂著刺刀，猛撲過去。

英軍官兵倉促迎戰，一團混亂，但仗著人多火器精良，緊急掉轉槍口交火。伊藤少佐左右飛舞著英軍的子彈，但毫無畏懼，右手拿武士刀，左手輪著手槍，左開右砍奮力搏殺，如虎猛，如狼狠，如驢狡，靠近的英軍官兵皆應聲而倒。忽然兩名高大鰓鬍的英國兵對他輪槍，伊藤少佐左手中彈，手槍落地，但絲毫面不改色。刷刷兩聲，武士刀揮舞，把兩個比他高的英國兵砍死。後面忽然前方英軍砲彈打來，伊藤聽到這彈落前的呼嘯聲，馬上意識到這砲彈將落在他身邊，立刻縱身一跳，轟然巨響，他一個翻滾後爬起，渾身血跡。

抖擻精神後大喊：「皇軍無敵，天皇萬歲！」繼續指揮作戰，領軍衝鋒，英軍被嚇得喪膽。所屬日軍官兵越戰越勇，拼殺刺刀與手榴彈，英軍被打得落荒而逃，陣地徹底崩潰。

伊藤少佐血流如注，但衝殺之猛毫不減弱，還有兩百多名日軍官兵隨之其後，繼續衝殺，連破數十陣地。英倫洋人被殺得棄甲拋戈，屁滾尿流，邊逃邊哭，再也不敢看不起他們所謂的次等黃種人。之後伊藤少佐因為重度殘廢，帶著戰功彪炳，光榮退役。回到日本老家，接受勳章，當地鄉村百姓，把他當作軍神供養，一直活到戰後安養天年不提。此戰所有攔截的英軍被殺得大敗，死的死，降的降，殘軍退回新加坡。嚇得住在整個東南亞的英倫小兒，半夜睡覺都不敢有哭聲。

然而英軍數量仍多過日軍一倍，還想做最後一搏。日軍便派出海軍航空兵，先行搶奪制空權。

英軍認為，先前他們曾經在英倫三島上空，迎戰過納粹德國的精銳空軍，日本空軍絕對不會敗給日本的海軍航空兵。而自己又是海軍的老牌強國，這制海與制空權，絕對牢牢在手上。結果沒想到，開戰之初，英軍的飛機就一個個被擊落，艦艇一艘艘被擊沉，最後英國的海空軍全軍覆沒，只能看著日軍展開空中打擊。

日軍在狂轟濫炸之後，大舉衝入新加坡，控制水庫切斷水源，英國守軍已經破膽喪志，原本來東南亞炫燿生殖器的英軍官兵，被此役打得全部尿失禁，成人尿布一時搶購

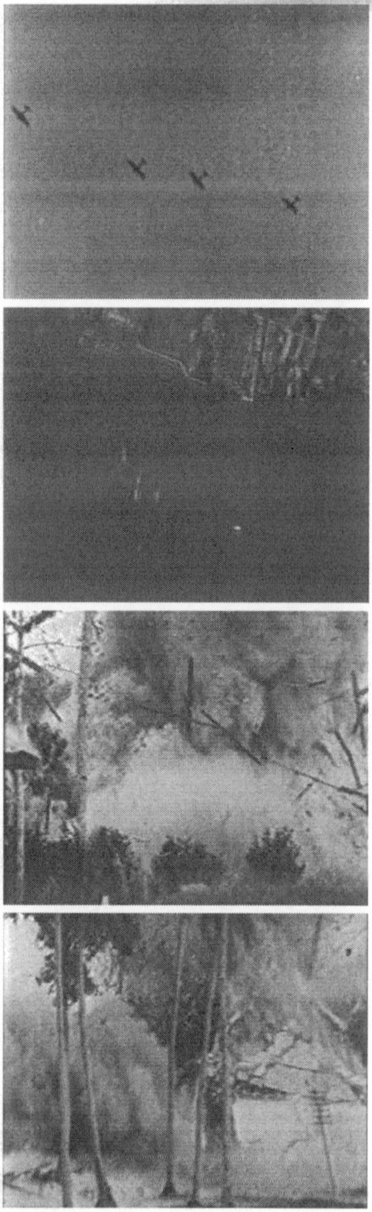

一空，供不應求，不敢再言開槍作戰，英軍將領帕西瓦爾率軍投降，成了二戰當中第一個被俘的英國將軍。日軍傷亡不到一萬人，而由印度等各殖民地與英國本土組成的軍隊二十餘萬，陣亡一半，其於全部被俘，整個戰略單位被全殲，日軍控制了馬六甲海峽。

在攻擊新加坡同時，另一支日軍也攻佔香港，香港英國守軍薄弱，稍微抵抗一下就全部投降。

話說這山下奉文，率領從中國大陸調來的日軍精銳部隊，攻破了馬來西亞與新加坡，殺敗英國軍隊的同時，另一股也是從中國大陸抽調來的精銳日軍主力，第十四軍團共十二萬人，及海軍精銳部隊隨同，由本間雅晴中將與小冰英良中將率領。並有海軍驅逐艦，航空母艦，巡洋艦，各式海上戰鬥機與轟炸機。浩浩蕩蕩往菲律賓群島奔殺而來，要來殲滅駐守菲律賓的美國軍隊。

美軍總數十五萬人，分島據守。但撲天蓋地先來的是日軍空中戰機與轟炸機，第一天的空中戰鬥，美軍飛機就被打掉一半，數天後被打得全軍覆沒。日軍陸軍先從巴單群島登陸，接著登入呂宋島，連翻鏖戰大破美軍。此地美軍跟馬來西亞的英軍一樣，死的死，逃的逃，降的降。日軍大舉向馬尼拉推進，迅速佔領。

美軍總指揮麥克阿瑟，下令退守巴單半島。日軍立刻追殺而來，此地美軍展開有組織的抵抗，雙方在山地與叢林展開大戰，日軍損傷慘重，攻勢稍稍減弱，等待後續增援部隊。總指揮麥克阿瑟，徒有其表，見到美軍喪失海空優勢，日軍勢不可擋，向總統羅斯福報告不利狀況，建議撤到澳洲，然後把指揮權丟給溫賴特少將後，拋棄大軍，隻身倉皇逃走，成了美國版的唐生智。

美軍逃了主帥，日軍則得到增援，於是後續攻勢凌厲，巴單半島守軍大敗，美菲聯軍七萬五千人投降。

日軍接著如風捲殘燭，清掃菲律賓各地。最後展開科雷西多島攻堅作戰，麥克阿瑟發現，自己才逃到這裡，日軍馬上追過來，嚇得不知所措。忽然美國的盟友，澳大利亞軍方來了電報通知，說澳洲人已經派了潛水艇來，要接他逃離，但需要一些時間。於是麥克阿瑟下令軍隊必需死守，明著是說此戰關係

到菲律賓存亡，要美菲聯軍的官兵們不怕犧牲，當勇敢的基督徒，但暗地盤算是，要他們犧牲來替自己逃跑爭取時間！

美軍果然展開堅硬的防守作戰，日軍攻擊受挫，緊急呼叫空中支援，並組織敢死隊要衝殺進去。雙方從砲戰槍戰，演變成白刃拼刺刀，美軍大敗，不斷向後撤退。但麥克阿瑟終於爭取到時間，逃之夭夭。為了挽回面子，如同蔣中正的口吻，宣稱說他一定會反攻回來。從古至今，敗軍之將都會開這種浮濫的支票。但這支票到底會不會兌現？那得看他所屬的國家，是不是強國，有沒有堅強的後台政策而定。

主帥真的逃了，底下的官兵不知道戰局具體情況，陷入一團混亂，溫賴特未免更多傷亡，下令全軍投降。日軍遂控制整個菲律賓。

正當馬來西亞與菲律賓都被打的同時，另一股精銳日軍部隊約十餘萬人，也從泰國攻入緬甸，佔領毛淡棉之後，快速向仰光推進。英國軍隊連吃敗仗，無法抵擋，緊急要求蔣介石派軍增援，此地若被攻佔，外國軍火唯一進入中國的路上通道，將被堵死還其次，最重要的是，與孔宋家族等人計畫的，飛機載運黃金國寶逃亡海外的路線，也就被切斷了。於是立刻派軍穿越叢山峻嶺，限期趕到。可惜蔣介石小人，英國人比他更小人，用更小人之心，來猜度他小人之腹。

英國人認為，緬甸原本是臣服於中國的屬邦，清末的時候被英國佔領，若中國遠征軍來得太多，將會趁機會跟緬甸原住民結合，幫助緬甸原住民獨立，最後脫離英國統治。

所以不斷對蔣介石施壓，中國遠征軍最多只能來兩個師，不然英國人絕不提供糧食與軍火。蔣中正要跟洋人伸手要資源，當然只能照辦。然而戰事吃緊，日軍逼迫甚急，英國人又變卦，要求多派援軍，但中途又只能在滇緬公路待命……

重慶，委員長行營。

美國人史迪威來此見蔣介石，透過翻譯，道出英國人的要求。

蔣中正冷冷地說：「英國人為何不自己來跟我說，要請你這位美國將軍來說這件事？」

史迪威來中國之前，研究了日本從九一八事變開始，進攻中國的始末。就已經把蔣介石的為人看扁，認為這個人是中國最腐朽的領導人之一，會對外喪權辱國。根本不懂軍事，不懂政治，不懂經濟，不懂外交。來到中國之後，蔣周邊一堆買辦，崇洋媚外之奴態，更是讓史迪威，囂張跋扈，看不起蔣中正。發現，蔣的頭型如花生。就直接用花生形容。

而蔣中正不管外在如何被漢奸買辦黑化，其核心仍是靈龜在世，很快就意識到美利堅海盜囂張本性，以及不斷想要汙辱中國人，羞辱中國婦女的企圖。

不過目前還沒有鬧翻，還給一點顏面，於是透過翻譯說：「蔣委員長閣下，英國人說跟我們美國人說，結果還不是一樣？在調度上面，中國軍隊進緬甸太多的話，不是很方便。況且現在中國戰場很危急，主力應該擺在中國本土上，依戰場需要，聽候調遣。」

蔣其實不知道，英國是怕中國軍隊佔據緬甸，影響他們的殖民統治權。他想多派黃埔系人馬進入緬甸，除了是希望讓英美兩國的軍火裝備他的嫡系人馬，更是想要打通自己的逃亡路線，以免日軍真強攻重慶，那他就沒地方跑了。而史迪威這樣要求，蔣中正還誤以為，英國人是想排斥黃埔系，裝備其他派系軍閥的部隊。

於是說：「你們這樣要求，讓我們的調度會產生困難。既然如此，我建議各退一步，入緬甸支援的中國軍隊名單還是這些人，人數上我們可以再商量。」

史迪威說：「這沒有什麼好商量的，基於政治的理由，中國軍隊數量必須控制在兩個師。而且我建議，讓李宗仁將軍的部下去緬甸，因為我參考了先前中日兩國交戰的記錄，李宗仁將軍的部下比較善戰！尤其我考察他在台兒莊的指揮，可以判定李宗仁將軍，是所有中國統帥中最優秀者。」

史迪威時常用蔣最敏感之處，不斷刺激，並且還三番四次，白人優越感作祟，要收買的中國漢奸洋奴四處張本，讓中國婦女舔洋，並羞辱中國官員與領導人。

海盜本性一點點顯露，並直接介入中國高層之間的矛盾，蔣中正聽了火光三丈！但當下不好對美國人發威，於是滿面鐵青地說道：「我剛才說過，名單就是這些，人數可以商量！李宗仁的部下，我另外有任務交辦！」說罷，臉擺一旁頗有不悅。

史迪威說：「若李宗仁將軍的部下不能去緬甸，至少從美國畢業的孫立人將軍，一定要來緬甸。因為他能懂我們西方人的作戰方式，比較可以協同英軍作戰。」

蔣中正冷著臉說：「知道了，這部份我會考慮。」

史迪威從蔣介石的顏色，猜出了幾分他的心思，於是退出了委員長辦公室。出了門，搖頭用英語跟身邊的人說：「讓這種人物領導中國抗戰。難怪中國軍隊一直吃敗仗！中國領導人沒有資格領導中國。」

話間接又傳到蔣的耳朵，更是讓他憤怒史迪威。

緬甸，野人山，中國遠征軍營地。

指揮官杜聿明，在軍營中，拿著送來的電報，氣得大罵英國人：「這群洋鬼子！一群小人！要我們支援同古作戰，又不准後續部隊入緬甸，全部晾在這荒郊野地！不入緬甸這仗怎麼打啊？」羅卓英在旁附合道：「他們還說，若中國軍隊真要入緬甸作戰，那麼指揮官必須是英國人，不然最少也必須是美國人，絕對不可以是中國人，中國人頂多當副指揮官。」

杜聿明說：「洋鬼子看上去人高馬大，實際上心眼比誰都小！以為我們會佔據緬甸！以為我們不想打仗！」羅卓英說：「你也不是第一天認識老頭子，他雖然討厭洋人，但周邊都是友好外國的買辦，最後他當然聽洋人的。之後要我去當美國人史迪威的副手，明明是我的兵，下的任何命令都要經過史迪威同意。」

杜聿明說：「洋鬼子是要我們擋子彈，他們去領功！來這熱帶山區，光行軍就搞死我們一群兄弟，還要給洋鬼子扛鞋，這仗我不想打！緬甸是英國人他家的事情！」

羅卓英緩緩說：「認了吧！無可奈何的，除非你能說動老頭子，不過我可以告訴你，你若這麼頂上去，老頭子一定一陣訓斥。要不要我告訴你老頭子的盤算？他現在，仰望著洋鬼子給軍火外加給錢。要把洋人的資源吃光，但是他不想真的打仗！不過洋鬼子也不傻，老頭子若不真打仗，他們不會真的給錢給軍火，所以我們只是老頭子派來作樣子，來騙洋人給東西，你明白嗎？」

杜聿明一陣氣沮，喃喃自語說：「老頭子喜歡這樣，不知道何年何月才能結束這種苦差事？」

六門書判—杜長官的痛苦差事還很多，抗戰結束之後還有剿共也會如此。誰叫你在蔣的靈異學校分校，黃埔學園讀書還當模範生？那是不畢業的。

英軍方面發現戰場慘敗，從拖延阻擾，又轉而不斷請中國軍隊快速增援，杜聿明遂率軍進入緬甸。但大軍雖到，與英軍會合，卻倉促沒有準備，且中國軍隊經過叢山峻嶺，酷毒叢林，戰力損失大半。又遭遇日本空軍轟炸，更是無力招架，便被日軍打得大敗，中英兩國聯軍共同潰退。孫立人也不可能扭轉乾坤，只好跟著英國人撤退。

中國軍隊一部逃回國內，另外一部中國軍與英軍一同逃入印度。

在緬甸作戰稍早，又一支從中國大陸抽調來的精銳日軍，五萬五千餘人，乘五十多艘戰艦，由先前打廣西的猛將，今村均中將率領，大舉進攻荷屬東印度群島。與英國、美國、澳大利亞、荷蘭所組成的多國聯軍激戰，槍砲在一片熱帶莽原之中，交相射擊。劃破寧靜的南洋風情。

赤木大尉揮著武士刀，率領著所屬部隊，向前衝殺，前仆後繼，無視多國聯軍的槍林彈雨。突破了一個又一個的散兵坑。所屬士兵個個瘋狂善戰，原本他們都以為要進攻重慶，但連續一年的兩棲作戰訓練，讓他們頗感疑惑，還以為中國的四川重慶是一片沼澤。原來不是去打重慶，而是被派往遙遠的東南亞跟白人作戰。

他跟在馬來西亞的伊藤少佐一樣，因為在支那戰場『表現太過卓越』，被大本營列為『調離支那戰場人員』的『重點名單』之內。雖然被派到遙遠的熱帶叢林作戰，但赤木大尉仍舊拼死殺敵，連破數十陣地。大喝：「岡田！通知指揮所，火力支援！」

原來對面多國聯軍的交叉火力，赤木身中兩彈，血流如注。岡田一等兵，立刻搖戰地電話，報告座標。日軍後方的山砲紛紛開火。聯軍陣地頓時煙硝瀰漫。

赤木撕破衣袖，包裹身上兩處彈傷，跳出散兵坑，揮舞武士刀，大喝：「拿下最後一個陣地！殺光鬼畜英美！」所屬士兵頂著刺刀躍起，咆哮著跟在他後面衝殺。

如同喪失理智的狼群奔向獅群，一陣狂咬猛攻。這一群優越感很重的白人，被打得東倒西歪，嚇得魂不附體，死的死，降的降。後方衝來支援的多國聯軍，仗著火力強大，愣頭愣腦跑來支援，日軍死傷慘重，赤木愈戰愈勇，丟下武士刀，抓住一把機關槍，大喝一聲：「天皇萬歲！」

機關槍噴火四射，赤木邊走邊掃，各國聯軍紛紛倒斃，四處奔竄。忽然一個狙擊手從樹上打出一彈，穿過赤木大尉左肩。但他手上的機關槍仍舊隱隱持住，一個蹲下仰掃，把躲在樹上的狙擊手打下來。赤木已經全身是血，仍舊率著所屬部隊衝殺。白人已經嚇得不敢再戰，把從印度調來的黑人部隊與庫爾克什兵派到前面擋子彈，赤木無視他們有多善戰，頂著機關槍邊走邊打，所向披靡，抵抗者立刻倒斃。

被派來檔子彈的印度黑人部隊與庫爾克什兵，見自己根本不是對手，紛紛繳械投降，哭著用英語求饒並大喊：「我們是被白人逼迫的。」

此戰把東南亞最後的白人殖民地，打得面目全非，赤木大尉戰功彪炳，但也如伊藤少佐一樣，因重度傷殘，回日本老家。由鄉民將之當作『軍神』供養，直到戰後還掛著勳章，受子孫的敬仰，頤養天年不提。

最終日軍將多國聯軍徹底打垮，予以佔領。囂張狂妄的白人軍隊，十多萬人淪為階下囚。最後攻下新幾內亞島後，兵鋒威逼澳洲，全澳洲人震恐。另外一方面，美軍前哨關島，威克島等等中太平洋島嶼一一遭日軍攻陷。日軍精銳主力全部部署在整個西太平洋與南太平洋上，建置兩道防線，大批的航空母艦與各型戰艦在此巡弋。至此，南進政策大功告成，不僅囊括了整個西太平洋，把白人殖民地根基全部打垮，還將英美兩國的海上主力打得吐血，一時半刻緩不過氣來。

既然已經正式跟美國開戰，日本天皇繼續大動作操作政治，與中國百姓行無約之盟。日本宣佈要廢除在中國的一切不平等條約，實踐大東亞共榮圈的願景，同時趕走西洋人在中國沿海的租借區勢力，撤銷所有租界，歸還給汪精衛代表的中國政府。

正是惡人還需惡人磨，在中國租界區中霸道的英美等西洋人，還需真正領導中國抗戰的日本天皇去打！日軍大舉攻入租界，所有西方駐軍根本沒有多少兵力，只能乖乖繳械投降，與其移民全部淪為階下囚。中國的沿海的不平等條約，光靠國民黨買辦集團對外國人彎躬哈背的奴才樣，只有簽立更多，更加喪權辱國的份，是靠真正領導中國抗戰的裕仁天皇，才得以將西洋人租界區連根拔起。

英美荷蘭等各國，先後在東南亞經營，數百年的殖民地，就在這短短的時間內，被日本人全部打垮！英國，荷蘭與澳洲等國，根本無力反擊，只能寄望國力強大的美國人趕快動作。

美國對於這一系列慘敗，已經忍耐不住。急著要報復，派出了杜立德飛行隊，由大黃蜂號航母，轟炸日本東京，轟炸之後飛機往中國逃竄降落，日本大本營大為震怒，下令駐華派遣軍搜索飛行員。這種轟炸當然只是出口怨氣，沒有絲毫的戰略幫助。

由於日本大本營，已經不怎麼理會中國戰局，支援非常有限，造成連續三次長沙會戰慘敗，尤其以第三次長沙會戰，阿南惟幾的十二萬人，都是臨時拼湊的三流軍隊，又缺乏後勤支援力度，損傷五萬六千人，竟然比中國軍隊傷亡還要慘重得多。畑俊六此時又重新指揮華中派遣軍。對於日本大本營放棄中國戰局，跑去東南亞招惹英美各國，十分不滿。趁這次搜索飛行員的機會，要大規模發動進攻戰役，但沒有大本營的充分支援，只能在浙江與江西自行展開區域會戰。最後進攻又因沒有後援，被迫撤退。

對日本打美國懊惱的，不是只有侵華日軍的眾將領。希特勒與德國將領們也非常惱怒，美國遠在大洋彼岸，恪守孤立主義不動，這是最好狀態，甚至會竊喜德國放棄英國而進攻蘇聯。如今日本卻讓美國也參戰，情勢則完全脫離他們的認知，使先前穩住美國的努力全部落空。希特勒知道，美國與日本開戰，也就會堂而皇之，支援英國對德國開戰。但是三國軸心簽約在前，德國與英國交戰也在前，又發生了這種事情，美國就絕不會放德國過關。木已成舟，回不了頭，基於三國軍事同盟，德國若拋棄日本則更無外援，無可奈何之下，只好也跟著對美國宣戰。

見到德國與義大利也對美國宣戰，德國已經覆水難收，裕仁天皇為了慎重起見，令內閣派了大使到柏林，三國軸心再一次簽約。內容主旨是：在對美國與英國作戰取得全面勝利之前，任何一國都不能放下武器，都不能單獨對美國或英國媾和。雖然這只是一紙文告，但德國一直以軸心國老大自居，為美國與蘇聯未來爭奪歐洲主導權的首要目標，做出這種宣告，德國不徹底慘敗，則美蘇兩國也不可能罷休，德國就算想要撕毀文告以單獨求和，也不可能辦到。

裕仁此舉，就是要把希特勒更加牢牢綁在，衝向迎面來車的車上，免得他跑了，而裕仁自己則做跳車的準備。

此時中國已經與日本交戰四年多，日本方面一直沒有揭發蔣介石的底，經過多次雙方密談，知道日本方面，對美國宣戰後又準備要對中國宣戰。蔣介石政府見到有老外出頭，可以確保自己的逃亡路線，日本又有宣戰打算，才敢跟著美國後面，才代表中國，正式對日本與德國宣戰。不過對日本的宣戰，並沒有改變這幾年的抗戰政策，打定主意，保持『積極口號消極行動』，不做戰略進攻，以免過度刺激日本人，會逼得他們把當年的賣國密約抛出。於是第二次世界大戰的兩邊陣營，逐漸形成，由蘇聯、美國、中國、英國與法國等十多國，對戰德國、日本與義大利。

第十九章　拖延戰術大洋血戰等敗局　終戰詔書無間脫逃大計成

因為太平洋戰爭已經爆發，日本的戰爭大戲挪移到太平洋來唱，日本上上下下的觀眾們，紛紛緊盯太平洋戰況。從而中國戰局被冷落。大本營趁勢把所有戰略重心全部調到太平洋，以致在華日軍，被日本大本營拋棄，攻勢受挫。連對重慶的轟炸，都因為飛機被調到太平洋，被迫停止，失去戰略進攻的空中掩護。中國戰場上的日本將領們，對於大本營放棄中國戰局，把戰力最強的主力調到東南亞，甚至南半球的諸多荒島上去『大顯身手』，群起不滿，卻又無可奈何。蔣介石在雙方秘密會談中，已放棄投降的念頭。

中日兩國先前大打出手，卻互不宣戰，成了『戰而不宣』。現在因美國介入，中日兩國已經相互宣戰，卻各自停止大規模戰役，維持戰線不打了，成了『宣而不戰』，中國戰場已成爛泥。

中國民國三十一年，日本昭和十七年，西曆一九四二年，五月底，上海。

畑俊六此時雖為支那派遣軍總司令官，卻對戰局已經感到無力。與總參謀長後宮淳及副參謀長野田謙吾，在一艘軍艦上，從長江入海口處看著太平洋。畑俊六甚至吐露出絕望的觀點。野田謙吾說：「總司令官閣下，不必太過擔心。據海軍給的可靠消息，珊瑚海海戰，我日本還獲得小勝。自己只損失一艘輕型航母，受傷一艘重航母。美國則是一艘重航母沉沒，一艘重傷，可見美國也不是太難對付。至於支那方面戰局，蔣介石在長沙與浙贛，只是防衛性地獲勝，倘若我大日本皇軍集中戰略兵力，發動總攻擊，重慶還是可以攻下的。」

畑俊六看著太平洋，搖頭嘆氣說：「支那戰局，現在已經荒謬到成了爛泥，從節節獲勝變成寸步難移。重慶近在咫尺，明明就快垮了，卻轉移主力部隊，繞了大半地球，跑去打珍珠港，惹一個強大的美國。至於珊瑚海戰，不過是戰術上的小勝，野田君你太樂觀了。現在正趕往中途島的山本五十六大將，自己也跟前首相近衛說過，日本工業能力不可能跟美國比，頂多支撐三年。而支那戰局還沒結果，就跑去跟美國大戰。我們日本打支那一個大國，還有支那的領導人當內應，就已經計畫多年，步步為營。現在是一個小國跟兩個大國在拼，而且其中還有一個是工業大國，日本哪有勝算？東條英機與大本營的那些人，都是一群庸才，但天皇陛下卻如此信任他們，罷了！我先前已經說很多，根本沒有人理我，現在不想要再說了！」

後宮淳也嘆氣說：「大將閣下說的是。我們支那派遣軍，表面上下轄三個方面軍，近百萬大軍，好像實力很堅強。實際上已經被打入冷宮，沒有大本營的資源供應與批准，根本組織不了戰略總攻。現在大本營竟然以南進政策為由，把最精銳的海陸軍主力與航空隊都調走，給我們一堆新兵來充數，然後把我們晾在支那不管了，要我們自己『以戰養戰』，自行籌措戰備資源！光是要看管住，汪精衛還有溥儀這一幫人，就要耗我們日本多少兵力？而且這一幫人根本就與我們只是互相利用，不是同心同德！支那國土的資源，被這些人一攪和，我們根本不能充分掌握，難以基礎建設，反正我也快調回國，參加更換官職的排列組合，支那之事，我也無可奈何！」

畑俊六搖頭接著說：「這比當年織田信長的封建戰略還糟糕，卻拿來打現代化的總體戰。就算蔣介石再無能，支那兵再弱，我大日本皇軍再強，被這樣多方掣肘，我就不信能打勝仗！而且更誇張的是，就算我們攻城掠地打勝仗，也是讓汪精衛這幫人來代管。我就不懂，為何天皇就是不肯遷都支那？一定得繼承支那的資源，我日本才能打贏美國！罷了！我不想說了！只能期待，大本營所說的，以佔領大陸沿海領土為終結，能夠成為事實。」野田謙吾仔細一思量，這些確實都是實情，沉默不敢說話。三人都知道，戰爭這樣打下去，勝算渺茫。

正在支那派遣軍將領們不斷惆悵之時，日本聯合艦隊與美國特混艦隊，在中途島發生激戰。

日本總指揮山本五十六，制定進攻中途島計畫，核心思維是，為攻敵之必救。先讓南雲忠一率領的由四艘航空母艦加上護衛艦隊組成的第一機動艦隊，向中途島發動攻擊，而後山本的主力艦隊尾隨第一機動艦隊，任務便是攔截及消滅來援的美國艦隊，完成孤立中途島，和摧毀美國太平洋海軍力量的使命。

美國早已攔截且破譯了日本的電報，將三艘重航母組成的艦隊，埋伏在中途島外海，讓中途島的陸基空軍先行迎戰。

第一機動艦隊與美國中途島陸基飛機交戰，先是連連得手，美國陸基飛機雖發現第一機動艦隊，卻屢屢被擊落。而後南雲忠一才發現，美國艦隊就埋伏在附近，然而已經在料敵上落後了一步。美國企業號、約克城號、大黃蜂號的飛機群起攻來，魚雷機卻不斷地遭到日本護航戰機攔截，無一命中日本航空母艦。但日軍航空母艦調度卻因而混亂，一會兒要進攻中途島，一會而又被美國航空母艦吸引，轟炸機一會兒要炸彈換魚雷，一會兒要魚雷換炸彈。正當日軍戰鬪機，在低空飛行忙著驅趕美軍魚雷機時，南雲艦隊的上空出現了三十三架企業號起飛的「無畏」式俯衝轟炸機。此時，日艦正在掉頭轉到迎風的方向，處於極易受攻擊的境地，甲板上到處是，正在更換的魚雷與炸彈，及剛加好油的飛機。這正是美軍求之不得的有利時機，發動猛烈轟炸。於是赤誠號航母、加賀號航母、蒼龍號航母遭到擊傷，逐漸沉沒。

南雲忠一立刻派飛龍號航母上的飛機起飛反擊，只重創了約克城號，而自己的飛龍號又遭美國飛機襲擊，第四艘航母跟著沉沒。約克城號則被日本潛艇發現，發射魚雷攻擊，才將約克城號與護航的一艘驅逐艦都擊沉。山本五十六發現，第一機動艦隊的主力四艘重航母被消滅，僅擊沉美國一艘航母與其他小艦支，趕緊取消中途島攻佔計畫，日軍全面撤退，以敗告終。

中途島戰役之後，日本大本營仍然繼續進攻，將戰線不斷擴張，不少本來在中國大陸的日本精銳主力團，都調來此處。從菲律賓群島、中南半島、馬來西亞群島、荷屬東印度群島、中太平洋群島、一路到南半球所羅門群島等等，星羅棋布，分散佈署了數十萬最精銳日本海陸軍主力部隊，在熱帶群島中駐紮。

中國民國三十一年，日本昭和十七年，西曆一九四二年，八月。南半球，所羅門群島中最大島嶼，瓜達康納爾島。

日軍在此調派最精銳部隊來此，趕築機場。而美國澳洲兩國聯合艦隊，也大舉逼近此處。美軍飛機對此處日軍狂轟濫炸，艦砲齊發，並且登陸艇載運大批美軍官兵衝殺而來，日軍促不及防，抵抗被壓制。此處瘴癘叢林、吸血螞蝗、毒蛇、毒蜂、毒蟲、腐敗物揮發的瘴氣，令美軍士兵難以忍受，他們也大惑不解，日本人將重兵調來這裡，到底圖些什麼？

日本大本營聞訊，大舉動員海陸軍部隊趕來增援，誓言奪回瓜島。由三川軍一海軍中將，帶領大批艦隊南下，趁著夜晚殺入美軍艦隊中，雙方砲戰，連續擊沉美軍船艦，美軍艦隊損失慘重。但三川恐美軍增援而有失，立刻撤出戰鬥。

從而登陸日軍，遭到美軍強烈抵抗，受到了重創。山本五十六海軍大將，以日本精銳第十七軍并海軍主力，大舉進攻瓜島。雙方在此處展開海、陸、空域大混戰，且各自不斷增援，瓜島已經陷入所謂的『地獄血戰』！

瓜島日軍營壘，已經被美軍攻破。

青木大尉帶領著殘部往一處散兵坑躲藏，雖擊退了一波美軍輕坦克衝殺，但殘部已經快要支撐不住。青木大尉本來駐防過滿洲，參加過進攻佔宜昌之戰，最後南進政策被派來此。

他大惑不解，為何要來這南半球的荒島拼死搏殺。對屬下士兵山田、櫻木兩人抱怨。

「在支那打仗打得好好的，還以為很快就可以打入重慶，征服支那，竟然莫名其妙會來到這種地獄！巴嘎！巴嘎押魯！」

山田是老兵了，參加過淞滬會戰，參加佔領蘇杭，因為沒有戰功，所以只是下士。

「大尉，你我都跟支那兵打過仗，也在支那住過。我也實在搞不懂，蘇州、杭州、南京、上海這麼好的地方，降下太陽旗又升回支那狗牙旗，然後來到這種鬼島嶼升太陽旗，拼死要保護這個島。放著那麼弱的支那兵不打，跑來這跟火力強悍的英美鬼畜交戰。日本上層的那些長官，難道都笨到這種程度？」櫻木甚至哭了出來。

「杭州我也待過，支那姑娘美麗，氣候溫和，風景更像是圖畫一般。當初還以為戰爭結束，支那人投降，我就帶著全家搬到那邊住，在西湖邊蓋房子。沒想到會來到這裡！螞蝗、毒蛇、毒蟲、潮濕、瘟疫、打不完的蚊子吸血。東京大本營的那些笨蛋！」

罵到此，忽然炮聲大作，轟隆嗶踏，美軍砲火往這裡轟過來。青木等人趴在地上，灰土蓋得他們滿面皆是。接著美軍士兵在輕坦克後，衝殺過來，青木等人擺出機關槍，瘋狂掃射，雖然掃倒了一大批美軍，坦克砲火仍把眾人炸得支離破碎。

雙方投入大量的物資與兵員，在一場地獄死鬭過後，屍體橫七豎八遍佈。但美軍已經逐漸搶奪了制海與制空權，日本為保存後續防備力量，最終不得不派出艦隊夜戰，然後全面撤出該島殘存守軍，以敗告終。而南太平洋由麥克阿瑟指揮的旁支部隊，也同時展開跳島作戰，節節得手。

同時間的一九四三年，在德蘇戰爭上，史達林格勒之役正打得異常激烈。這與中日戰場上的武漢會戰，形勢非常相似。但史達林與朱可夫的用兵能力，畢竟比蔣介石與黃埔將領高明許多，蘇聯天王星作戰計畫成功，先以街道老鼠戰拖耗住德軍，而後重兵集團合圍，強大的德軍幾乎全軍覆沒，寶路斯元帥投降。希特勒除了大罵之外，拿不出任何辦法，德蘇戰爭的勝利天平與美日戰爭的勝利天平一樣，都在翻轉。

希特勒為了要挽回敗局，再次集結力量要發動大戰役。於是德蘇雙方展開最大規模的一場會戰，集中最大力量，也派出各自最優秀的指揮官，在庫爾斯克對決。德國集中最強大的坦克集團，共十七個坦克師、三個摩托化師和十八個步兵師，配有近三千輛坦克、兩千多架作戰飛機，約一萬門火炮和迫擊炮，總兵力達九十多萬人。德軍還裝備了當時最為先進的武器，虎式與豹式坦克，和斐迪南式強擊火炮，並以最擅戰的曼斯坦因元帥為總指揮。顯然，同蘇軍的坦克相比，德軍坦克佔據了相當的優勢。面對德軍的強大兵力，蘇軍最高統帥部決定以牙還牙，傾全力與敵人對抗。蘇軍投入的總兵力爲一百三十四萬人，配備三千六百輛坦克和強擊火炮，兩萬門大炮和三千一百多架飛機，總指揮由朱可夫元帥擔任。

經過五十天激戰，雙方各有慘重傷亡，原本德軍還有相當大的優勢。但日本造成德國兩面作戰的情況，此時已經讓希特勒焦頭爛額，美英兩國趁著德國與蘇聯惡戰之際，在北非戰場大獲全勝，並籌措大規模反攻。英美聯軍已經趁隙打到義大利，希特勒的盟友墨索里尼危在旦夕，如此則德國本土將受威脅。希特勒不得不在庫爾斯克前線，臨陣抽出近衛裝甲軍團，支援義大利。主戰場只能且戰且走，保存最後的防禦實力，最終庫爾斯克坦克大會戰，以蘇聯勝利告終。

太平洋，吉爾伯特群島，塔拉瓦島。

見到希特勒還有那麼多力量在頑強抵抗，基於必須拖延時間，讓李代桃僵之策能夠生效，裕仁令軍部一定要死守塔拉瓦，日軍準備展開第一場玉碎戰……

美軍激烈的砲火與轟炸，將島夷為平地，登陸艇大舉進逼。日軍守島官兵忽然一陣猛烈砲火還擊，登陸艇紛紛被炸翻天，美軍陸戰士兵還沒登陸就陣亡一大半。美軍立刻調整炮火，飛機也凌空轟炸，整座島幾乎被炸翻天，又掉回海上。接著美軍艦隊出動更大規模的登陸，在沙灘上日軍砲火槍支集中反擊，美軍前仆後繼，連續組織衝鋒，逐漸穩定住登陸局面。美軍後續不斷增援，日軍節節敗退。

高島少佐是從中支那派遣軍調來的，帶的他的班兵，在血腥的塔拉瓦，與美軍殊死戰。

「天皇萬歲！」所有班兵一陣高喊，高島少佐所部火力全開，對進攻的美軍展開反衝鋒。但美軍槍炮火力猛烈，高島少佐的班兵傷亡慘重。才擊破三處美軍陣地，日軍的反攻隊伍，就被美軍炮火轟垮回來。高島少佐躲回掩體，左肩受傷，只剩三個班兵，也全身上下都有掛彩。大家都知道，玉碎戰再這樣打下去，大家都一定會死，但無人有離心。

高島少佐見識過在中國的戰場，所以不禁哭喊：「打這什麼仗！我們為何要放棄支那，來跟鬼畜英美打這種仗？」

士兵藤田說：「少佐，你不是參加過對支那的戰爭？有這麼難打嗎？」

高島答道：「當然沒有！在支那，我們打死他們五人，自己死一個人。支那的很多將軍，在戰場上都被我們擊斃。在這裡剛好相反。當時，還聽岡村寧次將軍說，就快要攻破重慶，活捉支那的蔣介石，徹底征服支那。」

藤田說：「可我怎麼聽說，支那到現在都還沒有征服？」

高島把武士刀丟在地上，苦臉說：「這我也很納悶！我弟弟現在還在中支那派遣軍，美軍還沒打來之前，我收到他的來信。聽說他在支那的宜昌，這幾年整天沒事，望著支那守軍的防線，互相都不開火。上頭的長官嚴令，沒有命令不可以向支那軍防線開火，所以整天吃喝賭博，清閒得很。」

藤田哭著大喊：「為何我們不繼續打支那人，要來這裡跟美國鬼畜血戰？」

高島搖頭說：「我怎麼知道？我只是一個少佐！」

藤田哭著大喊：「我想要去支那戰場，不要來這裡……」

美軍開始總攻，火炮槍彈四射，噴火器冒出撲天火焰，高島少佐帶著殘兵持槍死戰。雖然日軍官兵殊死作戰，但美軍空中優勢與火炮支援，強過日軍。最後日軍指揮官柴崎惠次發出絕命電後，親自指揮作戰，被打死於指揮所內。日軍以寡弱之兵戰到最後一人，給美國海軍陸戰隊造成重大傷亡。最後美軍還是攻佔此處，全數殲滅守軍，俘獲少數投降的日軍官兵與朝鮮民工。於是美軍突破了日本戰略的外圍防線。

山本五十六大將在航行督察之中，被美軍飛機攔截而陣亡，他已經完成了天皇交代的任務，以身殉職矣。一九四三年尾，由尼米茲指揮的美國主力，從中太平洋反攻計劃開始，先突破馬紹爾群島日本的外圍防線，連續攻佔諸多島嶼。

馬紹爾群島，埃尼維托克島。

炮火煙硝覆蓋了此處，精銳的日本帝國主力，先被島上的

瘟疫蚊蟲減弱了戰力，又被美軍鋪天蓋地的火力打擊。然而面對美軍登陸衝殺，日軍仍然高喊天皇萬歲，拼死抵抗。

井上中尉帶著武田與大島兩名班兵，死守在機關槍陣地上，三人已經一天一夜沒睡。他們原本是駐紮在中國東北最善戰的，海上機動第一旅團。經過與美軍連番血戰，擊破美軍不少裝甲車，對美軍造成重大傷亡，但八百多名戰友們也幾乎傷亡殆盡。

轟隆炮響，在機槍陣地週圍爆開，飛蝗般的子彈從三人頭上掠過。美軍對守島官兵最後據點展開攻勢，戰友們一一倒斃。三人守備的機槍陣地瘋狂反擊，好不容易打退了一批美軍，但美軍攻勢不是受挫，只是重新調整。三人暫時停歇，這短短五分鐘，對三人而言，就是最寂靜甘美的休息。

井上喝了一口水，苦笑著說：「看來我們是死定了，本島皇軍幾乎全數陣亡。其他島我看也是凶多吉少。有什麼遺言，趁線在快說吧。」

武田呵呵笑說：「遺言？說了又怎樣？你能帶回去給我家人嗎？」說罷井上也呵呵笑了出來。

大島卻哭了出來：「我想回家……」井上說：「你家在歧阜縣對吧……我也是……」

大島搖頭說：「是歧阜，也是滿洲……滿洲事變後，我家響應關東軍的號召，從歧阜移民到滿洲的長春，有一個支那老婆。那裡的高粱大豆，要是能再吃一口，戰死也就沒有怨恨……」

只聽見井上哈哈大笑，這笑聲帶著慘苦，說：「這裡只有蚊子螞蝗，是牠們吃你……」武田也哭了出來，問說：「井上中尉，你讀過書。我能問你一個問題嗎？」

井上慘笑著點頭說：「快問，不然就沒機會了。」

武田說：「支那大陸這麼好，我們每場戰都打贏，支那政府都快垮了，我們丟下他們，跑來這荒島跟美國作戰幹嘛？」

井上愣了一下，搖頭說：「聽說是因為資源不夠的問題。」

大島哭著說：「那是東條英機說謊！支那大陸有煤礦，有鐵礦，有石油！我哥哥在滿洲當過礦工工頭，他說支那的礦產很豐富！河北省石油田豐富！山西省煤礦用不完！我們被東條英機騙了……被鬼畜英美的說法騙了……東條被支那人收買，已經賣身給『嗆咕碌』，幫支那人害死皇軍……」

另外兩人也跟著要痛哭流涕。然而美軍又發動攻勢。三人高喊天皇萬歲，持槍迎戰，機關槍狂掃，但美軍火力更猛，砲火齊發，三人也都陣亡。

美軍攻破馬紹爾群島諸多島嶼，殲滅數萬日軍後，突破了日軍外環防線，從此處為基地，繼續向中太平洋日軍內環防線進發。一九四四年六月，美軍五百多艘各式艦船組成的龐大艦隊，共十二萬陸海空精銳部隊，進攻日本內環防線的馬里亞納群島。日軍也集結了所有主力航母編隊，與美軍展開大規模海、陸、空決戰！而在歐洲，諾曼第登陸作戰也正展開，英美聯軍從法國西海岸登陸，開闢了歐洲第二戰場，納粹德國即將遭到東西夾擊，承受滅頂之災。

馬里亞納群島中，塞班島。

當地蚊蟲令人難以忍受，日本當地戰鬥部隊因而流行登革熱，雖然防禦工事不斷加強，但是戰力已經開始衰弱。當美軍飛機開始轟炸，日軍的空中武力已然難以招架，制空權很快就被美軍奪取。就在轟炸同時，美軍艦隊艦砲也同時開火，島上一片焦爛。

島外栗田中將與小澤中將率領的第一機動艦隊來援，擔任打援艦隊的美海軍，擺開了三十五英哩長的艦隊陣，原本日軍要以艦隊對島嶼往返穿梭的戰術，以拉長艦載機的航程，打掉美軍航母。但日軍飛行員素質已不如以往，飛機性能也不如美軍，所以航空隊傷亡慘重，僅擊傷一艘美軍航母。

島上，日軍少佐田中，帶著所屬五百名官兵躲在防空洞，忍受著天搖地動。忽然砲火暫歇，通訊兵報告美軍登陸艇衝來。田中少佐抽出武士刀，對所屬官兵喊：「衝啊！殺光鬼畜英美！」

所有官兵衝出防空洞，就掩體戰鬥位置，對海岸外的諸多登陸艇掃射。其他單位的日軍也紛紛架設槍砲迎戰，雖讓美軍頗有傷亡，但是仍然擋不住美軍登陸。田中少佐跟隨著其他友軍發動反衝鋒，結果被美軍猛烈的砲火擊潰，傷亡慘重，退往塔布喬山，該單位被分配在一個洞穴內。

大家都累倒，趁著夜晚睡成一片，外頭還是有槍砲聲，洞內不用點燈，外頭的照明彈炫光，如同白晝一般，田中少佐對下屬松井少尉抱怨：「本支隊只剩下這五十人了……還能打嗎？」

松井主管通訊，渾身灰煙，呆滯著神情說：「上頭不斷命令，要替天皇玉碎。不惜一切代價，必須死戰到底。」田中望著洞外，也呆滯著神情苦笑說：「玉碎？不惜一切代價？還能有什麼代價？不過就是我們這些人的命。」

松井也開始苦笑，這笑容有點傻，但卻是由衷地發笑：「少佐，你在支那戰場待過嗎？」

田中慢慢地轉面看他，四目交錯，微微的點頭。

松井問：「我沒待過，但是聽人說過支那的情況。那邊的皇軍很輕鬆，完全不用擔心支那兵進攻。支那兵也很輕鬆，因為皇軍也不進攻了，都是打一些小仗，應付上級。為什麼兩邊戰場差這麼多？」

田中搖頭說：「我不知道，我在中支那派遣軍待過，參加過武漢之戰。我在日本的老婆當時跟別人跑了，聽說支那四川的姑娘很漂亮，還以為攻破重慶，支那投降之後，可以娶一個支那姑娘，以後就住在重慶。沒想到武漢大戰後就調回本土，珍珠港之後進攻菲律賓，最後來到這，聽說重慶到現在都還沒攻破。」

松井抓了地上一把沙，丟往洞外，笑了起來：「哈哈哈哈，笨蛋……大本營……」

田中並不生氣，也跟著松井笑了出來：「東條，內閣，大本營，哈哈哈，支那，重慶，美國，太平洋……哈哈哈……」

就在兩人笑聲的同時，塞班島外的海戰也將開打。美軍潛艇與航空母艦，先後逮到了日軍航母艦隊的蹤跡，經過一場海空軍大搏殺。日軍艦隊都是使用高揮發輕甜油，沒有優良的滅火系統，一彈就燃起大火，一場大戰雖打落不少美軍飛機，但日軍艦隊幾乎覆沒，殘艦北逃。日本守島官兵，失去了外援，只是一支孤軍了。

為鼓勵部下進行玉碎，於是日方島上高階指揮官，包括南雲忠一中將，其參謀長矢野英雄少將，日本陸軍第四十三師團師團長齋藤義次中將，與陸軍第三十一軍參謀長井桁敬治少將，於七月六日一同自殺。大本營要求日軍不許投降，要發揮大日本皇軍武士道精神，戰到最後一人一彈。

一場激戰下來，田中與松井帶領所屬殘兵，躲在山上掩體內。

松井宣告大本營通電說：「大本營不許我們投降！要發揮大日本皇軍武士道精神，戰鬪到最後的一人，一彈！哈哈，大日本皇軍武士道精神，就是放棄重慶，來太平洋。哈哈……」

田中哈哈苦笑，松井也跟著苦笑，所屬殘兵目瞪口呆。

彈藥用盡，糧食飲水也快用光，上頭集結命令下達，所有日軍帶著殘存的彈藥發動決死衝鋒，滿山遍野衝下山，撲向美軍陣地。

美軍機槍砲火齊發，日軍官兵成片倒下。所剩日軍殘兵陷入絕望，集體拉響手榴彈自殺。島上的日本婦女，開始集體跳崖自殺以殉節。美軍官兵見此大驚失色。

松井與田中跟著最後三千人，發動最後的決死衝鋒，美軍火力又飛蝗般撲來，倒斃了一片日軍官兵。松井踏屍而上丟出手榴彈，炸掉一挺美軍機槍，炸死三名美軍機槍手後，自己也被流彈打死。田中得到掩護，揮舞著武士刀，跟著所屬士兵殺到美軍隊伍中，左劈右砍奮力搏殺，美軍官兵措手不及，一下被日軍打死四百多人。但美軍後續火力打來，田中左右官兵全數陣亡，最後田中高舉武士刀時，被亂槍打中。仰倒在地上，血流滿面，苦笑：「笨蛋！！本來去重慶，跑來太平洋。」而後斷氣。

塞班島被攻破，提尼安島接著被美軍猛攻，雙方激戰後，日軍幾乎全部陣亡，少數被俘投降，美軍控制了提尼安。緊接著艦砲飛機被飽和轟擊關島，五萬重兵大舉登陸，日軍已經難以抵抗，死戰五天之後幾乎被殲滅。守將高喊『天皇萬歲』後，自殺。

內環防線被攻破，美軍可以直接轟炸日本本土，全日本震動，東條英機不得不下台，由主和派的小磯國昭組閣，代表天皇對主戰派的一場投石問路。

東條英機下台後，東條英機的家人，充滿了恐懼，因為日本各界大家都盛傳，發動太平洋戰爭的東條英機在戰後，肯定會被人暗殺，所以沒人願意跟他們親近，以免遭到牽連。還沒戰爭結束，東條英機已經感覺自己將成過街老鼠，平時對他迎逢拍馬的政客，如今都躲得遠遠。

但對裕仁來說，東條英機雖然成了過街老鼠，但是還有更重要的任務要辦，就是在戰後要代替裕仁去受審，萬萬不能在此時被人殺，更不能讓他因失望恐懼而自殺。所以在他下台，沒人敢靠近他時，天皇要靠近他！立刻派人表示慰問，原本天皇的敕令使只在政府內部走動，不會跑到民間，但是東條英機如此備受天皇恩澤保護，從而他更是感激涕零。

東京，皇宮。

大本營參謀總長山杉元大將，來此報告太平洋戰場不利的狀況。冗長的報告，裕仁不發一語。直到山杉元報告終了，裕仁才發言。

問：「太平洋戰場失利，朕並不意外。現在是必須要堅持下去的時候，只要皇軍繼續堅持下去，做出本土決戰的打算，就會獲得最後的勝利。」

山杉元目瞪口呆，勝利到底在哪？但天皇玉音不可以反駁，只好低頭問：「目前皇軍失利，已經沒有戰略資源，可以把東南亞的物資調到日本本土，所以要堅持下去，恐怕有困難。既然東條首相已經下台，臣下建議開始跟美國議和，談條件。」

裕仁打斷說：「議和之事不是你的職責，你現在該考慮的是，怎麼長久堅持下去！」

山杉元趕緊鞠躬，然後道：「謹遵陛下聖斷。對於堅持下去，臣下也有考慮過，我們不如把支那的佔領區兼併。」

裕仁打斷道：「這是政治問題！不是你的職責！山杉！你到底有沒有搞清楚？」

山杉元其實早就知道裕仁的態度，剛才只是試探上意，但果不出所料，趕緊改口：「臣下的意思是，把支那的資源，抽回日本本土。純粹是戰略考量，不牽涉政治現實，況且東南亞的物資，已經無法從海上運回，可以打通支那大陸的運輸線，如此日本本土才有長久堅持的能力。」

裕仁點頭說：「這就對了，這才是正確的選擇。要知道，支那有了汪精衛，代表這已經『政治解決』。我們現在不要再去想什麼重慶。你趕快去計劃打通大陸運輸線，但這次屬於戰略攻勢，必須要有皇族的人參加，謹慎當中的戰略目標！名單朕會在另行通知，明白否？」

山杉元一聽，又是皇族要參加，代表這場大戰，又是一場政治焦爛，但嘴巴說不出口，只好鞠躬退下，乖乖去辦事。

中國戰場本來沉寂，國民政府苟且偷安五年，但隨著日本本土被轟炸，中國戰場便又鬧起戰事。日本陸軍部基於太平洋的敗局，不斷上書要求掃蕩中國大陸上的美軍轟炸機基地。眼看戰局即將明朗，而日本還需要再拖延一些時間，等待納粹德國垮掉，所以裕仁就批准了陸軍部對中國的『一號作戰計畫』。但這『一號作戰計畫』，是有限度地批准，主旨僅於減緩美軍的轟炸力度，以及運輸物資回本土，暗中劃了底線，不准進攻四川重慶。

中國大陸的日軍，自武漢會戰後，苦求五年多而不得的戰略總攻，終於獲得『有限度地批准』，裕仁自知蔣中正實在太爛，根本沒有抵抗能力，為了慎重起見，以免這些日軍打瘋了，局勢會控制不住，不小心把重慶攻陷，便派皇族東久邇宮擔任『監軍』掣肘。

面對日軍強攻，蔣介石手下果然消極抗戰，作戰意志十分薄弱。中原第一戰區將領一洩千里，怠戰數年的蔣鼎文甚至不戰而逃，全線崩潰，逃的逃，降的降。

薛岳自吹自擂的天爐戰法，也只會老套重演，當日軍要玩真的時，就徹底破功，日軍攻佔長沙。長沙被攻破後，日軍進而攻略衡陽，中國軍隊難得出現願意死戰的守將，衡陽將領方先覺率全軍死戰四十多天，蔣介石竟然只派小股支援軍隊應付戰局，對方先覺不斷求援，相應不理，最多派中美聯合空軍，空投一大堆蔣委員長的精神喊話手冊，要他們死守到底，做一個『寧死不降』的革命軍人。『寧為玉碎，不為瓦全』的喊話手冊，飄蕩在衡陽城上空。學日本軍方，要自己的官兵去『玉碎』。

可惜中國人不像日本人那麼好忽悠，沒有多少人會真的去『玉碎』。官兵們群起對空叫罵：「操你媽的，空投這些屁東西來幹嘛？老子們要彈藥還有食物！」

倒不是蔣介石不肯給資源，而是這些資源都已經被孔宋家族貪污精光，已經拿不出多少戰備資源。若要動重慶的戰備資源，又怕重慶之後會守不住，所以乾脆讓前線官兵去學日本皇軍的『玉碎精神』，拿命去填這個洞。另外，跟日本人的秘密談判，再度開始，日本再度威脅，假設蔣介石膽敢阻擋日軍打通大陸運輸線的戰略計畫，就要將他的賣國密約拋出去，給全中國人知道。

蔣介石遂鐵了心不肯增援衡陽。

蔣介石自知，這些愛國哄人的文章，已經慢慢失效，中國人不會真的去『玉碎』。哄的不行，只好開始用騙的。空投精神喊話無效，改派飛機空投『蔣委員長手令』，詐稱將有援軍，要方先覺堅守待援，很快就可以突圍。但實際上這些援軍，只在外面走走停停，根本不來救援。

『玉碎』一詞，雖是中國人發明的詞語，日本人肯努力去做，但中國人可沒幾個人真的願意去做。當方先覺等人發現，蔣介石的援軍只是個騙人手法。蔣介石要用自己的死，應付國內外的輿論，純粹是用政治在考量時，頓然變臉。

衡陽指揮所。

參謀長孫鳴全，跑進來對方先覺單獨談話，說：「老頭子的援軍說法，根本是騙人。看樣子他們是不來了。第十軍官兵們怨氣沖天，說那麼多我方的飛機在上面飛，為何不空投食物？軍長，我無法對官兵們解釋這複雜的狀況。」

說罷，長嘆一口氣。

方先覺氣忿地說：「老頭子拿不出物資救援，到底是什麼原因，我們都知道！他說的援軍，也是假的，根本就躲在城外，走走停停不肯來！我們的衡陽城，現在成了唐朝的睢陽城，你我成了張巡許遠了，你明白嗎？」

孫鳴全瞄了他一眼，露出詭異的苦笑說：「軍長，您準備要當張巡了嗎？」

聽到他語氣怪異，面色詭變，方先覺問：「你呢？參謀長，你準備當許遠了嗎？」

孫鳴全搖頭，繼續詭異地說：「我準備好了，要以身殉國，但我還沒想好……」

方先覺說：「沒想好？那就代表沒有準備妥當！」孫嗚全愣了一下，這話被他戳破了。

方先覺說：「孔宋兩家，在抗戰中，發了戰爭財，左擁右抱美女如雲。我們的弟兄拼死作戰，卻連飯都沒得吃，還得挨日本人的子彈。在這堅守了四十多天，外無援軍內無糧食彈藥，夠對得起國人了！你自己看唐朝的張巡許遠，他們最後得到什麼？城池被攻陷了，大家都死光了，唐朝皇帝還不是一樣繼續昏庸無道？」

孫嗚全露出笑容，這說中他想說的，頻頻點頭說：「軍長，這是重慶那群高官不仁在先，休怪我等不義在後！不如我們把狀況告訴弟兄們，直接放下武器跟日本人停戰！」

方先覺點頭說：「你去負責對日本人交涉！弟兄們交給我，日本人要替天皇『玉碎』，但我們沒必要替蔣『玉碎』。至於中華民國？算了吧！中國的朝代多的是……」

他名叫『先覺』，到現在才想通，其實是個『後知』又『後覺』的人。不過後覺歸後覺，總比不知不覺的好！於是兩人做出了明智的選擇，趁著守軍對重慶政府避戰的激憤情緒之下，方先覺與諸多將領率軍投降。日軍將領橫山勇聞之大喜，宣佈優待所有俘虜，只要交出武器，甚至給予一定的自由，希望後面的支那官兵們效仿，不要抵抗。

衡陽守軍投降，國內外輿論譁然，大肆抨擊軍委會對增援衡陽的消極。蔣才知道問題嚴重，趕快派戴笠與大批特務，找日本人談判，讓日軍暗中放走方先覺回重慶，假稱是國軍救出來的。然後不斷頒發『青天白日勳章』，安撫其不滿之心，宣稱他們是死戰到底的國民革命軍人，表彰其功績。

正在蔣對方先覺政治『摸摸頭』時，日軍繼續進攻，廣西省幾乎陷入敵手。李宗仁與白崇禧都拼命跳腳，大罵蔣消極，讓新桂系的大本營廣西被日軍佔領。但這牽扯跟日本人的談判，蔣當然不會對李宗仁妥協，日本人打掉廣西，等於藉外敵之手，除掉內部政敵。

中國各路軍隊接二連三潰敗，大家也跟著像方先覺一樣，學聰明了，知道孔宋家族與蔣的惡招，當然不願意當笨蛋，去認真抗戰，紛紛學你蔣吃敗仗時的口吻，高喊『戰略目的達到，空間換時間』，四處潰逃，華南日軍甚至兵鋒直抵貴州獨山，與越南突入的日軍會師，日軍的大陸運輸線打通，重慶震動。

蔣中正透過中央社報紙與廣播，不斷大喊，誘敵深入的目的達到，國軍準備要大反攻，但另外一面卻準備到成都，找他的空中逃跑路線。

美國羅斯福總統聞訊，知道蔣中正其實是避戰逃跑，非常憤怒，美國軍方抗議之聲不斷，接連催促中國主力反攻。蔣藉故推拖，繼續耍滑頭，只派小股軍隊去騷擾。直到美國以斷絕對華一切支援為要挾，蔣才勉強出兵，但這種反攻也有限度，棄置中原戰場，把主力往廣西調遣。若中央軍進入廣西，則李宗仁暨新桂系的地盤就會被中央控制。

為了讓中央徹底控制廣西地盤，防止李宗仁等人的干擾。不斷假稱重慶危急，要他去漢中建立新的反攻基地，將李宗仁從第五戰區司令長官的位置，調升為軍事委員會委員長駐漢中行營主任，改派去陝西，名義上是指揮第一、五、十等三個戰區，實則是虛設機構，將李宗仁明升暗降，削去兵權。那麼戰後他黨內最大政敵李宗仁，又無地盤又無兵權，就徹底被架空，無力對他唱反調。

這一號作戰，日軍一路從河北打到河南，進入湖北，打掉湖南，假裝沒看到重慶這個城市，反而進入廣東，深入廣西山區，打到貴州的獨山，進入雲貴高原。日軍繞了大半個中國，所向崩潰，中國軍隊接二連三潰敗，幾乎沒有反攻的力量。在日本已經喪失軍工力量的狀況下，在日本精銳主力都在太平洋覆沒的狀況下，在駐華日軍失去本土支援的狀況下，在美國用駝峰航線不斷供應武器給中國軍隊情況下，蔣介石仍然連吃敗仗，比抗戰初期都還不如。抗戰高喊『空間換時間』的戰略騙局，連美國人都已經不相信。

本來重慶要完了，但真正阻擋日軍打進重慶的，不是中國軍隊，也不是美軍，而是真正領導中國抗戰的裕仁天皇。這場一號作戰是武漢會戰後事隔五年，日軍在中國的頭一次大規模戰略進攻，從北打到南，橫掃中國上百萬大軍，一路鑽入山區捉迷藏，就是偏偏不管搖搖欲墜的重慶，然後命令大本營裡的皇族軍官們，學著蔣介石的口吻，高喊『戰略目的已經達到』。『監軍』東久爾宮稔彥王，對於日軍將領想要打入重慶的計畫，多所掣肘。

南寧，日軍指揮所。橫山勇，岡村寧次，畑俊六與東久爾宮稔彥王在此開會。

橫山勇，岡村寧次，畑俊六三人，相互對眼，他們知道在大本營諸多牽制下，中國戰局能如此勝利實屬不易，最主要不是中國軍隊抵抗，而是自己人掣肘，甚至在太平洋點火開戰。日本在太平洋戰局陷入慘敗，若不趕快攻破重慶，佔領全中國，然後回頭跟美軍作戰，那麼日本將大難臨頭。

橫山勇故意在戰略會議中，插上一句說：「支那如今潰不成軍，重慶震動，蔣介石已經準備要逃離重慶前往成都。我們應當集中兵力，分兩路切入四川平原，然後在重慶城下會師，繼續追打蔣介石，直到他垮，以達成五年前沒執行的，『第五號作戰計畫』之戰略進攻。」

畑俊六正要附議，東久邇宮稔彥王立刻跳腳，打斷說：「等等，運輸線打通！此次一號作戰的戰略目的已經達到，重慶已經不再重要，我們應當立刻撤軍！」

這口吻簡直就是『支那的蔣介石兵法』，在場三位日本高級將領，聽了差點昏倒。但他是皇族身分，可以說是天皇分身，三人有所顧忌。岡村寧次看了畑俊六一眼，希望他說話，但見畑俊六隱忍不發。

橫山勇已經忍不住，於是說：「殿下！日本本土現在危急，美軍節節進逼，若不趕快打敗支那政府，讓蔣介石投降，我們……」話還沒說完，東久邇宮稔彥王就搶說：「這種戰略問題，不是我們這個會議桌可以決定的。必須天皇陛下聖斷！總之立刻撤兵，此次戰役以勝利告終。」

『天皇陛下的聖斷』，日軍在華的將領已經領教了很多年，當然知道最後『聖斷』的結果，重慶就會變成永遠拿不下來的，『天空之城』，中國戰場等於永遠打不完。

畑俊六終於忍不住了，發起了脾氣，大聲怒道：「東久爾宮殿下！你難道要置日本子民於不顧嗎？我們從支那事變開始到現在多少年了？原本勝利在望，而今戰局卻被搞成這樣一蹋糊塗，還因此鬧了一個，給日本造成大災難的南進政策！日本子民天天飽受美軍飛機轟炸！今天殿下若不給我們一個交代，我就在這切腹自殺！鮮血濺在你的臉上！讓你永遠洗不掉！」

東久爾宮稔彥王愣了一下，其他兩人也都吃驚。會議室氣氛凝重，稔彥王與畑俊六互瞪了一分多鐘，稔彥王終於軟化，慢慢地點頭說：「好，看在閣下對日本如此忠誠，我可以告訴你，我所知道的事情。但是真相到底怎樣？你只能自己去問天皇陛下。而且你們三人得以軍人的尊嚴，掛保證來答應我，絕對不能將我講的話，洩漏出去！」

畑俊六說：「我以性命保證，絕對不透露一個字！」橫山勇與岡村寧次，也如此附議。

稔彥王於是點點頭，小聲地說：「好，你們準備好，我可要說囉。」會議室眾目交對，顯得異常寧靜，稔彥王慢慢說道：「我收到陛下給的指令是，可以在支那打仗，也可以打勝仗，但是絕對不能把支那政府打垮，絕對不能進攻重慶，更不能征服支那。我們寧願讓美軍佔領日本，也不讓日本佔領支那。」

此語一出，晴天霹靂，耳鳴轟響，讓三人神情呆滯，瞪大眼張開嘴，半天說不出話。

畑俊六掉落手上的指揮棒，雙手麻痺，岡村寧次癱軟在椅子上，頭歪斜一邊，橫山勇冷汗直流，頻頻拿起手帕擦臉。不過讓他們百思不解的事情，總算有了一個初步的答案。

這句話雖可怕，但也徹底解釋，日本從皇姑屯爆殺張作霖事件後的政治亂象，以及蘆溝橋事變後，種種無法解釋且古怪的政治宣告，怪異的人事調動，以及日軍大本營完全不合理的戰略佈局。更解釋了為何重慶差點就要攻下，卻轉移焦點，大發主力去推動南進政策，偷襲珍珠港，大鬧太平洋，跟美國佬打到大半個地球都滿天硝煙。

三人呆若木雞，愣是動彈不得，只能瞪大眼看著稔彥王。

稔彥王露出僵硬的微笑，接著說：「我以前也曾對支那的事情，大感困惑。明明進攻支那每戰必勝，佔領全支那不成問題，但是政府卻拼命喊和平，把支那的戰事稱為事件，不斷宣佈要和平解決支那事件。陛下也明明知道，日本跟美國打這種大規模殊死戰，不可能獲勝，為何還要在支那戰局背後節外生枝？而且打美國人，怎麼就直接將之定義為戰爭？直到我接替閒院宮載仁親王的任務，即監督戰局，陛下與皇族的長輩，讓我參加了一次秘密會議，才透露了一些實情給我。」

岡村寧次終於忍不住沉默，抖著手奮力拍桌問：「殿下…可否告知…為何陛下會有這種上意？我們絕對不會說出去。」

稔彥王聳著肩說：「若是三位真的替日本擔心，那就立刻撤軍，保存實力回日本本土。我的皇族親緣，比較疏遠，也許我這一代就要被迫取消宮號，變成平民的身份……但假設換作我當天皇，從小接受皇統秘密教育，我也可能會這麼做。陛下只告訴我說，不想要皇族的後代子孫，跟滿洲的溥儀一樣，最後一無所有。我說這話，你們應該聽得懂。」

三人聽了之後，全呆滯在椅子上，原來自己效忠的天皇，根本不想要讓日本打贏中國，甚至希望日本慘敗在中國人的面前。

岡村寧次整個人倒回椅子上，徹底癱軟，回想他之前代表日軍，逼迫蔣介石的代表簽訂塘沽協定時，曾經恥笑中國人可悲，領導人蔣介石成了日本內應，對日軍進逼步步退讓，中國人雖想要反抗，也無可奈何。沒想到自己效忠的天皇，一言不發，變成比蔣介石還要更大條的中國內應，以致他連反抗的態度，都無法拿出來……

稔彥王歪了頭，雙手翻開向上，似乎事情事不關己，苦笑著說：「各位在中國作戰都很長一段時間了，熟知從滿洲事變以來的政治與軍事形勢。剛好三百年前，滿洲的清軍入關，當時八旗軍才不過十萬人，秋風掃落葉一下定鼎中國，其順利的態勢，讓當時的滿人統治者，都難以置信。而我日本所遇到的條件，比當年滿人更好，甚至一開頭，不用打一仗就併吞大片領土，中國人甚至幫著我們佔領中國領土。倘若天皇真想要征服中國，重慶早就在五年前武漢會戰後，就已經遭到激烈的戰略圍攻，也早就打下來了，現在的首都就不是在東京，而在北京，或南京，或是洛陽，享受大陸豐富的礦產資源，成為世界上的超級強國。不會去扶植沒用的溥儀，更不會去捧中國人痛罵的汪精衛，更不可能挑起連山本五十六都反對的太平洋戰爭。代表陛下就是不想跟滿人一樣。在我們皇家看來，中國是最特殊，也是最可怕的鄰國，日本征服中國，跟中國征服日本，最後結果是一樣的，都是日本成為中國的一部分。所以你們不要再想什麼四川平原，更不要再想什麼重慶。很快的，連同華中、華北、內蒙古、滿洲，甚至是台灣，都要還給中國。明治維新富國強兵的時代，就像江戶時代一樣，都要過去了。總不要逼我拿出天皇陛下的聖諭，給三位過目，才願意退兵吧？」

連台灣都要歸還，三人更是驚雷乍身。

無間者，曰無時間，曰無空間，曰受者無間，無轉無窮，所有時空的因果轉授，三人終於感受到這無間至道的巨大壓力。老子說大盈若沖。故此『無』，又可稱為『全部所有』，即所有時間與所有空間，產生出來的結果，給承受者。

橫山勇與畑俊六聽了之後，也跟岡村寧次一樣，全身癱軟，倒在椅子上，如晾在架上的衣服，動彈不得，三人眼神呆滯，下巴落了兩公分，難以回復一句話。

稔彥王微微一笑，食指指天說：「聽天皇的！撤退吧！」

胳膊當然扭不過大腿，最後只能撤兵。畑俊六於是被調回國，裕仁曉以大義，然後頒發一級金鵄勳章，升為元帥，準備本土決戰的計畫，代表他終於深體上意。當蔣對方先覺，頒發青天白日勳章，作政治『摸摸頭』，要他理解為何要放棄衡陽之時，裕仁也對畑俊六，頒發一級金鵄勳章，作政治『摸摸頭』，讓他理解為何要放棄重慶。無間道的兩大內鬼，已經拼到了殘局。

不，還不是整體的殘局，僅是當下的殘局。

重慶，中國戰區副司令部。

裡面的的副司令不是中國人，而是美國人史迪威。這史迪威在早些日子，就已經跟蔣中正鬧翻臉。除此之外，還有被羅斯福派來中國協調問題的副總統華萊士。副總統華萊士客觀看了真相後，也非常看不起蔣介石。對於蔣介石的戰略騙局，他們都已經完全看透，甚至查出他與日本人秘密談判。史迪威在言論與日記中替蔣中正取了個「Peanut」的綽號，即笨蛋、沒用的小人物之意，還說蔣介石是中國第二個「葉名琛」，已經昏聵到如同僵屍。

這葉名琛是何許人？是中國遭遇英法聯軍時的兩廣總督，被英法聯軍抓走，國內譏之「六不總督」，意即不戰、不和、不守、不死、不降、不走。相臣度量，疆臣抱負，古之所無，今亦罕有。史迪威認為蔣的對日抗戰，就是持這六不主張。

史迪威先前指揮中英聯軍，擊敗日軍，收復緬北的密支那，但蔣在中國戰場卻一瀉千里，一敗塗地，屢屢不肯戰略反攻。羅斯福在美國白宮終於忍不住了，破口大罵蔣中正，連續發電報，以命令的口吻，要求蔣把軍隊指揮權交給史迪威。

史迪威收到電報，大為欣喜，跟副總統華萊士商議後，直接跑到委員長行營，把電文交給蔣中正，逼他交出兵權。

史迪威透過翻譯說：「蔣委員長，現在該是你考慮交出兵權的時候了。不是我吹牛，緬北的戰鬥都是我史迪威的功勞，你蔣委員長在中國戰場屢吃敗仗，甚至拿了武器躲在重慶，不肯出擊。為了中國戰局好，為了中國人好，你該要知所進退！讓我們指揮，籌組中國戰場的反攻。」

蔣中正看了羅斯福的電文之後，大為憤怒，但是自己又沒骨氣跟洋人對槓，鐵青著臉回答說：「中國的兵權應該由中國人掌握，不可能交給你美國人指揮。」

史迪威聽了翻譯說話後，立刻站起來，手指著蔣中正，語氣十分惡劣。

翻譯似乎不敢動，蔣知道他惡言相向，怒目對翻譯說：「娘希匹！他到底說什麼？」

翻譯被嚇了一跳，然後說：「史迪威將軍說，這是美國總統的命令。中國與美國都是同盟國，蔣委員長你是中國的一個上將，而我史迪威也已經被美國總統升為上將，所以我有資格統帥包括中國軍隊在內的同盟國軍隊。若蔣委員長想要抗命，除非你也是總統。」

蔣中正聽了也站起來，來回踱步說：「命令？我蔣某人現在不是總統，但我就是中國的領袖！跟美國的總統羅斯福是平起平坐，他沒有資格命令我。」

史迪威聽了翻譯後，指著蔣又說了一串話。

蔣中正怒目看著翻譯，翻譯謹慎地說：「史迪威將軍說，你不是中國的領袖，你只是一個地方軍閥，掛的軍階是上將。最多只能說你是，國民黨的領導人。在同盟國的框架下，你必須服從美國總統的命令。」

蔣中正聽了火冒三丈，但是國際之間是論實力的，但不管如何，也絕對不可能接受他當場來搶兵權，立刻對著左右侍從官說：「送客！」說罷正要閃身回房。

史迪威又脫口說出一串話。

蔣介石回頭怒目看著翻譯說：「他到底說什麼？」

翻譯說：「史迪威將軍說，他準備勸美國政府，跟陝北的共產黨紅軍合作。因為給國軍的軍事支援完全沒用，在中國戰場不反擊，總是吃敗仗，蔣委員長根本是拖累盟軍。」

還沒等翻譯說完，史迪威自己轉身離開。

回到房間，蔣中正怒火中燒，娘希匹髒話罵個沒完。急招陳立夫與陳果夫兩兄弟，前來會商，把電報給他兩兄弟看。

「交出兵權？不可能。你們說，該怎樣對付美國人無理的要求？」

陳立夫說：「委員長，您不妨直接回電給美國總統，說若真要奪我們的兵權，中國就脫離同盟國，自己單獨抗日。」蔣中正稍稍平息怒火，疑惑問：「這可行？」

答道：「美國總統肯定會做選擇，不可能因為一個史迪威，讓中美兩國交惡。」

蔣微微點頭。

果然復電給羅斯福，果然聽到中國要退出同盟，讓他吃驚，羅斯福權衡輕重之下，只有招回史迪威，改派與中國方面溫和派的魏德麥。

六門書判－美利堅海盜開始顯露本性，要先奪權，戰後直接捅入中國名正言順，接受日本人的佔領區當太上皇，進而一步步破壞中國文明結構，解散瓦解中華民族。即便買辦在旁邊聳動蔣中正接受，但蔣在此發揮靈龜指向本質，實際上是正確。而羅斯福發現中國不上當，而有退出同盟之虞，當然不會讓中國退出同盟。倘若如此，戰後肯定會倒向蘇聯方面。而利用國民黨滅亡中國的企圖，那將會落空。前版，一直認為蔣的這判斷錯誤，將會影響開羅會議，收回台灣之權。然而今長遠來看，蔣的這個反應，是唯一拯救國民黨政權的正面反應。美利堅海盜集團對此，肯定會用盡方法安撫國民政府，給予更多成本都會做，其隱藏於最深處的目的使然。然而，對國民政府而言，引起中華民族集體意識最大忌憚，並非沒達成騙日本人入主，抗戰能勝利，四先生也不會反對，畢竟大年腳本延續才是重點。最大忌憚就在戰後，跟美利堅的友好。

話鋒回頭，且說日本皇室如何佈局戰後政治格局。

東京，皇家密室。

裕仁雖然戰前就已經知道太平洋戰爭必敗，且將這戰敗當作一種延續皇統的策略，但畢竟兵鋒節節逼近，從迷海到星月的策略連慣性，『無有入無間』的具體演繹，還沒有起頭，自然是忐忑不安。

此時雖然是半夜十二點，但裕仁始終睡不著，一直在等星月與宮間犬二兩人到來。秒針滴答，分針滴答，時針在半夜十二點呼叫……

裕仁打電話通知夜間值班的侍從官，若星月與宮間來，馬上叫他起床。正準備睡眠，兩人就已經到。

兩人對裕仁行禮道歉，裕仁說：「好了，兩位不同於一般人，見到朕不必這麼多禮俗！

現在太平洋戰場與歐洲戰場的狀況，你們都知道了吧？」

宮間負責情報蒐集，在來皇宮之前已經都告知了星月。星月點頭說：「都已經知道，美軍已經攻佔馬里亞納群島。而歐洲戰場，此時英美等各國聯軍近三百萬人，已從法國西海岸登陸，如此則英美兩國與蘇聯，勢必在歐洲碰撞，局勢完全如我等在戰前之預料！九州的工業區已經遭到，起飛自中國成都的美軍重型飛機轟炸，從航程計算，馬里亞納群島一失陷，除了北海道之外，日本本土就全在美軍的重型轟炸機的攻擊範圍內。而美國必然聞到了蔣介石與軍方密商的味道，才會在成都駐兵，並且派高官駐防，相信就是要防範蔣介石與軍方私下媾和。」

裕仁先攤開大地圖，然後嘆氣說：「他為何現在還想跟軍方和談，這我們都已經知道，朕實在懶得再提蔣介石這個鬼畜！逼朕自毀明治維新，讓日中兩國兩敗俱傷，實在可恨！說說接下來皇統傳承吧！關鍵的時刻終於要來了！可以欣慰的是，英美兩國總算登陸歐洲，納粹德國遲早會被夾擊垮台，英美與蘇聯的對峙只是時間問題了！若這純粹是一般的戰爭，馬里亞納群島一失陷，日本海空軍覆沒，朕就會下詔跟美國求和，答應對方一切的要求，藉機瓦解大陸政策。但是在太平洋戰爭之前，大師就已經演繹出『四海同舟，風雨轉授』與『無間上綱，天道回返』的聯合運作。所以日本必定要等德國慘敗後，洞悉出德國戰敗後的歐洲局勢，來判定日本在下一個歷史時期，該如何運轉皇統傳承，才能宣告戰敗求和，皇統傳承才會安全。所以朕現在壓力很大，日本的抵抗意志雖然堅韌，但是戰力與工業科技卻沒有德國那麼強。且德國作戰以陸空為主，可以節節阻擋，讓敵軍進展一步都要遲滯許久。日本與美國這場仗，卻是以海空軍為主，一旦戰敗，島嶼就會被迅速攻佔，戰線就等於一瀉千里。朕怕日本在德國慘敗之前就已經支撐不住，且在中國的駐軍以戰養戰許久，還在死硬，是否要動用手段抽掉他們回國？情勢複雜，請大師分析，朕才好告誡大本營的那些人，該怎麼做才是！」

星月說：「戰爭態勢會走到今天這局面，一切都是我等在關鍵時刻，故意走了南進政策的必敗途徑。而會明知雖敗，卻做出如此選擇，關鍵又在於日本與中國之間複雜的問題，所以貧僧且先以中國戰局來分析。蔣介石對於現在這場世界性的大戰，態度已經很明顯，純粹就是保存實力，不願意主動出擊。以致中國現在兵力已達八百萬之多，武器也有美國大量提供，竟然許多戰線，還維持在太平洋戰爭沒有爆發前的對峙狀態。甚至他到現在已經戰局明朗時期，還派使節跟大本營的人秘密往來，除了保全實力，等待戰後對付他的政敵之外，還有另外一項因素，就是忌憚日本利用汪精衛，宣傳與國民黨的關係，將不利於他戰後的統治。原本貧僧也以為，可以從這裡大量撤軍，藉故回日本本土保衛，以提早瓦解大陸政策，但仔細思量起來，這萬萬不可！」

裕仁瞪大眼問：「何故？瓦解大陸政策，不就是我們主要目的嗎？」

星月說：「首先求和時機還沒到，美國高層已經想藉此次戰爭，大獲全勝，獨霸太平洋並染指歐洲與東亞，我們現在求和將很困難。再者，日本內部的激進派，也絕不願意在此時奉陛下的求和詔書，只會激起比二二六還慘重的兵變。這一切的出發點，都在於陸軍的激進份子，憑藉與孫文等人的密約，拖著政府拓展大陸政策開始，到與希特勒的結盟攤子這麼大，為了自身利益，他們已經深陷在這裡面不可能回頭。甚至還聽說，他們已經放出，太平洋戰場若戰敗，就要拖著政府遷都支那持續再戰！萬一真是如此，別說中國百姓，連我們日本扶植的傀儡政權，都會把我們當作落難者來對付，恐怕陛下屆時想當全中國的天皇都不可得，成中國人的俘虜而已。所以駐中國的那批軍閥，尤其死硬派，一個都不要他們回國。能抽調到太平洋戰場去玉碎，當然最好，不能抽調到太平洋戰場的人，就讓他們在中國戰場等著戰敗的消息，以免在對美國停戰求和前夕，發動兵變脅持陛下。至於日本本土的保衛，都由現在日本新編的力量去抵擋！島嶼前緣的玉碎戰，恐怕要加以演繹，強化抵擋美軍的進攻腳步。無論一切代價，都要讓德國的希特勒先倒下去，也讓激進軍閥底氣都洩光，英美與蘇聯勢力相互接觸，日本才能在下一階段得到真正安全！我們現在已經可以，把所知道納粹德國的一切機密都交出去，讓使節代表皇室以此為資本，在第三國與美國秘密談判，至少要爭取到，當日本被美軍轟炸的時候，皇宮不會遭到襲擊。只有皇家發動太平洋戰爭的根本目的，無論什麼情勢下，都必須絕對隱藏，不能讓美國人知道，否則若美國人洩漏出去，必將讓日本臣民的抵抗意志，大受打擊。更別說在下一個歷史階段，要如何保護皇室的永續傳承。」

雖然戰前就已經知道，要把德國拽來消費，但做到如此之巧損，現在就要把德國機密賣掉，徹徹底底消費德國，宮間也頗為一怔。見到天皇看著自己，宮間犬二便說：「臣下願意擔任密使的工作。」

裕仁說：「密使的工作，由你來主持，找一些皇親來合作。你是知情之人，就在幕後操控，不要站到第一線去。」宮間點頭稱是。

星月接著說：「馬里亞納群島已經失陷，美國的重兵就要接近日本本土，而德國距離戰敗還有一段時日，爭取時間為現階段要做的。貧僧觀察，美軍名義上的總指揮麥克阿瑟，實際上浪得虛名，並不擅長於真正的軍事作戰，所提的西南太平洋反攻計畫，完全是為自己挽回名聲，洗去當年隻身逃離菲律賓的惡名去考慮。尼米茲主張的中太平洋進攻，直撲日本本土，才是打中我日本的軟肋。所以我等必須讓美軍的主力部隊，依照前者的佈局去繞一圈。西南太平洋上，菲律賓一地為美國所最不捨，為指揮官麥克阿瑟認為的恥辱之地。不如我們就利用美軍這兩項戰略格局的矛盾，作球給麥克阿瑟去打，將主力艦隊調動到西南太平洋的菲律賓附近，引誘美軍主力往西南太平洋與聯合艦隊決戰，讓他們去玩逐島爭奪與叢林混戰的遊戲，必然可以換取大量的時間。另外，還能讓麥克阿瑟攬功，繼續主導太平洋戰場總指揮的職務，以利戰後我皇家利用。」

裕仁問：「美軍就一定會被引誘到西南太平洋嗎？若趁本島海域空虛，直撲本土而來怎麼辦？」

星月說：「不會的，凡打必敗之仗，必定爭取時間為敗後生存之運籌，此為皇家機關秘術，第六十五招『狠弱相易，影武調時』。從瓜島、塔拉瓦島到現在的馬里亞納群島，我日本皇軍玉碎死戰，不肯屈服的精神，美國人必然刻骨銘心。他們很清楚，要撇開海軍主力直撲本土，僥倖獲勝，已經不可能了。現在要徹底獲勝，只有穩扎穩打，憑藉強大的火力與海空軍團，把我日本海軍主力徹底打垮，才能安心進攻本土，不敢作出投機之舉。若現在攻破馬里亞納群島之後，就直撲本島而來，必容易陷入我分佈在各地的海軍與各航空兵團攻，加上陸地上的玉碎死戰，那麼美軍必然傷亡慘重，甚至就有弄險戰敗的可能。所以我們只要把海軍主力調動到西南太平洋，那麼美軍必然就直撲海軍主力而去，從而耗費時間，收復菲律賓群島。只要拖延到德國垮掉，陛下就可以尋找時機，宣佈終戰和平。轉入天道回返！」

裕仁點頭，然後轉面看著萬籟具靜，將受戰火波及前的東京，緩緩說：「拜託德國人，你們就快點戰敗，希特勒快點去死，朕好知道怎樣和平。李代桃僵！你死了，朕才能活！日本也快支撐不住了！」最後握緊拳頭，咬牙切齒如此吶喊著。

一九四四年十月，美國果然暫時先放了日本在中太平洋的軟肋，轉而進攻西南太平洋菲律賓群島。菲律賓大海戰即將展開。

日軍集中所有海軍力量與航空部隊出擊，為『截一號作戰計畫』。除了出動所有航空兵，甚至所有戰列艦，各類巡洋艦與驅逐艦乃至潛水艇也同時出動，大舉進攻，準備在萊特灣登陸的美軍。

美海軍艦隊層層攔截，雖給予重創，但仍阻擋不住日軍艦隊撲向美軍艦隊。

兩海軍在菲律賓外海域交相對射，進入黑夜甚至演變成混戰，雙方都無法進行敵我識別，只能聽到，所有的軍艦都在開火，看到目標就打。海面上雷霆萬鈞，砲聲隆隆。陸地上也不沉寂，日軍在萊特島集結四個師團，與美軍數個師激戰。同時日本出動『神風特攻隊』自殺飛機，協助日本艦隊作戰，希望如當年神風，吹散元朝艦隊一般，讓日本免於亡國。飛機見到美國船隻就俯衝撞擊，陸海空三處的日軍都發狂死戰，美軍官兵大為恐慌，見到日軍飛機就拼命射擊，全部都繃緊神經。

菲律賓的陸海空，飛滿了兩軍發射出來的砲火槍彈，從晝至夜都能聽到。

美軍憑恃武器與數量優勢，仍然大獲全勝，海上雙方激戰六天，美軍沉沒航母一艘，護衛航母兩艘，驅逐艦三艘，三千人陣亡。日軍被擊沉航母四艘，戰列艦三艘，巡洋艦八艘，十二艘驅逐艦，一萬人陣亡。經過此戰，日本海軍聯合艦隊主力，已經完全被打垮。美援軍不斷登陸菲律賓，山下奉文率日軍主力死戰拖延，美軍參謀本部似乎也看出，菲律賓雖然地位重要，但島嶼眾多，在這長期拖耗，等於讓日本能夠拖延戰敗時日。

是故準備暫緩菲律賓群島，浪費時間的逐島爭奪，繼續移兵攻打日本本土，但是從這一連串日本陸軍玉碎戰的經歷看來，貿然直接在日本本土登陸，必遭到日本軍民瘋狂地反抗，兩邊都不好投入全力，頗為尷尬。只好先投入大規模的戰略轟炸，把日本的作戰意志炸垮掉，以求解決問題。

更尷尬的是，日本天皇計算正確，麥克阿瑟死咬著馬尼拉不放，接二連三下死命令收復馬尼拉。先前，為了讓記者拍攝到他登陸菲律賓，實踐當初會回來的諾言，本來已經上了岸，故意又搭船出海，在媒體前再次登陸作秀，重覆放大拍攝。而進攻馬尼拉時，反覆對記者說：「快了，快了，馬尼拉正在向我們招手。」

馬尼拉城，原本山下奉文決定放棄此處，撤到險要處固守，令岩淵三地少將撤軍，但岩淵抗命不遵，決定死守此城，很多馬尼拉平民知道戰火將至，向外逃竄。一九四五年二月四日，麥克阿瑟急著對媒體宣布已經收復此城，要所有軍隊列隊遊行給媒體採訪，他認為馬尼拉的平民自由了，所以拒絕收容戰爭難民，把這些人趕回馬尼拉城。可此時兩軍的殊死搏殺才開始，令美軍高層大為驚駭，但麥克阿瑟堅持已經收復此城。

正是將在外，君命有所不受，羅斯福也拿他無可奈何。由於美軍已經包圍馬尼拉，無處可逃，在麥克阿瑟堅持下，馬尼拉平民被迫聽從麥克阿瑟指示，不得出城逃難，得在城內忍受著美日兩軍『列隊遊行』。麥克阿瑟強勢要求菲律賓內閣成員，在槍炮還未停歇的狀況下，到馬卡拉南宮，宣佈菲律賓立憲政府重新建立，他說：「我們的國家保持信念。我們的首都已經光復，它將成為遠東最自由的城市。」

在麥克阿瑟強逼宣布此城自由時，兩軍正作最後的殊死搏殺，炮火異常激烈，到處都是美軍與日軍打出來飛蝗般的子彈，噴火器四處發射，所有城市建築都倒塌燃燒，死屍遍佈，廝殺嚎叫不停歇，平民因而有重大傷亡。

不趕快消滅日軍，會讓麥克阿瑟難以下台，但他先前又已經宣布收復此城，不能用飛機狂轟濫炸，會被媒體報導出去。於是令美軍動用坦克與平射砲等重武器，轟擊抵抗的日軍，宣稱這是城外的日軍騷擾，美軍很快就可以剿滅，但是日軍碉堡堅固，因而戰事又繼續拖延，每條街每座樓都要經過殊死搏殺才能攻佔。終於在三月四日殲滅日軍最後抵抗，美軍陣亡七千多人，日軍一萬六千人陣亡，七十萬平民因而傷亡近半，許多是婦女兒童，一片殘破，滿目瘡痍，比當年的南京有過之無不及。

不過麥克阿瑟才不管這些，繼續宣佈此城自由，在媒體面前大作其秀。

美軍高層還是有頭腦清醒者，不跟麥克阿瑟玩菲律賓鬧劇。把焦點對準日本本土，展開空中打擊。日本死硬派也知道，美國下一步就可以進攻日本本土，已經開始煽動起『一億玉碎』的激進口號。

早在一九四四年年底，美軍重型轟炸機，超級空中堡壘，由馬里亞納群島的航空基地出發，開始對日本本土，進行戰略轟炸。不過天皇的密使發揮了作用，所有美國飛行員都收到上頭的指令，不可以轟炸日本的皇宮，為了防止這指令太引人注目，連帶具有歷史傳承的日本古都，京都、奈良古蹟，都不可以轟炸。面對美國這種高空轟炸機，日本軍方除了讓戰鬪機漫無目標向高空射擊外，毫無辦法。戰火已經燒到了日本本土，平民的傷亡持續擴大，不亞於當年侵略中國造成的傷亡。同時被罵成漢奸的汪精衛，也死於日本，由陳公博繼續主持，這個即將被用完即丟的傀儡政權。

日本皇宮。

當初反對南進政策的前任首相近衛文磨，以及接替東條英機的小磯國昭，前來晉見裕仁，希望在日本慘敗之前，說服裕仁反對戰爭。

近衛文磨說：「現在軍隊裡面的人，大多都是一個態度，就是繼續戰爭。但是也有理智的人，反對戰爭，看出再打下去，日本將會面臨災難。民間的輿論氛圍，也與當初進攻中國時不同，出現許多反戰的聲音，大多數人都認為至少要對美國停戰，從東條英機下台後的尷尬情況，便可知悉……」說到此，近衛文磨眼睛偷偷瞄了裕仁一眼，發現裕仁面色冷漠，似乎對他的意見沒有多大興趣。但而今南進政策已經被證明是一場大災難，近衛文磨仍堅持要說下去。小磯國昭則在旁坐著沒說話。

「如果我們利用這些反戰的人，去對抗那些堅持戰爭的少壯軍閥，局面就會改觀，不會出現類似二二六兵變那樣的事情。」

李代桃僵之策，還沒有收到效果，裕仁當然不願意停止戰爭，冷冷地搪塞說：「但若沒有創造出軍事勝利，就很難說服那些主戰者。」

近衛文磨已經忍不住，立刻反駁說：「臣下不這麼認為……」說到此再次偷瞄了他一眼，他仍然沒有任何表情。若非戰爭局面糟糕到這種狀況，近衛文磨是肯定不敢這樣頂撞裕仁，但此時他已經非堅持態度不可，不然日本將有滅頂之災。繼續說：「現在我們若立刻行動，一定可以停止戰爭，但若再拖延下去，等軍方的人把這些反戰者鎮壓下去，就很難……」

裕仁也打斷他說：「若是我們堅持下去，一定能夠打贏。我只怕一件事情，就是我們的臣民能堅持到那個時候嗎？」

這句話說得近衛文磨丈八摸不著頭腦，打贏？日本現在的狀況怎樣打贏？近衛文磨內心暗罵裕仁是個昏君，頭腦不清的渾帳，但面色上仍然嚴肅，想要繼續進言。裕仁不想多說，因為他內心的盤算就算說出來，近衛文磨也聽不懂。

近衛文磨又斗膽反駁：「聯合艦隊已經完全被打垮，本土遭到如此轟炸，臣下愚昧，實在不懂陛下所說，堅持下去的勝利在哪裡？」裕仁所說的勝利，當然不是近衛文磨所能理解的。轉移說：「就算我們想要和平，美國人也未必肯罷手。」

小磯國昭趁機進言：「蔣介石多次派使節來內閣，傳達說，只要從支那全面撤軍出去，並且把孫文密約與汪精衛等人處理乾淨，他願意替我們跟美國人轉圜，美國甚至可以駐軍在中國，以保我們日本不被美國駐軍。」見到小磯說話，近衛也就微笑，接口說：「是啊！有這個支那領導人，既然願意替我日本承擔問題，那是最好。讓支那人替我日本人承擔，我們就有機會可以對美國和談。」

從中國撤軍，銷毀密約，這些當然也是裕仁所望，但是中國若違反中美之間不對日單獨媾和的協定，美國必然會懷疑是日本從後搞鬼，戰後恐怕會有意外的差錯。況且裕仁已經打算，讓日本人替所謂的支那人承擔戰敗。

裕仁便站起來說：「你們怎麼還是糾纏中國的局勢，糾纏了這麼多年，還不清楚朕的態度嗎？朕不想談蔣介石這個人。」於是手一揮，示意他退下。

一九四五年二月中，為了保護主力轟炸機『超級空中堡壘』，在回航途中不遭到日軍飛機攔截，於是大軍進攻硫磺島。此時守島日軍已經不可能得到外界支援，本土甚至連支援的姿態都做不出來，因為已經沒有船艦，只有少量潛水艇對外圍打援的美軍艦隊做些騷擾。這種壓倒性的打擊，已讓許多官兵陷入在絕望中，但該島指揮官栗林忠道中將，曾經擔任過天皇警衛部隊指揮官，仍然決心死戰到底。

硫磺島摺缽山洞穴內。

外頭美軍艦砲砲聲隆隆，還有飛機轟炸，洞內不斷掉落灰土，整座山都在顫抖。美軍集中了龐大的艦隊與空中力量，集中最猛烈的火力打擊，整座島的表面幾乎沒有一塊完整的地面。所有日軍躲在坑道內，忍受這種窒息般的震動。美軍認為這座島已經被整個炸了一遍，日軍火力難以集中，便派大批登陸艇衝上灘頭，日軍從掩蔽部紛紛跳出來，集中所有砲火反擊，並以機槍掃射，成片美軍官兵倒下，陣亡在灘頭上。日軍趁勢反擊，美軍官兵死守灘頭，並復以砲火轟炸，雙方鏖戰到夜晚。美軍艦隊恐日軍偷襲灘頭，整夜發射照明彈，並夜晚仍對日軍陣地砲擊不休。

天色復明，美軍砲兵陣地架設完成，復以大量登陸坦克車，帶頭推進。但日軍砲火交叉密集，前進萬分艱難。伊藤大尉，帶領著所屬士兵死守機關槍陣地，復以迫擊砲阻擋美軍進攻。

一聲嘶叫逃回來五個火人，原來前面陣地被美軍火焰噴射兵的噴火器，整個燃燒，往後逃跑的五個官兵，伊藤大尉帶著班兵緊急撲沙滅火，五人哀嚎慘叫不止，已經無藥可救，苦求伊藤大尉槍殺他們。伊藤只好抽出手槍將五人擊斃。

美軍火舌也往這裡蔓延……

「開火！」伊藤大尉喊著，附近數個陣地機關槍同時射擊，平射砲也轟掉兩台美軍坦克，打死數名火焰噴射兵，但是位置曝露，馬上砲火就向這裡光顧，所有陣地頃刻焦爛，所屬士兵紛紛倒斃。伊藤受了傷，被人攙扶到一塊大石頭後，喘了口氣，原來是士兵小林救了他。美軍進攻暫歇，伊藤問：「你的戰技動作熟練，好像也不年輕了，不是新兵吧？」

小林答道：「不是了，本來已經退役，被強制徵調，第二次入伍。」

伊藤呵呵一笑，這不奇怪，日本兵員已經不足，手下很多士兵都是第二次入伍。隨口問：「先前在哪裡當兵打仗？」

小林答道：「支那，參加過進攻上海與南京之戰。」伊藤又笑了一聲，然後說：「我沒參加進攻支那的戰爭。聽說七年多之前的上海，也是一場難打的戰爭。」小林苦笑著搖頭說：「上海是有點難，支那兵數量很多，武器也很精良，但是南京就不是……」說罷喘口氣坐在他身邊。

伊藤問：「南京之後呢？」小林說：「九江，武漢都有參加，但是打得很順手，我們單位傷亡不多……很多支那兵被打了就逃跑，因為他們火力不強，只有輕武器阻擊。」伊藤哈哈笑說：「跟這場仗怎麼比？」小林苦臉說：「我們打支那兵，就像現在鬼畜美國人打我們，火力就是差這麼多……」

伊藤頓然沒了笑容，拿手帕擦掉臉上的血跡，緩緩說：「真怪，我們打支那不是很順利嗎？怎麼打了那麼多年，還慢吞吞沒結果？美國鬼畜打我們怎麼就這麼快？」小林說：「我也不懂……但我敢肯定……當時我們若繼續打，支那肯定抵擋不住……」

還沒說完，美軍攻勢又開始，兩人持槍反擊，打死一個美國兵，但火焰噴射器迎面撲來火舌，小林與伊藤全身著火。小林大聲嘶吼，衝上去抱住該名美國火焰噴射兵，一起燒死，與敵同歸於盡。

日軍拼死作戰一個月，發揮『大日本皇軍武士道精神』，寸土必爭死戰到底，美軍吃盡苦頭。最終在海空軍優勢兵力與火力的猛攻之下，終於把日軍逐各消滅，自身傷亡人數超過了日軍。

該島另一個司令，海軍少將市丸利之，將所剩六十名海軍守備隊集中，發動決死衝鋒。並且寫信給美國總統羅斯福，並稱：「白種人，尤其盎格魯薩克遜人，以犧牲有色人種為代價，獨佔世界資源，為何美國一個繁榮昌盛的國家，要把東方被壓迫民族爭取自由的運動扼殺在萌芽階段？我們所要求的，不過是把原屬於東方的東西還給東方而已。」

此信交給通訊，傳給美軍收下，美軍也予以保留。市丸利之與栗林忠道都在決死衝鋒中，或死亡或敗而自殺。硫磺島於是被美軍攻佔。

市丸利之這封信，若以中國人當中較為理性者的角度看，確實都是實話，也應該予以支持。無間者，曰無時間，曰無空間，曰受者無間。即受業者，並不知道自己的苦難，其真正因果根源在哪裡？所以無從改變，只能承受不間斷之業，中國先前曾經如此，日本而今亦復如是。

硫磺島被攻陷後，美軍的轟炸更為猛烈。

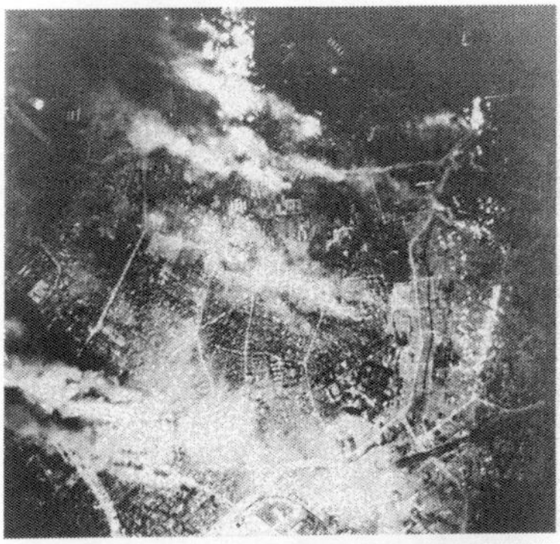

美國B29超級空中堡壘轟炸機，幾乎晝夜不停對日本本土投彈，日本四島各大都市，全部被炸了一遍，乃至於使用殘忍的燃燒彈。地面瞬間變成鬼域，火舌亂竄，四處都是焦黑。木製的日本房子，頓然噴出烈焰，居民奔狂嚎叫，哀鴻遍野。水池裡躲著許多人避火，但是火焰過猛，燃燒液體浮在水上燒，水池也都近乎高溫，可以燙死人。日本的高射炮根本打不到轟炸機群，戰鬥機也飛不到如此高空，只能盲目射擊，勉強擊落幾架飛機，並不斷組織滅火。其防空力量根本阻止不了美軍的轟炸、破壞與屠殺。滅火消防在瘋狂亂竄的大火面前，只是脆弱的籬笆，阻擋不住猛火肆虐。其慘況已經遠遠超過，當初日軍蹂躪的南京，以及狂轟濫炸的重慶。東京、神戶、大阪、名古屋等等，日本各大都市的百姓，其傷亡超過四十萬，間接死亡還不計算在內，重演了中國南京與重慶百姓的恐懼。

天明的東京，如其他日本的城市一樣，宛如人間地獄，四處都是死屍，有些屍體甚至是男是女都分辨不出。即便當年仇恨日本人的中國人，見了也為之鼻酸，有所不忍心。

皇宮外頭不少日本婦女，跪在地上，大聲哭嚎，苦求日本天皇下詔停戰。裕仁是有口難言，不敢出皇宮面對她們。皇宮密室外頭，整日整夜都聽得到美軍轟炸，皇宮密室已經轉入地下。

裕仁苦惱地對星月說：「宮間目前還在南美洲，與美國密使密談，但是我們又不能露底，只能取得不轟炸皇宮與古都的條件。戰後格局還是不明朗啊！現在硫磺島已經失陷，蘇軍進攻德國柏林的總攻擊還沒開始，希特勒還在頑強抵抗！這魔頭怎麼還不死？可是會拖累我們日本死更多的人！大師您說怎麼辦？」

星月神情凝重，低頭說：「貧僧有罪，造成日本皇國如此大的災劫。」

裕仁搖頭說：「不怪你！要怪都怪孫文與蔣中正，還有那些無視朕的意志，入侵中國的該死鬼畜！逼朕使出無間至道，替中國無間反擊！現在大師就想辦法，日本要怎樣繼續拖延，讓德國先日本倒下去？」

星月說：「日本擁有德國沒有的一個優勢，就是地處孤島，文化型態與美國截然不同，所以必然不會發生大規模倒戈與投降的事件。說來也諷刺，頑抗到底的決心，反而是軍部激進派的人幫了不少忙。當年大正天皇陛下，遵守迷蹤經規定的時節規範，白我架空，半人半神，但遇到中國的弔詭狀況，卻成了致命傷，使人鑽了空子，拉我們入主中國。我們若要脫離這種狀況，反而要充分利用這種狀況。陛下當動員全日本青年，在太平洋戰場上，作出拖延時間的殊死玉碎，讓陛下半人半神的體制，發出替換之前的最後光輝，那麼日軍的戰力將憑藉地勢，產生最強的拖延實力，則日本絕對會在德國之後戰敗。」

裕仁問：「宮間傳來消息，據美國高層人士透露，德國與日本戰敗之後，將要組成國際聯合法庭，必定會追究戰爭責任，要我們早作準備。朕倒不怕中國政府來追究責任，蔣介石的中華民國政府若不識趣，收回了包括台灣與滿洲在內的失地，還來追究的話。大不了一翻兩瞪眼，把密約掀給全中國人都知道，他這種樣子，在戰後還能不能穩定統治中國，恐怕都還不知道。但若美國人來追究責任，得讓誰來承擔才說得過去？皇家又要怎自保？」

星月說：「皇家不必怕美國人來追究責任。依照太平洋戰爭前所規劃，『無間上綱，天道回返』，戰爭時最大敵人為戰後最大盟友。當日本戰後需要美國，美國戰後也必然需要日本，而戰爭與司法都是政治的延續，美國若要日本穩定，皇家就必然可以過關。皇家只要緊靠著美國，就可以安然進入下一個歷史階段。至於西方輿論界追究戰爭責任，那當然是誰出頭組閣推動『南進政策』，就由誰來負責。先前兩張鬼牌與其隨眾，都該是要出來承擔的時候了。無論侵華戰爭還是太平洋戰爭，都能做到一切與皇家無關。」

似乎又感到不妥，想到近衛與小磯兩人的建言，於是問：「蔣介石雖然不敢進逼我皇家，但底下不知情的一批中國人，必然看不出來，朕在戰爭當中是大力支持中國的，必然會在戰後的國際法庭，給朕為難。又該讓誰去負責？」

星月說：「戰後國際法庭，必由戰勝日本的美國來主導，而能夠威脅皇家的蔣介石，有密約在我們手上，他又不敢進逼過甚。我們只要讓當初在中國大陸，聲名狼藉，殘殺中國百姓的日本軍官去負責，交給中國法庭去審判，那麼一切問題就過去了。」

裕仁點頭，想到近衛文磨與小磯國昭的建議，遂問：「如此甚好，現在大本營還在夢想著對中國戰略總攻，反正戰敗已成定局，從關東軍到全部的支那派遣軍，不可能還有戰力。據近衛文磨回報上來的資料，蔣介石現在還不斷地派密使去找內閣總理大臣，要求我日本全部撤退，放手讓他去打共產黨，盟軍那邊，他幫我們日本人求和打圓場。朕雖感覺他，現在是得了便宜還賣乖，不過若靠他轉寰，日本會不會比較好？」

星月說：「萬萬不可！否則皇室危矣！」

裕仁瞪大眼問：「為何？」

他答道：「蔣介石之所以有這種要求，不過又是回到原點，怕孫文與他的賣國證據，會隨著日本戰敗，國際追究戰爭原因，而被一起掀出來。或許我們日本人掀出來，也或許將會繳獲日本內部資料的美國人掀出來。戰後日本的善後格局，必然不是中國人說了算，而是美國人說了算！美國人在太平洋戰爭最艱苦之時，多次對蔣介石，拿了美國武器卻避戰，甚至與日本秘密談判，極度反感。變成戰爭都是美國人自己打，而蔣介石趁機保存實力。所以他去調停，美國人不可能會接受！」

又接著道：「美國人雖不會在乎蔣，但他們會認為，這是日本人在背後耍弄陰謀，從而我們派去與美國高層密談的管道，也會因此而堵塞，戰後皇室的安全，陛下就沒有底本。更何況美國若因此穩穩佔據中國大陸的利益，我們日本在戰後的格局中，對美國人而言，相對就不重要了，極可能會在戰後的責任追究中，犧牲我日本皇家，讓陛下去受審判。與美國的溝通若是堵塞，或美國對共產黨勢力的猜忌減少，那對皇家才是極大威脅。所以犧牲中國利益，以求轉圜，萬萬不可。況且，貧僧有一股預感，蔣介石政府在戰後支撐不了多久了，他不可能主導中國真正未來的走向。」

問：「從何推論？」

答道：「陛下應該還記得西安事變吧？之後的國民黨與共產黨合作，實際上是迫於我軍方的節節進逼，有滅頂之虞，才促成兩邊合作，這不是真心的合作。一旦我們日本戰敗撤出了中國，國共兩黨必然重新開戰。蔣介石基於身邊有很多漢奸買辦，其屈從的外國勢力將改為美國人。表面上蘇聯支持共產黨，美國支持國民黨。但貧僧認為，表面會與實質有所差異，蘇聯的史達林暗中會支持蔣，才能得到更多好處，以及對中國的領土要求。美國人則會因為戰爭時的經驗，壓制他們認為會敗事的蔣介石，轉讓共產黨能割據部分中國。總之外國勢力，絕不會樂見一個統一強大的中國，兩勢力再戰是必然命運。而據情報顯示現在的中國局勢，共產黨勢力已經在這段時間，大大地增長，有與蔣介石一戰的力量。而真正決定中國未來命運的中國百姓，已經在這十幾年吃虧當中，必然不會站在蔣介石那一邊，從而會倒向中國共產黨。貧僧大膽預測『超個體』，發現日本挑起太平洋戰爭，拼死也要脫離陷阱，會因為失敗而憤怒，將有大動作重新排列鬼局，中國改朝換代又將發生，蔣介石政權將與日本激進軍閥一樣，將被反潮吞沒。一旦中國共產黨推翻蔣介石成功，則美國企圖據日本進而控制中國的計畫，就將徹底失敗，對共產主義的威脅感，就會不斷倍增。美國將更保護我日本皇室度過這一歷史危機，皇室又將能運轉老子所云：『以其不自生故能長生』之道，等待再下一個歷史時期的轉折，把美國人趕出日本！」

裕仁點點頭說：「理解，戰後局面朕就不擔心。讓子孫等待下一個歷史時期的轉折！」

無間至道，陰陽相應，蔣中正此時恐懼密約曝光之心，比戰爭初期還嚴重，深怕日本軍方窮途末路，會狗急跳牆，把密件拋出來。雖說可以運用與美國人的關係，在戰後的審判當中，讓法官故意繞過這個環節，而日本也必然為保護皇室，不會把諸多證據曝光，這無間道的雙方內鬼還會互相掩護，無須擔心。然而，這就導致，蔣不可能很快就擺脫與美國人的關係。另外，蔣對於中共軍隊在這段時間的發展，更為忌憚，已經刺激到其身為亡靈的任務。

於是不斷派密使與日本內閣疏通，表示會出面與美國協調。

這暗示日本將戰敗，日本軍方的談判代表，大罵蔣介石狂妄，而裕仁早已打算讓日本替中國承擔慘敗，所以對此談判也不支持，三方繼續堅持自己的原案，談判最後不了了之。蔣介石希望中國人替日本承擔戰爭後果，裕仁希望日本人替中國承擔戰爭後果，隨著中國大陸戰爭與太平洋戰爭拼到最後一步，兩國內鬼也已經拼到最後一步。

美國高層這三年多來，看穿了蔣消極避戰，甚至與日本人暗通款曲。當年駝峰航線，運輸漫長艱辛，死了許多美國飛行員與印度搬運工人，把武器送到蔣介石嫡系部隊的手上，替他編組了五大主力，甚至搶下了空中優勢。結果蔣在中國戰場上，連一場進攻戰役都沒有主動開打，一城一地都沒有主動收復，甚至有秘密對日媾和的行為。除了拼命指責蔣無能，逼他派出援軍出戰之外，另一手秘密與蘇聯談判，準備出賣中國主權，讓蘇聯出手，打垮在中國東北的日本陸軍，以阻止日本遷都再戰的可能。

西曆一九四五年，四月十六日，凌晨前的黑夜，德國柏林。

斯大林要求德國首都一定要由蘇軍佔領，戰後才有更高的國家地位與政治發言權。蘇軍總指揮朱可夫，下達對柏林的總攻擊。蘇聯火炮群起發射，伴隨飛機轟炸，整個柏林大地都在震動。接著一百四十三個探照燈，打向德軍的陣地，德國士兵眼花目眩，蘇軍排山倒海衝殺而來。德軍頑強抵抗到最後，每一條戰壕與散兵坑，都有火力支撐點，由於德軍武器精良，蘇軍遭到頗大的傷亡。朱可夫下令坦克集團軍全部出動，前面的坦克車被炸毀，後面則頂著繼續推動輪軸前進，步兵則前仆後繼跟著坦克後面衝殺，攻克了澤洛夫高地之後，直接在此架設砲群對柏林市區狂轟。同時三個方面軍合圍柏林，德軍只能做垂死抵抗。

柏林在炮火與轟炸中，建築物倒塌，人民傷亡慘重，成了昏暗世界。接著蘇軍哨響，從四面八方攻入柏林市區。樓房、隱蔽的地下室、地下鐵道、排水溝壕等等，都為德軍提供了發揚火力的支撐點。因此，蘇軍不得不逐棟樓房爭奪，逐條街道攻取，每前進一步都要付出很大的代價。

柏林守備司令魏德林，向希特勒提出了守軍從首都突圍的計畫，並保證元首安全撤離柏林，他還報告說，彈藥只夠兩晝夜了，糧食和藥品幾乎告罄。陸軍總參謀長克萊勃斯將軍支持魏德林的突圍建議，認為從軍事的觀點看，這個計畫是有可能實現的。但是，希特勒意識到，他已徹底輸掉了這場由他發動的戰爭，他拒絕離開柏林，要在這裏堅持到他生命的最後一刻。

白俄羅斯第一方面軍所屬的第三突擊集團軍和近衛第八集團軍，逼進了柏林的蒂爾花園區，這個花園區是柏林守軍最後一處支撐點，由於該陣地有政府辦公廳、國會大廈、最高統帥部等，象徵第三帝國權力的最高首腦機關，所以，柏林守備司令部，把黨衛軍最精銳的部隊部署在這裏。蘇軍第八集團軍首先向該陣地發起了進攻，當天下午跨過了蘭德維爾運河，佔領了德軍的通訊樞紐，切斷柏林與外界通訊。深夜，第三突擊集團軍在庫茲涅佐夫上將的指揮下，向國會大廈週邊的內務部大樓發起強攻，德軍進行著絕望且最頑強的抵抗，戰鬥一直持續到二十九日深夜。蘇軍士兵源源不絕殺過來，德軍最精銳黨衛軍死戰到了最後，給蘇軍重大死傷後，全部陣亡。

西曆一九四五年，四月二十九日淩晨一時，希特勒宣佈與等了他十二年的愛娃・布勞恩舉行婚禮。婚禮之後，口述了他的遺囑，指定海軍元帥鄧尼茨為他的接班人，他決定自殺並希望他們夫婦的遺體在總理府進行火化。四月三十日下午三點三十分，希特勒與結婚才一天的妻子，在地下暗堡的寢室裏雙雙自殺，希特勒在服毒的同時，還舉槍對自己的太陽穴扣動了扳機。接著，戈培爾等人將希特勒和愛娃的遺體，抬到總理府花園的一個彈坑裏，澆上汽油進行火化。同一日，蘇軍衝殺到了國會大廈，德軍在國會大廈做最後無效的抵抗，死戰到底，最終被蘇軍全殲，蘇軍耶克羅夫中士與坎塔里亞下士，帶著旗幟衝了上去，在柏林國會大廈最頂層，掛上了蘇聯的旗幟！

戈陪爾請克萊勃斯將軍，打著白旗到蘇軍指揮部談判，史達林在莫斯科得到電報後，回傳最高指令：德軍只能無條件投降，不同任何法西斯份子談判。戈陪爾見到最後通牒，遂帶妻子與六個孩子一起自殺。鄧尼茨只好派人與蘇軍及其他盟國簽訂，無條件投降書。蘇軍在傷亡三十萬人的代價後，終於徹底攻佔柏林，歐洲戰爭結束。德國領土則由蘇、美、英、法四國分佔。西方資本主義大國與蘇聯共產主義國度，兩大勢力在歐洲德國土地上接壤。

斯大林得知柏林被攻佔，希特勒自殺的消息，露出了笑容。此時這個亡靈，表面上重視歐洲戰後局勢，實際上心思都轉向東方。

六門書判－必然如此，既然斯大林同蔣中正一樣，同為亡靈。則必然要也必然能執行他要做之事，則希特勒最終不可能戰勝之。死拚之下必然斯大林笑到最後。而其在大年戰場上的立場，既然反正，則必然看四先生，是否還要堅持捧住另外一個亡靈蔣中正而拒絕他？而今戰爭到結束階段，必然要做出決定，密切觀察則為必然，然而依其亡靈特色，必然表裡不一，貌似最不在乎者為最在乎。

兩日後，東京地下密室。

裕仁得到柏林被攻佔，希特勒死亡，德國宣佈無條件投降的消息，終於開懷大笑。星月也喜上眉梢。

裕仁笑著說：「終於死了！他終於死了！德國終於戰敗了！朕當年佈局的『四海同舟，風雨轉授』終於有了成果。現在是要轉入『無間上綱，天道回返』的運轉時刻，才能達到『李代桃僵，金蟬脫殼』的目的！蘇聯與英美，勢必在下一歷史階段相互猜忌敵視！皇統傳承不滅，在此一舉！」

但接著想到日本當前的危險局面，轉而嚴肅地問：「蘇聯間諜在幾年前，就從美國那邊竊取了不少情報資料。聽蘇聯的史達林給的秘密消息，說美國早在戰前，就已經在研究威力強大的兵器，叫做原子能炸彈，最近將要進入試驗階段。而戰敗的德國人，不知道我們在暗算他們，還把原子能炸彈的情況告訴了宮間，說威力可以一次摧毀一座城市。史達林派人給的密報中，是說美國要是試驗成功，就有可能會使用這武器對付我們，你認為我們接下來該怎麼辦？」

星月聽了，也有些吃驚，趕緊說：「斯大林詭詐多端，但遇到我皇家機關，不過小巫見大巫。他會把這消息告訴日本，目的是要日本更加恐慌，全力戒備本土的防禦工事，蘇軍趁機參戰就可以減少阻力。但既然德國人已經證實，確實有原子能這般威力強大的兵器，那日本該是謀劃終戰的時候了。真正害怕的是，美國不知道日本挑起太平洋戰爭真正目的，恐會亂用此武器。接下來要抓緊洞察戰後歐洲善後的局面，在尋找日本安全途徑的同時，盡量穩住蘇聯，減慢他們參戰時間，還必須要讓終戰，對日本產生一個震盪。這震盪的大小，能讓日本侵華陸軍徹底投降，卻又不至於讓皇家動搖。共產主義的無產階級革命，長期以來為西方國家所厭惡，也是我們日本皇家所猜忌者。所以蘇聯參戰時間，與美國進逼的時間，要相互拿捏平衡。將這危機，化為戰後美蘇在亞洲對立的轉機，才能配合先前所謀劃的一切。」

裕仁又問：「以日本現在的實力，穩不住這個笑裡藏刀的蘇聯。若蘇聯突然翻臉打過來，衝得比美國還快，你說怎麼辦？」

星月說：「此點陛下勿憂，蘇聯參戰必從滿洲先著手，滿洲則在開羅會議時，就被美國規劃為，戰後歸還中國的領土。所以蘇軍的戰果，中國人會替我們日本去政治收拾，不會一下衝到日本本土。而蘇軍若真的衝到了滿洲，大陸政策的最主要基地瓦解，軍閥們洩氣的速度就更快，那我們就得立刻對美國停戰，開始與美國共同建立反共堡壘。實踐戰前的規劃。」

裕仁還不很懂，這『震盪規模』該怎麼拿捏，轉而又問：「宮間的談判已經完成，美國高層已經知道，日本投降有一個秘密條件，就是保存天皇制度。現在只差最後臨門一腳。雖然談判順利，但朕有點擔心，而戰後日本萬一皇室被追究責任，那麼我們主導這一切戰敗路徑，不就是自掘墳墓？怎樣抓住你說的震盪規模？」

星月說：「貧僧願意以性命保證，皇家可渡過這歷史危機。戰後責任不過幾個國家會來追究。首先，美國方面已經密談許久，甚至貧僧還把日本共產黨，將要回國赤化日本的消息，交給美國，美國談判代表果然憂慮這一點。所以最重要的美國，大致沒有問題。

至於其他國家，喊得最大聲的，必然是吃虧最大的中國，但是有孫文的賣國密約在手，別說蔣介石，甚至連中國共產黨都得有所顧慮！至於震盪規模怎樣抓，就看蘇軍是否參戰。蘇軍參戰，則如剛才所言，進入滿洲日本就立刻終戰。若蘇軍遲遲不參戰，就等美國大軍準備登陸作戰的前夕，來宣佈終戰詔書。只是依據不同的時間點，這終戰詔書的版本必須不同。此為『影武調時』的真義。」

裕仁點頭說：「理解了……」不過還有一絲不安，追問：「朕得作一個最壞最壞的假定。假設美國最後反水，有意要把天皇制度推翻，朕該怎麼辦？」

星月說：「若如此，也必然在美軍登陸，掌握日本之後，才有的舉動。那我們就施展皇家機關祕數，第二百九十一招，『抱敵入焚，化義重生』。屆時日本全國百姓依照現有本土決戰的組織規劃，都可以動員起來，形成各自集團，依據山脈地形，每一座山都是據點，連結成蛛網結構，與登陸的美軍死纏死戰。並且以毒攻毒，讓日本共產黨聯合蘇聯，在日本本土與美國對抗。陛下則可以游擊戰術，不僅纏住美軍，還給美軍造成重大傷亡，另外一手又不斷放話，願意與美國共同反共，使美國持續失血，使之既不敢用所謂的原子能炸彈，也不願放棄日本。同時立刻拋出問題的根源，即孫文與蔣介石密約，讓全中國人震動，打亂美國要用蔣介石控制中國的企圖，要蔣介石跳進來替日本調停，要國民黨政府去替我們擋子彈，把國民黨消費到死，同時讓中國百姓跳出來推翻蔣介石。並威脅要與蘇聯合作，從而在當中取得談判籌碼。美國若不想在戰後的局面，讓共產蘇聯搶了先手，攻佔中日兩國，就會好生對待我日本皇家。當然這只是備而不用，主要是把這一張底牌，給目前聯軍統帥麥克阿瑟知道，若不想日本混亂，不想共產勢力擴張，不想牽涉中國打亂東亞，影響到他自身的政治前途！就得宣告明確的政治態度，否則要他一起下火坑，真正的美日兩國交戰，才要開始！這一切政治責任，皇家就要死咬他個人來負責！麥克阿瑟此人，從他登陸菲律賓對新聞媒體作秀的表現，依貧僧之見，其政治性格遠比軍事能力強，所以他會奠定美國與日本，在下一個歷史階段的政治穩定基礎。如同當年幕府將軍的角色，替皇家渡過危機。無間至道，要延續進入美軍高層，日本的和平一定會到來。」裕仁總算安心下來。

這一切都如星月所料，唯一他沒仔細料到的，就是美國基於蔣的避戰，以及日軍玉碎戰的震撼，更要迅速結束戰爭，更不知道無間至道的複雜問題。從而有了多餘的顧慮，害怕日本遷都中國，撤往中國內地，繼續與美軍死戰，將會變成難以收拾的局面。於是出賣中國主權要蘇聯介入，隨後曼哈頓工程計畫又突然成功，轉而怕蘇聯實力大增，後悔先前要求蘇聯出兵的決定，於是提前投擲了威力強大的原子彈。

日本昭和二十年，八月六日，第一枚在廣島爆炸。震動了日本高層。

蘇聯對原子彈反應迅速，知道日本必然要投降，再不參戰，則從中國奪取的外蒙古，以及各項雅爾達密約的利益，將無法兌現。於是大舉參戰，進攻中國東北的日軍。

八月九日，第二枚在長崎爆炸。兩次共炸死十幾萬人，之後因放射線病變死亡者還

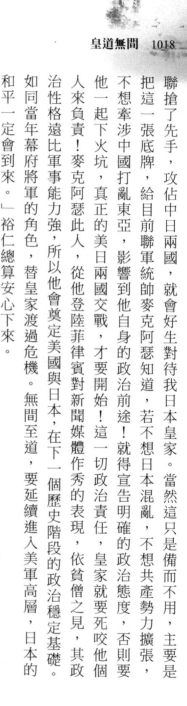

不計算在內。包含先前被轟炸的傷亡人數，日本的傷亡數字，已難詳估。投降的時機到了，於是裕仁招開御前會議，主戰主和三比三，畑俊六在廣島逃過一劫，此時在會議上堅持主和，表示日軍無法抵擋盟軍登陸，裕仁遂決定接受盟軍的公告。

八月九日當天，日本政府就有透過中立國瑞士與瑞典，將日本要投降的消息丟出去。但是少壯派軍閥，卻極力阻擾這消息。甚至企圖發動兵變，但是風頭已經改變，全日本的百姓已經陷入恐慌與絕望，不再是當年進攻中國前的情境，兵變逼宮已經無力組織起來，大局已定，誰也無法阻擾。中國的鬼降頭在裕仁引外力強力破壞下，終於對他失效。

八月十四日，命令鈴木貫太郎起草『終戰詔書』。

『朕深鑒於世界大勢及帝國之現狀，欲採取非常之措施，收拾時局。茲告爾等臣民，朕已飭令帝國政府通告美、英、支、蘇四國，願受諾其共同宣言。蓋謀求帝國臣民之康寧，同享萬邦共榮之樂，斯乃皇祖皇宗之遺範，亦為朕所眷眷不忘者。曩者，帝國之所以向美、英兩國宣戰，實亦為希求帝國之自存於東亞之安定而出此；至如排斥他國之主權，侵犯他國之領土，固非朕之本志。然交戰已閱四載，雖陸海將兵勇敢善戰，百官有司勵精圖治，一億眾庶克己奉公，各盡所能，而戰局並未好轉，世界大勢亦不利於我。加之，敵方最近使用殘虐之炸彈，頻殺無辜，慘害所及，實難逆料。如仍繼續作戰，則不僅導致我民族之滅亡，並將破壞人類之文明。如此，則朕將何以保全億兆赤子，陳謝於皇祖皇宗之神靈乎？此朕所以飭帝國政府接受聯合公告者也。朕對於始終與帝國同為東亞解放而努力之諸盟邦，不得不深表遺憾。念及帝國臣民之死於戰陣、殉於職守、斃於非命者及其遺屬，則五臟為之俱裂；至於負戰傷、蒙戰禍、失家業者之生計，亦朕所深為軫念者也。今後帝國所受之苦固非尋常，朕亦深知爾等臣民之衷情；然時運之所趨，朕欲忍所難忍、耐所難耐，以為開萬世之太平。朕於茲得以維護國體，信倚爾等忠良臣民之赤誠，並常與爾等臣民同在。若夫為情所激、妄滋事端，或者同胞互

相排擠、擾亂時局，因而迷誤大道，失信義於世界，此朕所深戒。宜舉國一家，子孫相傳，確信神州之不滅。念任重而道遠，傾全力於將來之建設，篤守道義，鞏固志操，誓必發揚國體之精華，期不落後於世界之進化。望爾等臣民善體朕意。』

無間至道，陰陽相映，結局亦然。

裕仁的終戰詔書中，多為漢語文言結構，多數日本百姓聽不懂全文，但要求子民一同『忍所難忍，耐所難耐』，去接受外國人的羞辱，這句話大家都能明白。這話蔣當年面對日軍入侵時，曾經對中國人喊過，而今換裕仁對日本人來說。

六門書判—兩隻烏龜王八局，互相給對方帶倒楣運。王八轉圜，轉到最後速度慢的先倒楣。

投降的詔書以最快速度傳出去後，日軍逐漸放棄抵抗，蘇聯則因為沒有完全佔領中國東北，認為這只是一般性投降宣言，不算是直接對日軍命令停止抵抗，所以蘇聯要繼續攻勢作戰。一直打到朝鮮半島三十八度線才宣告停止。

斯大林強勢作風，逼國共兩黨都只能乖乖依從，承認外蒙古獨立，才同意命令蘇軍，從中國東北地區撤退，讓中國軍隊進駐。蔣則靠美國大規模運輸能力，快速佔領各城市，這包括甲午戰爭時被割讓的台灣。陝北的毛澤東也指示紅軍全體出動，搶佔要地。

日本天皇的『無間至道』終於結束，皇家找到寺崎英成，他的太太與麥帥的秘書費勒斯准將有親戚關係，因此在麥克阿瑟的指定之下，寺崎英成就成了天皇與盟總之間的聯絡官，當『抱敵入焚，化義重生』的底牌，丟給麥克阿瑟看時，他果然對皇家態度，立刻轉變，與裕仁一同合照，表明了政治態度。日本皇室就有了第一張保護傘。麥克阿瑟的政治性格，使得裕仁的李代桃僵之計快速發酵。美國總統杜魯門，不得不考慮戰後要利用日本去對付共產黨，保護美國利益，於是決心保護日本皇室。天皇第二張保護傘，也立刻張開。

美軍佔領日本後，立刻保護天皇制度，順利讓皇族進入下一個時期。中國大陸的一群日本軍官與漢奸，是逼裕仁走到這一步的一群人，正是他最痛恨，一定要甩掉的對象，於是都交給中國軍法審判。至於日本一般的士兵與僑民，都運送回國。

東條英機、廣田弘毅等七人為甲級戰犯，接受東京大審。由於德國問題較為單純，紐倫堡大審判，較為順利。東京大審則有許多波瀾。美國要保護皇族，所以拖延不辦牽扯到南京屠殺的朝香宮。而朝香宮很識趣，知道自己絕不能拖累皇室，立刻脫離皇族，身份轉為平民，以茲切割。不過其罪責，美國還是依照與皇室的約定，讓松井石根與谷壽夫承擔。共有二十多人為乙級戰犯。該關的關，該槍斃的槍斃。陳公博、陳璧君、王克敏等漢奸，同樣也被審判。不是被槍斃就是自殺於獄中，同樣是『用完即丟』。

東條英機，在受審的時候，口供曾說漏嘴，表示他一生從未違逆天皇的意志。但是美國人暗中逼迫他改口供，改為他有違逆天皇意志，就是發動戰爭的問題上。從而裕仁更加無罪。東條英機在被各國聯合法庭處死前，引用孟子的話：「誠者天之道也，思誠者人之道也。」認為自己相信的東西都是一場夢。確實，被人用完即丟，自然也是一場夢。

廣田弘毅在死前，也作了漢詩「明月時至，清風自來」，認為「只要時候一到，自然會還自己清白」。也確實，無論戰爭的動機還是行動，跟廣田弘毅都無關，他只是在當時政治詭異的氛圍中，企圖跳出來緩和求利的投機政客而已。

七名被審判處死的戰犯中，東條英機與廣田弘毅，確實是無辜的。松井石根也是無辜者，南京屠殺事件與他並無直接關係，也是被牽連進去者。

頭山滿呢？在日本投降前一年，就已經死了，雖沒看到日本戰敗，但已經知道大局走向，大陸政策已經不可能成功，是否真的體察裕仁的內心，不得而知。

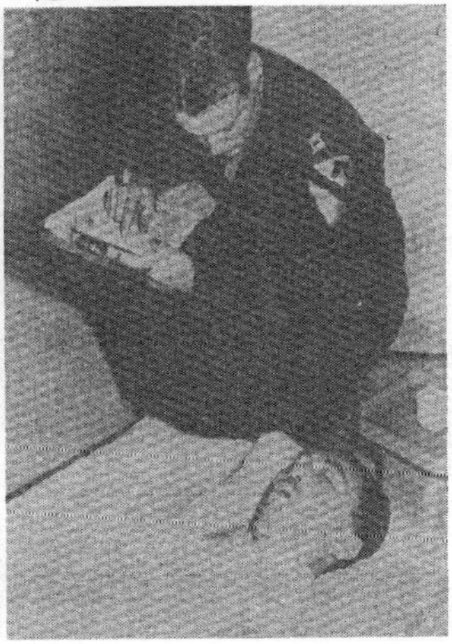

近衛文磨呢？他自知自己雖是貴族，但也必然會被裕仁拋棄，東條英機若是背負太平洋戰爭責任，自己就要背負軸心國結盟與進攻中國的責任。他雖然完全想通，為何裕仁當初死死不肯遷都中國，硬要搞這場太平洋敗局，而自己的十二代祖先也是天皇，一切非常諷刺，於是在戰後就服毒自殺。

橫山勇呢？戰後被關押，病死在東京監獄，沒有等到減刑出獄的日子。

岡村寧次呢？因為在南京審判獲判無罪。轉而替蔣中正辦事，共同合作反共。

直接指揮南京屠殺案的谷壽夫等二十多名軍官，戰後被中國軍隊所抓，在南京被槍斃，行刑時眾多南京市民圍觀。另有數千名日本軍官，被關押在中國監獄不能回國。

至於畑俊六呢？戰後被審，在東京關押了幾年，之後獲釋，共產黨佔領全中國後，梅蘭芳曾經到日本表演，他去看戲。也許他看到了內幕，知道日本的戰敗，原因就是天皇暗中幫助中國人，感嘆而又不能說實話，請梅蘭芳轉告中國共產黨，願意自己到中國被關押，換取數千名被中國政府關押的日本軍官。不過事情複雜，梅蘭芳不好處理，只能不了了之。

溥儀呢？本故事雖沒提到他多少次，但他是最經典的代表，從他身上可以發現更多的真相。因為裕仁的內心深處，常以溥儀為鑑。他當偽滿洲國皇帝後，從關東軍軍官的奇怪態度，悟了很多，猜到了裕仁不想入主中國，寧願犧牲成千上萬的日本人也不來，而硬要拉日本推動大陸政策的日本軍官，發現最終拉不動自己的皇上，為了自身最後的權力，便死死抓住他這個皇上，當作工具。

他可比東條英機等人清醒得多，知道裕仁這一套遊戲，是中國人常說的『死道友不死貧道』，這樣下去遲早他會被中國人整到趴下，便計畫逃亡到薩爾瓦多。本來計劃周詳，薩爾瓦多總統也非常地歡迎，但被身邊擔任警衛的中國人告密，引日本關東軍將其擋駕，趕走薩爾瓦多代表團，更加嚴密監控，逃亡計劃失敗。戰後發現自己真成了過街老鼠，人人要抓要打，已經不能回頭，猜到裕仁雖然戰敗，但還有自保之道，便要去日本找裕仁，要這個『道友』負責。於是宣告滿洲國解體，滿洲重回中國，如元順帝當年要逃之前的情況一樣，把自己祖先都丟給全體中國人，自己準備搭飛機逃到日本。結果又被中國人告密，引蘇聯軍隊擋駕，在機場被蘇聯軍隊扣住，送往蘇聯關押一陣子。聽說蘇聯人準備把他送回中國，嚇到他不斷苦求蘇聯人，讓他當蘇聯公民，並以某些蒙古人逃出中國到蘇聯為案例，但仍不被同意。終於有旁人知道，他先前逃薩爾瓦多不是要躲日本人，不然不會後來要去日本找裕仁，後來逃日本也不是要躲蘇聯人，不然不會求蘇聯讓他當蘇聯公民！

實際上……他是要躲中國人……躲他以前他曾統治過的子民……在千萬個不願意下，最後終於還是回到中國，回到北京……

請問你與你祖先都曾經當過中國的皇上，大體來說清朝皇帝表現得都不錯，為何你要躲中國的子民啊？

這問題溥儀不會直接回答，但從他被押回中國後的事實，告訴了大家原因。他回來後，已經是中國共產黨統治，中國共產黨將溥儀『重新改造』，接受他最怕又最痛苦的牢囚十年。

而改造他的地點，就選在撫順。撫順是什麼地方？清太祖努爾哈赤十三副遺甲起兵，開創大清朝之處！就在你祖先起事的地方，來改造你這個清朝最後一個皇帝！在這裡不斷地自我檢討，自己背叛了祖國，當了走狗，要洗心革面，『永遠跟著毛主席走』！原來皇帝也會有謀反背叛的罪。

在這期間連名字都不給你，被編號九八一，成為強力整肅的重點對象，比國民黨的牢友還更受折磨。以前中國皇帝的名諱是不能被直呼的，用一大堆尊敬的名號，而今被整到連名字都不給你，還讓你習慣九八一的編號。最讓他痛到受不了的煎熬是，面對一堆鬼在折磨你，給你最痛苦的經驗，你溥儀也必須面帶笑容地，開心接受。

終於毛澤東對別人提到了溥儀，認為他是該出來了。於是溥儀得到了上意恩准，才被釋放。以往的政治犯被關在天牢，日夜仰望希望皇上想到他，降下聖旨給他恩赦，清朝皇帝也常以此控制漢臣。這回換溥儀皇上，在長期的痛苦中，仰望別人的恩赦。

最後也曾回到那個紫禁城，又在北京植物園當園丁，繼續受各種鬼變臉孔的折磨，也曾被迫對人下跪。皇上也終於有跪人的時候。人生最後，想說自己也跪下了，鬼也都滿足了，一切都可歸於平淡。

溥儀飲酒澆愁，勞累苦悶，終於提早駕崩，火化安葬於清朝皇陵，但怕被清算，沒有人敢上廟號，也沒有陵號。駕崩多年後，滿人遺族才敢上了個尊號，清恭宗，陵墓為『獻陵』。這恭與獻，用得恰到好處，讓人想到宋恭帝與漢獻帝。宋恭帝趙㬎幼年登基，便朝代覆亡，漢獻帝劉協在一大堆人利用，把玩，脅持之後，被人拉下了皇位，溥儀兩者都吻合。

尤其這『獻』在古代的諡法，為聰明睿智之意，但用上這個『獻』的皇帝，實質都如其文字本意一般，獻出去之意。最後都是要『恭敬地』，把一切『獻』給鬼局的。

戰後，日本的『美軍幕府』時期於是開始。並且日本官方與所有正式文件，對中國的稱呼再次改口，不再鄙稱支那，而稱中國。

第二十章　無間回返兩龜局另態糾纏　重塑新局四先生追打靈龜

超個體真的存在嗎？這問題其他人不見得認同，但裕仁抱持肯定態度。倘若存在會是什麼面貌？

中國山海經中，繪製不少，中國古人對異世界生物的想像。當中有兩樣生物相當特別，一云饕餮者，甚麼都吃，只進不出。二云混沌者，無眼無口，不知道世界他物存在的形體，也不知道自己的形體，只以自身的意識去感應自己與他物的存在，因為無眼，所以它只能認知宏大的事物，無法辨識細微。超個體『鬼局』，很像兩者，但又不完全相同。中國幾千年忽大忽小，忽強忽弱，在吞食與成長當中，面對複雜環境的干擾，有時候會吐出食物從而萎縮，甚至會引它物來吞自己。以退為進，在它物體內重生，故云『饕餮吐食』，這不代表它不再吞食。在面對外力入侵，或內賊做亂時，自身細胞時常看不清真相，甚至會推波助瀾，幫助外界變化改變自己形體，但最後其本性什麼也沒改變，只是不斷排列自身鬼局，排列當中出現一雙雙鬼眼，這代表他不是分不清現實，故云『混沌開眼』。

無間時空回頭，以超個體角度，看一連串事件。

在超個體還在清朝的面目下，被西洋人入侵，被迫再次『混沌開眼』之後，它展開無間思索：

最後一個自源系滅門戰役，終於要開打，西方勢力夾帶基督教入侵，這只是敵方的傀儡系統，當下我的細胞必須保持無信仰狀態，決不能被你這種物質侵蝕！那就先鬧出一個假性被同化！跳出幾支鬼，操作極限，使整體對這種形態厭惡，如此我整體細胞就不會被這種強勢力量所同化，免疫。但這可能得亂一陣子……當下基於老大一門的前車之鑑，我老四不能還手，只能熬過時罩窗。

超個體於是饕餮吐食，鬧出太平天國，英法聯軍趁機入侵北京，俄國也趁機大舉侵略北疆。接著自強運動，甲午戰爭。

這什麼東西？日本？我的旁支系統龜局！你也有大年的體制。這不就從我身上學過去的？竟然會運用我應變比較緩慢特徵，展開了維新，也跟著我的敵人一起跑來打我？什麼？吞併朝鮮，佔領台灣，你也咬我一口？我知道了……你認為敵方勝算大，要倒戈過去？

從我身上學了些戲法，遲早也得教訓你。

對你這小鬼來說，重點並不在搶奪台灣，而是要用我先擋住西洋勢力，對我來說也是如此，得先把西洋的強勢力量解決，可以再回頭解決你。先設計一套劇本。屆時再收拾這種小鬼國。

什麼！日俄戰爭？竟然持續干擾我！但阻止不了，李二計畫，挑起歐洲傀儡們之間自相殘殺。等它們實力衰頹下去，就找你日本的麻煩。

這回真的惹惱了超個體……

真是可惱，可惡！既然如此，就重新排列鬼局，我乾脆轉移主要目標，先針對你！讓你來幫我達成目的。自我架空？半人半神？魍魎問景？

從我身上學的戲法！拿來賣弄！讓你見識一下真正的人性機關！你先前利用我來扛外敵入侵，現在我不止要你來扛，還要把你徹底吃掉。

超個體於是混沌開眼，幾場鬼變出現『中華民國』這個假像。青天白日投映日本太陽旗，滿地紅投影蘇聯紅旗，一舉勾串兩大外患。佈下了日本入主的必然路徑。

將來的歷史時間劇本，就應該是如此……如此……這般……

局已經設好，你的底層被我感染，我的底層無力反抗，就算你想逃，必然能拉你進來，你別想跑！

什麼？怎麼回事？太平洋戰爭？美利堅海盜。你跑來幫我幹嘛？我不需要你幫助！怎麼會出現這種干擾？關連對競？怎麼一定要我放它？我還是可以吃掉它的？為何我反而去選擇放了日本？

看來大年腳本，不得不做改動。倘若強拖，美利堅海盜這個敵方預備好專門針對我的毒牙，就要咬進來。還真得暫放過日本這烏龜王八，但你也別想好過。

怎麼辦？只有再犧牲一些細胞，打開鬼眼察看片刻，認清楚外界現在到底什麼狀況……

混沌開眼……原來是這樣……

撕毀誘餌！回收細胞！重新牌局！先止血，解決眼前禍害再說！啟動第二腳本方案，招魂系統一次倒底。

饕餮吐食失敗，於是再次混沌開眼，它頭一次發動最快速堅決的排列。

超個體為何要抓狂憤怒？運用諸多相反之因果，構出的虛無陣，好不容易逮到獵物，將要吞食，結果獵物竟然跑了，遺留的內部關連必然矛盾重重，失落者必生亂。故曰：無間失落，將有後亂。所幸，在最初就已經預備好第二方案。

既然『周公恐懼流言日，王莽恭謙下士時，倘若當時身既死，一朝真偽有誰知』，這一條已經失效。因為周公被買辦漢奸黑化，努力刮身上的汙染，其效率趕不上染黑的速度。只能徹底淘汰之，改換為『周公大成文明日，王莽改制失敗時，時代流轉罔顛倒，如何取捨六門知』。周公徹底失敗，改與王莽合作。

無間失落，超個體發怒，就伴隨老子所云，禍兮福所倚，福兮禍所伏。戰敗的裕仁地位穩固，戰勝的蔣介石地位反而動搖！相反的因果繼續延燒！美國控制日本之後，意圖進而控制中國，掌握東亞整體局勢。在蔣介石統治下，戰勝的中國，下場竟然跟戰敗的德國一樣。

早在日本侵華之時，對政治風向有高度敏感的斯大林，就已對日本政府佔領中國時的詭異態度起了疑心。這當中兩大疑點，讓其百思不解。然而其第二人格，早已經與中國鬼局談妥價碼。第二方案已經列在他面前。

在大年交戰腳本極其不利狀態下，只能答應亡靈王先生的要價，答應外蒙古暫不收回僅是見面禮。超個體繼續失血……

失血之處還不止外蒙古這個地方。

日本投降後，為了戰後歷史審判不牽涉無間道內容，蔣在不願意情況下也跟美國人配合，果然宣布『與人為善，不念舊惡』，表示支持保護日本天皇制度，並且不要一切賠償。另外蔣除了答應蘇聯，外蒙古獨立之外，也答應英美等國，中國本土可以被外國駐兵，英美軍艦仍可內河航行，美軍進駐中國各大城市，各國換另外一種形式，繼續保有領事裁判權。

蘇聯只是個佔便宜的，美利堅海盜是來要中國命的。蔣當然沒辦法搞清楚，其背後的亡靈雖知美利堅很危險，但還是被買辦導引接受。

除此之外，英國人重新進駐香港，法國人重回越南，掌握南中國海，上海租界區重新又劃分，與戰前狀況沒有兩樣。廢不平等條約，這又是被認定是騙局，美軍繼進駐日本之後，接著大舉進駐中國各重要城市，準備據日本而控制中國。

自己佈置出來的誘餌，變成開始毒害自己，超個體無法再忍受這麼多處失血，這將讓，整個民族向心力瓦解，若繼續下去，華夏民族真的會因此最終崩潰，於是驅動所屬細胞，紛紛鬼變，全力止血。

當然，就是要全民發功，追打中華民國烏龜王八局。

中國百姓眼睛看著白皮膚的老外，又重新武裝進入中國的重要都市，而蔣則啟動亡靈必然要做的。攘外安內。當然繼續發動內戰。

本來為了國家統一，延長戰爭可以忍受，但全民看美軍大搖大擺而來，其眼神噴發出無形的怒火，加之孔宋家族貪污腐化，魚肉國家，已經忍無可忍！美國人不知道自己捅了馬蜂窩。中國百姓的怒氣終於如火山爆發，多數人跳出來投向共產黨，追打國民黨政權，掀起一場改朝換代的怒濤，共產黨因而持續壯大。甚至怒氣直接衝擊美國，各地與美軍衝突事件接二連三爆發。

蔣中正要中國人「逆來順受，忍痛含悲」接受外侮。裕仁要日本人「忍人不能忍，耐人不能耐」接受外侮。兩隻烏龜的高喊，最終日本人願意聽裕仁的，但中國人可不願意聽蔣中正的！即便你蔣中正核心心靈圖相，等級遠高於裕仁，但不能接受就是不能接受。

超個體開始燃燒黑火，什麼是黑火？即被燃燒者，眼睛所看不到，直接在其內部摧毀根基的火焰。蔣上演了還都南京的戲碼，帶領著大家去參拜孫文的墳墓，高喊懷念八年抗戰的陣亡將士。正當他以為江山永固的同時，黑火就在他眼皮底下燃燒。

民國三十四年年底，南京孫文墳墓外。

當蔣帶著大家參拜孫文墳墓之後，又有一批人也來孫文墳前，可是卻沒有蔣的笑臉，而是來此哭鬧。

「這什麼跟什麼，竟然要裁撤我們，蔣委員長把我們利用完就甩了！」「解職就罷了！竟然沒有撫卹金，給一個抗戰榮譽英雄稱號就想打發我們，頂個屁用！這東西連乞丐都不要！」「孔祥熙宋子文，在抗戰的時候貪汙，大發國難財，又是金錢又是美女。我們在戰場上挨日本人子彈，家人甚至被日本飛機炸死，現在一毛不撫卹就要我們走路，害我們一貧如洗，連打發叫花子都不如！」「操他媽的孔宋兩家，抗戰時候貪汙，現在在國外喪權辱國，現在又跑回來汙辱我們，要我們喝西北風！老子要讓他們知道，誰才是黨國中堅！」「汪精衛政府底下的一群人，又跑回來當官，打仗賣命的人沒獎賞，賣國的王八羔子都來升官，我們還效忠什麼黨國？」

原來是幾百名國軍將領，氣憤自己將被裁撤，跑來這，要死鬼孫文主持公道。這五子哭墓的一陣哭鬧當然是假的，實際上大家一片憤慨。不過死鬼孫文，還真無法跳出來主持公道，活鬼倒跳出來一隻，給大家指點迷津。

正當這數百將領鬧成一團，忽然一名國軍高級將領，面帶微笑走了過來，眾人頓然安靜。原來他就是作戰廳長郭汝瑰。為何大家看到他都不說話？原來先前郭汝瑰在抗戰後沒多久，就跳出來在蔣介石面前指責，蔣系的劉斐等人，有通共之嫌。被他指出通共的人，已有一籮筐，擺出了一付反共中堅的樣子。

郭汝瑰皮笑肉不笑，緩緩說道：「各位將軍，你們怎麼不說話了？」

眾人沉默片刻，忽然一人忍不住發難，指著他道：「你是反共中堅，我們是有通共嫌疑的叛徒，現在全部都要捲舖蓋走路，跟你有甚麼好說的？」一堆人跟著附和。

郭汝瑰呵呵一笑，並不做答。

另一人說：「郭廳長，您最近紅光滿面，聽說發了洋財，在南京購置了房產汽車。幹嘛跟我們這些叫花子為伍？」郭汝瑰故作不解說：「王將軍，何出此言？我沒買房產汽車啊。」

他答道：「你捧孔宋兩家人的卵蛋可真夠本事，怎麼，他們沒打賞你兩錢啊？我聽說他們兩家的傭人，出門都是開美國汽車，他們家的獵狗，吃的比夫子廟前的餐館還豐盛。您怎麼沒去他們府上，要些犬馬之資啊？」這諷刺之語，引來眾人一陣發笑，大家以為郭汝瑰會光火。

沒想道郭汝瑰哈哈一笑，兩手抱拳示意，然後說：「各位將軍，你們在抗戰中的辛勞，在下是知道的。只可惜現在老頭子過河拆橋，我只是區區一個廳長，也無可奈何。不過郭某雖然不肖，昨夜思索整晚，替各位將軍想到了一條明路，讓各位將軍不但不會失業，說不定還可能升官喔。」

眾人一聽，眼睛一亮。

「郭廳長，此言當真？」郭汝瑰輕輕閉上了眼，微微點頭。其神色嚴肅，似不像是在唬弄眾人。

沉靜了片刻。一人問：「郭廳長，到底什麼明路，大家等著呢，快說啊。」

郭汝瑰微微搖頭說：「不是我不講，而是講了出來，必須是天知地知，眾位將軍與郭某知道而已，萬一傳了出去，不好啊……」有人已經按耐不住，急道：「我保證沒人會說出去，誰敢說出去。那我第一個把他槍斃了。」眾人紛紛附和。

於是郭汝瑰又閉上了眼睛，一字一句說出眾人皆知，卻肯定會被保密的話：「這條明路就是。此路走不通，去投毛澤東，此處沒人要，延安去報到。」此語一出，晴天霹靂，眾人皆瞪大眼。

郭汝瑰也睜開眼，然後問：「我剛才說什麼？」旁邊的一人道：「你剛才說…去報到。」

郭汝瑰睜眉聳肩說：「我有說嗎？我剛才閉目養神，什麼都沒說啊。」

眾人紛紛微笑點頭，答道：「是是是，郭廳長閉目養神，什麼都沒說。」

黑火不斷地延燒當中。

延安，周恩來跟毛澤東相互交談。

周恩來對毛澤東匯報了美軍駐紮中國，準備力挺國民黨的消息。

陝北寒冷，兩人圍爐烤火。毛澤東聽了之後，淡淡地說：「美軍進駐？看來蔣介石要挾洋自重。但我就不相信，美軍敢這樣介入內戰。」

周恩來說：「蔣肯定知道美國人不是省油的燈，之所以如此妥協，肯定又是買辦集團與國民黨先前各種事情，現在都在美國人手上。還有就是，力量不如對方，就虛以應付，這已經是他的習慣。」

毛澤東笑了一笑，然後說：「我記得前些時候在上海，不是有一個西班牙水兵，坐車不給錢，還聯合美軍士兵幫忙，打死了車伕臧大咬子嗎？後來國民黨政府因為事涉外國人，法律就不伸張正義，判了他們無罪。我黨宣傳就以這為主軸，讓全中國人民都知道，蔣介石反動集團的賣國行徑。」

周恩來微笑著點頭：「主席說的是，不過光靠我黨宣傳，還無法徹底將這問題，凸顯於全國人民面前。大家會說這是我黨片面之詞，對於美軍進駐，國民黨反動集團一定會造歪理，繼續詐騙，而且還會大力掩蓋類似臧大咬子的事件。」

毛澤東起了身，來回走動，看了窗外，抽了根菸，然後問：「你認為用什麼方法，可以徹底將這問題凸顯出來，讓全中國人民積壓在內心多年的憤怒，一下爆發？」

周恩來笑著說：「主席，聽說美軍駐紮日本，強姦了不少日本婦女，日本政府無力阻止。您認為駐紮在中國，會不會也有這種事件？」

毛澤東點點頭說：「肯定有，一個強人拿著槍砲在別人家，豈有不動歪腦筋的道理？只是被蔣介石政府掩蓋掉而已，我們要怎樣抓到憑證？」然後看著窗外，露出陰冷的眼神說：「只要抓到憑證，就能凸顯蔣介石反動政府的賣國本質，讓人民群眾與蔣介石政府對立起來！」

周恩來搖搖頭笑著說：「我黨潛伏在北平的同志，倒是發了電報，提了一個基層群眾的意見，建議我黨就在北平製造一個『仙人跳』，讓國民黨跳到黃河也洗不清。」

毛澤東疑問：「製造出來的事件，沒有憑證，會有用？」周恩來答道：「主席，這種美軍調戲婦女的事情已經是全中國人的質疑，所以這不需要憑證。北平的同志有轉達，假作真時真亦假，真作假時假亦真。既然類似臧大咬子這類，真實的事件，會被國民黨掩蓋，我們很難追查的出來事情的前因後果，那麼我們何不作一個假的事件去代替它，一切前因後果不就清清楚楚嗎？然後再徹底突顯這問題，讓人民群眾都能藉此事件，跳出來做他們想做的事情！」

毛澤東一聽便知，也跟著笑了出來：「這個北平的基層同志意見很好，這招『仙人跳』，可以把蔣介石賣國的本質跳出來，即便是目不識丁的農民，也會打從內心忿怒！大家一起跳出來，從根本上打倒蔣介石的統治！」

沉靜一會兒。

毛似乎想到一件事情，但又不知如何說。似天外飛來一語：「這幾年局勢變化快速，似乎有一股力量設定了腳本安排，不然我黨革命不會忽然如此順遂，好像每個人都抓到了時機開竅。從原本的迷糊一下清醒過來。不用自己思考，每個人都獻計。」

周恩來說：「這不是好事？」

毛澤東搖頭：「我倒不這麼看，這反而是壞事，這代表我們對於底局沒有搞清楚。倘若我們是個戲班子，應全國人民要求上台演戲，我總感覺，我們身邊少了一些人，又多了一些人。少了的人，肯定是能告訴我們世界局勢深度的，讓我們失去關鍵訊息還不自知。而多了一些人獻計，將來會如何？未必是好事？我們只能隨機應變。」

六門書判—確實是，或許在解放戰爭期間，沒看出毛與周有如此之端倪，然至少在大躍進之後，從其各種言行，都似在秘密張貼徵人啟事。只是沒來的人，始終就是沒來，但徵人啟事，找來了一群高喊萬歲的紅小將。如此，既然張貼徵人的是你，這時候小將來了，你也不能說不對。

中國民國三十五年年底。

北平亞光通訊社發表新聞：「本市訊：某大學某姓女生，年十九歲，昨晚九時，赴平安戲院看最後一場《民族至上》愛國影片。散場時，忽見身後有美兵二人尾隨，迄行至東單操場，即對該女施以非禮，該女一人難敵四手，大呼救命，適有某行路人聞之，急至內七分區一段報告，由警士聞德俊，電知中美警察憲兵聯絡處，派員赴肇事地點查看，美軍已逃去其一，當即將另一美兵帶走，某女生被姦後，送往警察醫院檢驗後，轉送警局辦理。」

民國三十六年初，北平城已經炸開鍋，反美遊行憤怒已經不可遏制。中國女大學生沈崇，看完《民族至上》的愛國影片後，就被美軍在戲院外當場強暴的消息，已經傳遍全中國。

實際上沈崇是中國共產黨員，故意色誘美軍，但美軍士兵尚未一吻香澤，埋伏好的證人立刻跳出當場逮人，將一名美軍士兵制伏於地，另外一名踉蹌逃走，利用語言不通，製造事件。藉此彰顯美軍駐兵中國的問題，刺激全中國人仇恨不平等條約，憤恨外國軍隊駐紮中國本土的怒火。而用女人的貞操，打到中國人內心的最深層底面，這個怒火已經積壓很多年，如此更是使這怒火如炸藥一般，迅速爆發。超個體細胞大量鬼變。

『混沌開眼，黑火絮燃』。

正是沈崇看電影，戲裡戲外連成一氣，整個電影戲院，就是一個戲台！民族至上與民族羞辱的顛倒情境，一起跳出了螢幕，在全中國人面前上映，即便沒錢看電影的人，也能靠自己的臆測，了解劇情。愛國女生看完民族至上影片後被外國軍人所姦，一劍封喉，國民黨賣國集團就算拿出千萬證據，也百口莫辯。

『愛國女大學生沈崇』的貞操，成了全中國人都在乎的事情。事件經媒體傳出後，繼續透過各種管道口耳相傳，劇情那是越來越誇張，甚至淪奸至死，搜刮中國女學生供美軍洩慾的不實消息，都靠著大家的臆測，從而『三人成虎』！各種猜測幻想，映入全中國人的意識中，鬼變開始大量發酵，瀋陽、北平、天津、濟南、徐州、西安、上海、南京、武漢、成都、重慶等全國數十個大中城市學生，接連舉行示威遊行，抗議美軍暴行，要求美軍撤出中國。進而掀起「反政府」，「反饑餓」，「反內戰」的示威運動。最後演變成暴動，不斷傳出有人跟美軍鬥毆的事件。從而像臧大咬子這類車伕，都會故意將美軍載到黑巷，一陣圍毆。

各地與美軍衝突事件不斷，美軍不能開槍鎮壓，逼迫國民政府派出軍警憲特鎮壓，逮捕許多人，關入監獄。使得更多的人跳出來反美打蔣。

兩個美國兵，中了民族至上版本的『仙人跳』，中國人要美國政府『付遮羞費』，代價是沒收美國的一切在華支援，美軍徹底滾出中國。而中國則要在冷戰期間，加入共產陣營，繼續打美國佬！

毛澤東緊抓著契機，透過宣傳機器，大喊：「打倒美國帝國主義及其走狗蔣介石！」

全中國人民被喚起，往日外患帶來羞辱的記憶，頓然全爆發了出來。共產黨勢力不斷大增，內戰勝利的天平不斷向共產黨傾斜。美國高層大感不解，還認為美國幫助中國人打敗日本，中國人應該感謝美國才對。可眼前卻看到，美國竟然成了中國百姓仇恨的對象。蔣還不知道敗局已定，如同抗戰之前一樣，借外力用外國武器，積極剿共，動用軍統局等鷹犬，打壓知識份子，並強力鎮壓排外聲浪。進攻計畫比抗日戰爭時積極得多，數百萬大軍不斷對共產黨展開戰略總攻擊。

天津。

湯姆，一名美國上尉軍官，帶著兩個美軍士兵，三人被打得鼻青臉腫，制服被抓得破破爛爛，身上血跡斑斑，配槍也已經被搶走。雖然遍體鱗傷，但他還使命地連跑帶爬地逃，後頭追著一大票中國人，高喊著要「打洋鬼子」。他們竄入中國警察局，一大堆警察排成人牆，用力阻擋外頭的百姓，才讓他們沒有衝進局裡。

警察局長李三，認識這個美國上尉軍官。

皺眉頭苦臉，但又似乎露出了一點地笑容，急忙扶起他，用中國話說：「哎喲，這不是湯姆上尉嗎？您怎麼變成這個樣子啦？」

湯姆聽得懂一些中國話，也自是不笨，知道這警察局長的語氣，有故意調侃他的味道，但此時有求於李三，不好翻臉。撫摸被踢傷的胸口，喘著氣，用口音極重的中國話說：「李局長！外頭的暴民分明是要我的命，追著我們打⋯你得快去驅散他們⋯把鬧事份子抓起來⋯」

李三皺眉頭說：「上尉，這事情經過到底是怎樣？若我搞不清楚，怎麼抓人喲？」

湯姆苦著臉，雙手抓著一旁椅背，繼續說：「我只不過親了一個中國女人的手，這在我們西方，這是對淑女表示愛慕之意。結果一群在旁的中國人，大喊著『洋鬼子非禮』，圍上來搶走我們的槍，也把我的兩個士兵都打傷。然後我們被人追著打，好不容易逃出來，你一定要給我抓人。」

李三說：「抓人是可以，您得說是誰把你打成這樣，告訴我姓名，不然外頭的人這麼多，總不能通通抓起來吧？」

這回換湯姆皺眉頭，氣得拍桌說：「我怎麼會知道打我的叫什麼名字？我又不是中國人！」

李三說：「那總該知道長相吧？告訴我一下，我通通抓起來，這總可以？」

湯姆氣得繼續拍桌說：「我怎麼知道長相？在場一團混亂，更何況你們中國人長得都差不多的！」

李三身旁的一個警察，王二低聲說：「我看你們美國人才都長得差不多的！」

李三繼續對湯姆陪笑說：「若不知道姓名長相，那我還真難抓人，我看這樣吧！我派一個警察專車，送您回天津碼頭的美軍基地，您回去好好想想，到底是誰把你打成這樣，我再去抓人可以吧？」

湯姆等三人，已經不想糾纏，已經血流不止，苦著說：「快送我們回去，我們要找醫生。」於是李三調警察專車，護送他們回去。

約翰上校刁著一根雪茄，來探視湯姆，湯姆躺在病床上起不來。

約翰說：「上尉，情況我都知道了，你不要再去惹那些中國人，北平的事情，現在鬧得全中國都翻天。」湯姆說：「長官，以前我也曾經駐紮在中國，當時抱中國女人都沒事，現在不過親個手，偏偏就有事。」

約翰看著病床窗外，慢慢說：「我住在中國比你還久，這群中國鬼，我認識的比你還多。剛開始你怎麼汙辱他們，他們只會冷眼旁觀，那種斜眼，你根本不知道他們內心想什麼。但等他們一發火，你只要碰到一點點這個話題，馬上就會像捅蜂窩一樣，讓你滿頭包。」

湯姆說：「長官，我肋骨被打斷兩根，喬治與新普森大兵被傷脊椎骨，現在終身殘廢，現在都重傷躺著，我要告打我們的中國人。要他們的政府去抓人。」約翰皺眉，把雪茄丟到窗外，吐了一口煙說：「算了吧！湯姆！要他們的政府抓人？他們的政府現在也被他們的人民追著打，你要他們怎麼去抓人？而且華盛頓有命令了，所有在中國的美軍，要分梯次，逐步撤離中國，到日本去。」

湯姆瞪大眼問：「為什麼？」

約翰說：「我又不是杜魯門總統，我怎麼會知道？但我可以給你一個我猜的答案。政府高層已經有人看出，中國人要推翻他們的政府了，共產黨很快會打到沿海的租借區，若我們不撤退，遲早得跟中國共產黨開戰。所以政府決定撤退。」看著窗外又道：「這也真是怪事。大戰之前，是日本人不好惹，中國人可以欺負。大戰之後，換成是日本人可以欺負，中國人不好惹。我總感覺，中國人並不感激我們幫他們打敗日本人，反而是恨我們多管閒事。趕快徹離才是對的！」說罷離開病房。

一九四七年，五月。蔣中正在內戰中，逐漸不利。其心靈圖相畢竟周公，展開與招喚他來的集體意識互通，精神飄忽太虛時空，大概探詢了簡單的訊息。

『黃埔精神敗壞，逃學，流氓，欺男霸女，勾結外邦』

『已經依校規處死欺男霸女者，而逃學者正在追。惡棍流氓學生也一一校規處分。勾結外邦則不可能』

『不然』

『喔，不，不是黃埔的其他人有可能。但這純屬應付局勢，遲早讓美蘇之間衝突，兩敗俱傷，我們中國又可以再一次，重演抗戰勝利之喜』

『不然，不然啊』

『國民革命一定會堅持到底，暫時的屈辱，卻是中正之失，然終究會洗雪』

『不然，不然啊』

『萬勿失望，我承諾的五嶽已達四嶽。一曰，終身堅持演易，文王演易，堅持三民主義。二曰，百姓心靈建設，制禮作樂，堅持新生活運動，推行食衣住行育樂，國民生活公約。三曰，捏住士人之卵，逼其為天下服務。流放分封蠻荒，讓夷狄分封自立，裹脅讀書人服務黨國，為各地貧困之處救濟，對外弱小民族，以濟弱扶傾。四曰，播遷，遷東都雒邑，遠離積習，提振新精神，抗戰遷都復興基地。五曰……這這五曰……』

『遺忘周公東征』

『喔，五曰，安內攘外，周公東征，一年救亂，二年克殷，三年踐奄，五年迎成。這一年……一年……一年…什麼？』

『可以動員戡亂，一年準備，二年反攻，三年掃蕩，五年成功。但是這必須向東。』

『向東？這是毛澤東。向東北，向山東。安內攘外，動員戡亂。』

在某天夜晚自我通靈之後，繼續執行，對全民族說好的第五嶽。

蔣中正，他真的是周公。蔣公就是周公。但是這向東，是指中國的最東部即台灣省。讖言一定會完成。第一年，民國三十四年，準備接受台灣。第二年，民國三十五年，軍隊站穩台灣光復，確定本年全中國年，不再有日本年。第三年，民國三十六年，二二八事件爆發叛亂，國軍大舉掃蕩台灣匪寇餘孽。第五年，民國三十八年，國民黨在大陸潰敗，主力與資產，成功到台灣。既然他已經通靈，那一定要完成。

「顧司令祝同兄北恩伯、靈甫兄勛鑒：今已得知靈甫之七十四師被圍孟良崮，甚驚，又甚喜。其驚之因是靈甫被困，隨時有危險發生。其喜之因是靈甫給我國軍尋找了一個殲滅解放軍陳粟部於孟良崮的大好機會。因為我七十四師戰鬥力強、裝備精良，且處於有利地形；再之，有恩伯、敬久、歐震三兄兵團大軍雲集，正是我國軍同陳粟決戰的好機會，現命令七十四師靈甫部堅守陣地、吸引解放軍主力，再調十個師之兵力增援七十四師，以圖裡應外合，中心開花，夾擊解放軍，決戰一場，殲陳粟大部或一部之兵力，一舉改變華東戰局。總之，一切均仰仗諸位精誠團結，協同作戰，為黨國大業獻身出力，乃千秋之榮也。」

國民黨國防部作戰廳長，郭汝瑰，面帶笑容地離開蔣介石官邸，回到自己的臨時住所。一個神祕人物進入了他房間。郭汝瑰趕緊打開窗看了外面，然後快速將之緊閉。

這人笑著說：「別緊張，郭兄。跟我黨建立合作關係的國民黨大員，不是只有你一個。這事情幾乎是公開的秘密，大家都知道，只有他蔣介石不知道。」

郭汝瑰鬼祟地微笑說：「任先生，還是小心為上。」

原來這人是共產黨員，任廉儒。這郭汝瑰以為只有他在搞蔣介石的鬼，實際上任廉儒擔任情報蒐集，他知道國民黨內從上到下，搞蔣介石鬼的人，大有人在，幾乎可以編成一個整編師了。

他也笑著說：「既然如此，那我就長話短說，以免廳長大人您擔心受怕。這次山東的作戰計畫，您帶來了沒有？」

郭汝瑰從公事包內抽出一文件復本：「這是蔣介石在孟良崮的計畫，趕快呈報給我黨高層，早作準備。」任廉儒愣了一下，乍聽還沒聽出，郭汝瑰所說的『我黨』是指共產黨還是國民黨。過幾秒才醒悟，呵呵一笑說：「郭廳長，不不，以後我要叫你郭同志才對。」

郭汝瑰笑道：「說同志還太早，此身仍是國民黨員。」

任廉儒笑說：「是是是，不過您也別緊張。郭廳長對我黨貢獻良多，可不是只有將蔣介石的作戰計畫送交我黨而已，您比我黨任何一個同志都還要重要。」

郭汝瑰說：「不過就是給了一份作戰計畫，沒甚麼大不了。」

任廉儒笑說：「廳長您可不是只給了一份作戰計畫。抗戰剛勝利時，蔣介石搞還都南京，在人民群眾面前大作秀，企圖竊取抗戰功勞。當時全中國人都無可奈何，您跳了出來，率領國軍將領哭中山陵，凸顯孔宋家族大發戰爭財，抗戰將領一貧如洗的事實，以致不少國軍將領帶著大批的機密，投奔了延安。這我黨上上下下，都銘記在心的。」

郭汝瑰也因此愣了一愣，跟著苦笑。

山東孟良崮。

共軍華東野戰軍，實際指揮官粟裕，以四個縱隊包圍了國民黨整編七十四師，另外五個縱隊，在預定地點阻擋國民黨援軍。原本擁有美國裝備的國民黨軍，可以快速實施反包圍，但這意圖因為機密外洩，已經破功一半。蔣介石北伐成功已經二十年，幾乎沒有一天不打仗，國民黨內部各地援軍的基層官兵，士氣低落，對於好不容易抗戰勝利，又打內戰，群起不滿。山東的百姓，大批地支援共產黨作戰，協助運送彈藥糧食，共軍人數雖少，但戰力倍增。

蔣中正見各軍進展緩慢，下了嚴令：「山東共匪主力今向我傾巢出犯，此為我軍殲滅共匪完成革命唯一之良機。凡我全體將士應竭盡全力，把握此一戰機，萬眾一心，共同一致，密切聯繫，協力邁進，齊向當面匪軍猛攻，務期殲滅共匪，以告慰總理及陣亡將士在天之靈。如有萎靡猶豫，梭巡不前或赴援不力，中途停頓，以致友軍危亡，致共匪漏網逃脫，定必以畏匪避戰，縱匪害國延誤戰局，嚴究論罪不貸！希望奮勉勿誤。」

各軍長官知道問題嚴重，雖下了死命令，但基層官兵仍草草應付了事，遇到共軍拼死阻擋，紛紛敗退。最後山東主力整編七十四師，遭到全殲，師長張靈甫自殺，所屬官兵投降一半以上，投降官兵反而如釋重負，多數直接投共，壯大共產黨陣容。蔣介石大發雷霆，要懲罰支援不力者，下令撤銷黃百韜與湯恩伯之職，追究各軍軍長罪責，李天霞趕緊賄賂軍事法庭，於是各層軍事法庭庭長，替他掩蓋罪過，一年後復出七十三軍軍長。

美國總統杜魯門派出與麥克阿瑟同等級將軍，另外一個五星上將馬歇爾，來華主持大局，以麥克阿瑟控制日本，以馬歇爾控制中國，企圖穩住美國在中國的優越地位。美國人在歐洲吃得開，卻沒搞清楚為何中國人遷怒美國人，還把歐洲局面的概念拿來中國，以拯救中國的身份自居，結果局面越搞越糟，反美意識更加激烈。

再次通靈，周公要佐成王，得先自己承擔領袖之職。

蔣中正，準備競選中華民國總統。大家都知道，他戰場上慘敗，但黨內鬥爭卻無人能夠相敵，肯定會當選為總統。民間反應更是憤怒。無間失落的結尾怒火，一發不可收拾，更多的人用更多的方式，繼續匯聚超個體策略。

民國三十七年三月，南京。

抗日戰爭前，李宗仁原本有堅強的桂系兵馬，但蔣介石利用別人的愛國之心，假藉抗戰的軍隊人事調動，把李宗仁的兵權架空，甚至故意不增援衡陽，讓廣西省被日軍攻佔，用外侮來搞內鬥爭權，除掉政敵。雖在抗戰之後，礙於輿論，任命他為北平行轅主任，統轄北中國三省五市，但實際上架空所有軍政權力，變成虛職。李宗仁只好忍氣吞聲，與齊白石，胡適等，一些文化名流相交。先行奠定文化輿論界的基礎。

聽說國民政府，準備要開放總統與副總統競選，李宗仁遂決定出馬參選副總統，以對蔣抗衡。但是自己已經沒有實力，如何對付蔣？所幸李宗仁看出，蔣身邊很多買辦與崇洋媚外者，有畏懼外國勢力的弱點。而美國人從抗戰時，就厭惡蔣這個盟友的滑頭與無能，對日作戰不但沒有幫助，反而拼命吸收美援不幹事。此時便想要干涉中國政治，扶植有力量的人主政中國。遂與李宗仁一拍即合，聯手來對蔣施壓。李宗仁於是又從無兵無權，成了炙手可熱。

但是你這李宗仁，也只是美利堅海盜的棋子，雖說替國家奉獻許多，但關鍵之處踩錯，即便整個黨國都要全部淘汰，遑論只是黨國中的一個人而已？

蔣大為憤怒，先拉抬了孫文之子孫科，接著策動黨政要人，要逼退李宗仁。

四月四日，國民黨中央執行委員會招開全體會議，討論總統與副總統候選人提名問題。選委會副主任洪蘭友，請李宗仁到休息室有事相商。他一進門，見于右任、居正、吳稚暉、程潛、吳忠信、張群、孫科、陳果夫等人，早已在座。氣氛相當詭異，大家禮貌一番請他就坐後，張群說：「奉總裁之囑咐，請諸位來此談話，請吳稚暉先生說明原委。」

吳稚暉遂站起道：「本黨一向以黨治國，實施孫總理黨國體制的遺教。目前雖準備實行憲政，不過國民黨必須要團結，意志統一，本黨內部的事情與行憲還政於民，是兩回事。因此蔣總裁認為，本黨同志若要參加正副總統競選，必須由黨來提名……」

李宗仁已經聽出了弦外之音，這些人是要逼退他，臉色有些難看。張群趁勢接口說：「若各位沒有意見，我就將此決議報告總裁，候選人皆由黨提名。」

李宗仁馬上跳出來喊說：「現在既已行憲，一切應以憲法常規來辦！其他任何辦法，本人都會反對到底！」程潛在國民黨內政治風向當中，一直沒有得到蔣中正『關愛的眼神』，自知不會被蔣提名當副總統，也懷恨在心，見有人已經跳出來打橫炮，遂也跟著搞鬼變臉！

程潛於是跟著跳出來，支持李宗仁，附議：「我贊成副總裁的意見！一切應當以中華民國憲法來辦，還政於民，自由參選！黨不可以獨斷這件事！」

六門書判－烏龜王八局的【中華民國憲法】，打橫砲用，在當年就有，之後淪落台灣兩蔣故後，繼續走錯路，也有宵小拿這套，黨內橫砲。但用完，沒人再把這東西當一回事。真正憲法並不在條文，而在文明精神集體意識，寫在條文上，供人政治武器唬弄，這個新玩意，周公也不知如何對付。

蔣發現堵不住口子，直接找李宗仁密商。

先微笑著說：「德鄰吾弟啊！這次副總統的候選人，還是要由黨來提名，若不這樣做，所有政客都會搶成一團。你也是黨員，應該要體恤黨的難處……」

還沒等他說完，李宗仁就打插：「總統，先前我曾請禮卿與健生兩兄，向你請示過了。你回答說這次正副總統選舉，是做民主戲碼給美國人看，所以這是自由競選，那時你若反對我參加，我是可以退出的。而今這樣變卦，恕我無法從命。」

蔣沉著臉問：「這是為什麼？」

答道：「既然你說選舉只是民主戲碼，那就得真的像唱戲的，在上台之前要我不唱很容易。如今即將粉墨登場，敲鑼拉弦的都已經響了起來，馬上就要開口而唱，台下觀眾也準備喝采。你忽然要我調頭逃跑，鬧得全場尷尬，這怎麼可以？華北南京我都已經組織競選事務所，你還是讓我選吧！」

蔣有些惱怒，威脅說：「你自動放棄的好！」李宗仁不吃這套，答道：「這很難辦！」蔣露出微笑說：「我不支持你，你選得到嗎？」李宗仁也發火了，答道：「我從北伐至今替黨國建立不少戰功，國人皆知，能不能選到這很難說。」蔣站起身說：「我才是總統，我不支持，你就選不到！一定選不到！」李宗仁也站了起來說：「我一定選得到，你拭目以待吧！你不支持我，還有其他人支持我！甚至美國人也支持我！」

打中他的要害，一聽到美國就有些洩氣，又礙於他也是中常委員，蔣知道無法使強，於是用寧波口音繞了北平的俏皮話說：「好，我們騎驢看唱本，就走著瞧！」

蔣自然順利被提名總統，最後順利當選。但副總統的競選，大家一窩蜂搶，最後連續三輪競選，淘汰一些插花的，最後一輪李宗仁擊敗孫科當選為副總統。蔣得到消息，十分氣憤，他力挺的孫科竟然輸了，代表國民黨內已經有不少人，懷有二心，不服老蔣。

但連美國人都已經發出賀電，全國人民都知道副總統就是他李宗仁，蔣也無可奈何。為了壓李宗仁的氣燄，就職前一天，通知李宗仁說，就職典禮時兩人要一起穿西式軍裝，象徵都是軍人出身。但自己變卦，改穿中式禮服，兩人一起拍照時，要讓李宗仁像是他的副官，把照片傳到全國去。李宗仁懷恨在心。

蔣當然可以繼續欺壓李宗仁，事實上也該支持他繼續欺壓下去，但他已經無法應變複雜的大局，民主選舉耍猴遊戲，雖沒有直接民選，但已經開了間接的口子，將來若有政客勾連外邦，那整個中國文明就將被西洋強盜，以此招詐騙並奴役。

如今只能全力推翻之，迎接另一亡靈。

先前常敗將軍陳誠接任東北剿總，不辱常敗之名，吹牛說三個月內要消滅共軍主力，結果是三個月內被共軍消滅了主力，完成這一生最大的一次慘敗。從而東北一區，共軍人數多於國民黨軍，共軍進入全面進攻的階段。

民國三十七年，西曆一九四八年十月。

瀋陽，東北剿總司令部。

總司令衛立煌愁眉苦臉在辦公室，原因是蔣介石打算搭飛機親臨瀋陽，招開會議，聽說他在南京時，就已不斷批評，東北剿總消極，以致東北戰局不利。汪德昭擔任他的副秘書長，兼辦公廳主任。

趁著四下無人，與衛立煌小聲對談。

汪德昭說：「總司令，既然已經跟共產黨戰略合作，何不趁這時候起義？」

衛立煌苦笑著搖頭說：「老汪啊！這有困難。對蔣老頭子的不滿，是國人密而不宣的事情，眼前老頭子的特務眼線還是很多，這些事情就別提了。」

汪德昭微笑著點點頭，知道這種事情不能急。遂轉移話題說：「聽說老蔣先前，不斷對北平的傅作義集團下令，要他們調動在平津的重兵，支援錦州與瀋陽，參加東北的戰役。現在又突然同意，改調他們進攻河北的西柏坡中共黨中央，要活捉毛澤東，怎麼會有這種事？」

衛立煌哼了一聲說：「這傅作義！狡猾！你當他真的要去抓毛澤東嗎？這是他忽悠一個計策，要弄蔣老頭子的！在河北他可及之處，拋出一個巨大的誘餌，讓老頭子同意轉變進攻方向，只要把東北的戰役時間拖延過去，支援東北的事情也就不了了之，他的部隊還是在河北打轉，一手拿著美國援助，一手保住自己的地盤與軍隊實力。你看著吧！他連西柏坡的邊，都端不掉，更不會派一兵一卒來東北。老頭子被耍了，還沾沾自喜，懷抱活捉毛澤東的希望。現在國民黨上上下下，乃至到民間，都有二心。這場仗勝負已經快揭曉……」

汪德昭說：「總司令是不是該為自己打算一下？」

衛立煌嗯了一聲，點點頭。

就在衛立煌看出傅作義不願支援東北，在暗中搞鬼之時。蔣介石果然被矇在鼓裡，搭飛機到北平，與傅作義等人開會，打算趁此，一下活捉毛澤東等共產黨高層。

他將刊定的剿匪手本，發給與會的所有將領人手一冊，然後興致勃勃發言，滔滔不休：「……我國軍經過整編後，都是精銳，沒有吃閒糧的，東北的戰局現在吃緊，華北的國軍應當要同舟共濟，主動發動攻勢，一同剿滅共匪……」

傅作義跟很多國民黨高級將領一樣，秘密讓子女加入了共產黨，早已懷有二心。搞蔣的鬼，輪到了他表現的時候，當然不會放過。蔣的話題扯到東北，坐在下面的傅作義心中一怔，但面容沒有表情，只是半瞇著眼睛，沉默地看著擺在桌上的『剿匪手本』。

「……共匪在陝西的老巢延安，已經被我國軍攻破，流竄到了河北西柏坡。毛澤東還說這是大路朝天，各走半邊。其實他已經掉落在我華北剿總的口袋……」說到此，蔣還半露微笑。

「……山東剿匪失利後，輿論上很多流言蜚語，說什麼共產黨將了我一軍，又準備在東北重演山東的故事。實際上這次國軍要反攻石家莊，拿下西柏坡，反將共產黨一軍，把共產黨中央的一干朱毛匪寇，一舉活捉……」

這『反將一軍』的軍事計畫，既然是傅作義提出來的，而傅作義的女兒傅冬菊，早已秘密加入共產黨。共產黨當然也知道這項計畫，更知道傅作義提出這計畫的目的，只有蔣不知道。傅作義此時的目光，從剿匪手本，轉瞄到蔣身上，只見他仍看著眾將領，滔滔不絕，好像抓獲毛澤東，已有十足的把握。

蔣高舉剿匪手本說：「這本新版本的剿匪手本，有要求各基層官兵，在攻破西柏坡後，注意的各點事項！各位務必傳達到最基層的班排級幹部知道。一，共匪高層容易變裝成平民，要在各交通要道設關卡，嚴防他們逃脫。二，對於操南方口音，尤其是湖南口音，頭前額禿髮，手指有被香菸燻黃者，要嚴加盤查詢問。三，逮獲共匪高層，立刻送交華北剿匪總司令部關押，由中央憲兵立刻押送南京，嚴防共匪間諜製造騷亂，趁亂劫走……」

傅作義的輕眼一瞄，任誰也不會注意到。但實質上，卻是整個國民黨迅速潰敗的經典一處，也是中國歷經四千年改朝換代，而文化卻能不倒的最經典一幕，可稱是『中國四千年鬼眼』之化身，即『混沌開眼』。

華北剿總不但不用派兵支援東北，而且傅作義還騙到了，華北的經濟，財政與行政專權，外加可直接接受，美國西太平洋艦隊，對華北軍火援助專權。一下變成了一方最強大的諸侯，外加還發了洋財，真是收穫頗豐。藉此，傅作義將可以拿這些老蔣給的籌碼，去跟共產黨談判，成為新王朝建立後，自己保有權位的台階。

搞蔣鬼的，早已從平民到高官各展所長，真是八仙過海，各顯神通，大家同心協力，在不同的位置上，用各種不同方式，推翻蔣的統治。催化不滿投共，製造你中有我我中有你，獻計搞仙人跳，散撥底層謠言，輸送極機密，吸收資源不做事，戰場陣前叛變倒戈，扣住援軍搞緩兵，種種檯面上檯面下各種方式難以計數。這一大些看似平凡無奇的計策，從各個方向逐漸匯聚，積沙成塔，從而演變出，比日本皇家機關還要更不可逆轉的方程式。最終匯聚形成，超個體策略！

蔣在北平佈局已定，聽說東北剿總衛立煌不聽話，於是又跑到東北去督戰，把衛立煌叮的滿頭包，架空他的指揮權，要親自指揮戰局。與傅作義的待遇，相差千萬里。

傅作義樂不可支，獨當一面，軍事行動慢慢磨蹭，進攻的力氣，沒有他的口氣這麼大。打打停停，毫無組織，而且軍事計畫早經過傅冬菊，交給了共產黨，連石家莊都打不下來，更遑論西柏坡。東北的錦州遭到共軍包圍，蔣嚴令葫蘆島守軍與瀋陽守軍，東西對進，解救錦州之圍。

葫蘆島第十七兵團司令侯鏡如，知道局面不可為，加入了搞鬼的行列，拒絕到任指揮，拖延了一大堆時間。蔣氣急敗壞，乘海軍巡洋艦督戰，直接指揮火力支援。以海軍炮火，空軍轟炸，進攻塔山。

塔山工事光憑當地共軍人數，無法建得如此穩固，但早在國民黨軍攻來之前，大批的東北百姓自發協助共產黨，用最古老的夯土方式，加強防禦工事，任誰也沒料到，這恰恰就是在最關鍵處，發揮了力量，不多不少，剛剛好卡死蔣的部隊難以前進。

國民黨軍裝備了美國武器，海空火力強大，摹仿美國在太平洋戰爭的打法，一陣猛烈炮轟與轟炸後，復以最精銳美國製造衝鋒槍編組的獨立九十五師，猛烈衝殺。但堅固的土製工事，竟然擋住了海空軍猛烈的火力，共軍於是憑藉工事堅守。

怎麼土製工事能擋住美式海空火力？原來夯土有縱深結構，第一層被轟爛，大家可以躲到第二層。第二層被轟垮，可以退到第三層。國民黨的九十五師衝殺過來，也是同樣的道理，縱深隱藏的共軍官兵，有彈性地往返各層夯土防禦線，一退一進往返堅守，最後將其援軍，死死擋在塔山！好不容易從美國人那邊要來的海空火力，竟然打不垮古老的防禦方式。不斷強令集中火力，對著塔山夯土工事，狂轟濫炸。

同時間，共軍主力全面進攻錦州。

東邊西進的瀋陽守軍廖耀湘，先前不斷被蔣介石嚴令，但蔣介石既然督導東進，自然跑不到這裡來督戰，所以兵團上上下下消極任事，逡巡觀望錦州之圍。

錦州城遭到九百門火砲轟擊，國民黨的水泥工事雖有洋化的鋼筋水泥建築，卻被底下的人搞鬼，偷工減料，水泥都灌沙，竟然不如夯土建造的塔山工事堅固，被共軍炮火一轟，全面垮塌！經過『混沌開眼』的洗列，古老的防禦工事牢不可破，現代化的鋼筋碉堡，卻不堪一擊。

東北剿總副司令指揮所。

第六兵團司令官盧浚泉跑進來，苦著臉對副司令范漢傑說：「共匪火力很猛，所有工事垮掉一半以上，多數官兵都跑啦！」范漢傑已知大勢已去，坐在辦公室座位上，冷冷說：「沒想到蘇聯援助共匪這麼多火炮，看來錦州守不住了。」

盧浚泉苦笑說：「據我所知，蘇聯沒有援助共匪火炮。這些大炮是美國製的。」

范漢傑指著窗外問：「共匪怎麼會有美國人的大炮？」

盧浚泉說：「原本這些炮兵是我們的人，編組訓練之後，由指揮官集體叛降共匪，然後調轉炮口打我們。拿武器之前說要打共產黨，拿了武器之後則是喊著要打國民黨。我們這場仗輸啦！」

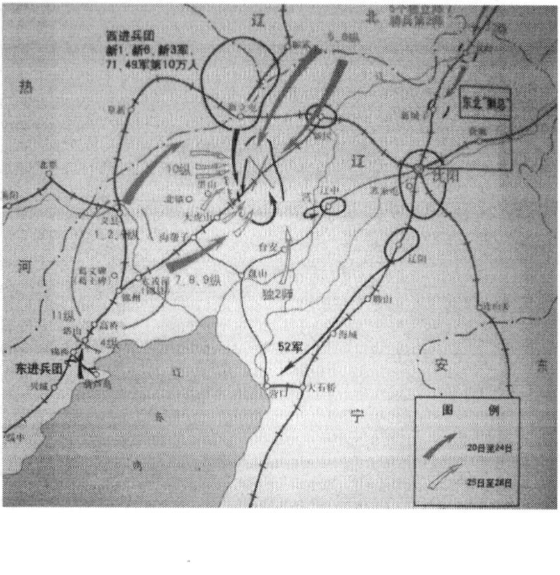

范漢傑問：「援軍怎麼到現在還沒來？」

盧浚泉說：「別想援軍啦！老頭子親自督戰都打不過來，誰還來救我們？共匪的坦克部隊，都已經列陣，我們頂不住啦！」范漢傑苦臉說：「共匪怎麼又有坦克啦？」盧浚泉說：「跟炮兵一樣，都是倒戈過去的！」

話沒說完，共產黨的坦克車開始引導攻城，殺聲震天。這些坦克多數也是美國製的，上頭的坦克兵原本也都是國民黨士兵，原本拿武器之前說要打毛澤東匪幫，但拿了武器之後就改換服裝，變成要打蔣介石匪幫！最後錦州被攻佔，范漢傑與盧浚泉被俘。

長春。鄭洞國也收到蔣軍法制裁威脅的空軍投信，要他立刻率軍出擊，救援遼西。但共軍也將此處團團包圍，城外的老百姓，大量地支援共產黨的包圍戰，只要國民黨軍有突圍的動作，立刻會主動告知，連情報也已經被團團包圍，就等於共軍可以以少數包圍多數。城內的軍民已經陷入飢餓，大家都無心戀戰。

長春中央銀行大樓，東北副剿總兼第一兵團司令鄭洞國辦公室。

新七軍副軍長史說，與參謀長龍國鈞跑了進來。史說苦臉道：「副總司令，不好啦！六十軍軍長曾澤生，率全軍投共！現在防線被撕開大口，共匪排山倒海衝殺過來了！」

鄭洞國早已癱在坐位上，對六十軍全軍帶槍投共，已不意外，有氣無力地說：「你們說現在怎麼辦？」龍國鈞道：「長春守不住，我們也突圍不出去，不如就學曾澤生，投共吧！我們沒有對不起老頭子，是他對不起我們！」

鄭洞國搖頭：「我是黃埔一期學生，不能對不起校長！」

龍國鈞說：「現在彈盡糧絕，從城內到城外，從百姓到軍人，全部都投共去了，老頭子已經成了全中國百姓最厭惡的人，還談什麼校長不校長。我們現在再不投降，就成了全民公敵。副總司令快作決斷啊！」

鄭洞國慢慢地揮手說：「你們先去吧…我得考慮考慮…」

於是兩人奔出辦公室，與共軍洽談投降。而後鄭洞國在中央銀行大樓，對空鳴槍，表示作了最後抵抗，然後也率領部眾放下武器投共。

丟了錦州與長春，蔣仍堅持對進戰術，要收復錦州，與杜聿明等高級將領意見相左。東拉西扯之下，結果逡巡的廖耀湘第九兵團，還是決定從營口搭船撤退。但他們的行蹤被東北百姓們盯得死死，主動報給共軍知道。最後在黑山一帶，被共軍追上，遭到猛烈穿插，十萬大軍一團混亂，或敗或降全軍覆沒。

東北剿總衛立煌見大勢已去，乘坐飛機逃離瀋陽，共軍大舉攻城，瀋陽守軍十三萬人紛紛接洽投降。杜聿明率殘軍從海上運兵數萬逃走，整個東北最精銳的武器與部隊，全部併入共黨東北野戰軍的序列。總計東北直接支援共軍的民工，達一百六十多萬，糧食供應更無法計數，還不包括各自自發蒐集情報，向共軍報告國軍動向的百姓。

從而美國所耗費大量金錢武器，企圖支援蔣介石反共，全部被底下的中國人集體坑掉，本來要用來防堵共產黨擴張，變成了支援共產黨擴張，又不敢跳進來參戰，真是啞巴吃黃蓮，有口難言。

東北全部被共產黨解放後，知道北中國勢不可為，蔣要頂住南中國的局勢。山東省已經被共黨佔領，很快就要南下，於是集結更多兵力在徐州部署。

粟裕在山東，準備快速先把國民黨第七兵團殲滅。但國民黨有車輛運輸，共產黨沒有，又有第三綏靖區兵力阻擋，頗為困難。所幸又是民心所向，替共軍解決這問題。

徐州北方，第三綏靖區司令部。

張克俠趁著四下無人，神神秘密走進來，副司令官何基灃在這等他。

看他神神秘密，何基灃笑著說：「不用這麼緊張啦！五十九軍與七十七軍，大部分的官兵都支持我們投共。這事情已經可以檯面說話了！」講到此，露出詭異地微笑看著他。

張克俠苦笑說：「這可未必，老蔣現在疑神疑鬼，特務四處盯哨，我們謹慎點好！還是謹慎點好！」

何基灃眉毛聳了一下，微笑說：「特務？你說軍統局啊？哈！據我所知，軍統局裡面一大堆人，也通了共產黨。甚至國防部作戰廳長郭汝瑰，還將老蔣制定的徐蚌會戰計劃，送交到了共產黨黨中央。更別說老百姓，各縣各鄉，都正在私下串聯，準備要幫共產黨打一場奔襲戰，快有好戲上場啦！哈！」

張克俠說：「郭汝瑰？他不是在三年前，在老蔣面前指責，軍政部次長劉裴，有通共的嫌疑嗎？而且還高聲喊，抓匪諜是他的職責，怎麼現在他自己當匪諜啦？」

何基灃哈哈一笑說：「這才是他厲害的地方！要做賊先喊抓賊，博取老蔣的信任，然後逮到關鍵的位置，等待最好的時機，一段一段地把老蔣狠狠賣掉！那麼他在新王朝，不止是身居頭功，還會名垂千古啊！就像在東北戰場上，六十軍軍長曾澤生，不也是一樣，高喊三民主義萬歲，一片擁蔣熱情，逮到關鍵的戰鬥位置後，來個狠狠倒戈，改喊共產主義萬歲，讓老蔣的東北戰局垮成一片。」然後拍拍張克俠肩膀說：「現在是我們表現的時候了！讓老蔣的徐蚌會戰，開頭就吃鱉，接著一洩千里！我們將比曾澤生還有郭汝瑰更厲害，功勞自然更大！所以我對老蔣的不滿，才忍耐到現在！」

張克俠也呵呵一笑，答道：「你說我們兩個，比曾澤生這我同意。但說比郭汝瑰，恐怕我們兩個加在一起，還摸不到他的邊。」何基灃瞪大眼，疑問：「你怎麼長他人志氣，滅自己威風？」

張克俠說：「這不是我長他人志氣。且先不說他在孟良崮戰役，還有這次的徐蚌會戰，他有出賣作戰計畫的嫌疑。就說抗戰勝利沒多久後，他利用國軍退役將領，在南京哭鬧中山陵，重創國軍內部的團結，這一招就比我們陰損得多！你想想……」

吞了口水，接著說：「國共兩黨在抗戰勝利後，才準備要開打。國民黨內部軍隊龐雜無用，不得不裁撤整編一些，但蔣介石手下的孔祥熙與宋子文家族，為富不仁，在國外有巨額財產，卻不肯拿出來安撫，讓許多參加抗戰的高級將領，竟一貧如洗，還要被迫退役，群起憤怒。他就利用退役將領哭鬧中山陵事件，名正言順來拆台。接著還在這些人當中流傳『此路走不通，去投毛澤東，此處無人要，延安去報到。』的順口溜。開啟投共之先河，奠定兩黨內戰的基本格局！你說，在這暗處關鍵點，下了如此之重手，你我怎麼追得上？到現在，他還深受老蔣的信任，將來還有怎樣的好戲去搞老蔣，還不知道呢！」

何基灃笑了笑說：「這郭小鬼確實厲害！閒話就後說，先談談我們怎樣搞垮老蔣的徐蚌會戰，才是重要……」

國民黨從上層到底層，繼續鬼變不提！中原戰場，發生了一件大怪事。兩條腿的運輸方式，追上了汽車動力……

從山東江蘇到河南三省，各縣各鄉鎮，即便是國民黨統治區域的百姓，也集體變臉，四處串聯，紛紛自組運輸隊伍，展開一場人類有史以來，最大規模的『大隊接力賽跑』。所有當地百姓口耳相傳，聽說是要打蔣中正，紛紛跳出來支持，隊伍如滾雪球一般越跑越大，供應擔架與勞力，兩個百姓扛一個睡覺的共產黨士兵，扛過一個村莊就交給下一個村莊的人去扛。相互之間還互相比賽，看誰抬的速度比較快。

這種最原始的兩條腿運輸方式，乍看之下不能跟機械化車輛相比，但仔細分析，會發現這才是最運動神速的方法。不需要一滴汽油，不需要組織運輸，不需要規劃運輸數量，不在乎道路基礎建設是否完善，軍階建制都不需要在乎，甚至國民黨軍跑哪裡去，老百姓也會自發告知，等於有集體形成的自動導航系統，比二十一世紀的『衛星導航系統』還要更精準。共軍可以睡覺也行軍，吃飯也行軍，任何時候都在運動中，很快就追上國民黨軍。

『混沌開眼』千萬化身，大家意識匯聚，黑火燃燒，功能疊合，共軍的綜合能力，在這片段的時空中，跳躍了一個多世紀。

而擋在前面的第三綏靖區軍隊，在何基灃與張克俠率領下，立刻叛蔣投共，放共軍過去，光是一個行軍，共軍就愈跑愈快，愈走愈多。而第七兵團雖然有汽車機械，但碰到了一座鐵橋，大家不願意放棄汽車去走路，更不願意搭皮筏過河，最後全部堵死在鐵橋旁。共軍一下就在碾莊把第七兵團，團團包圍。又是在關鍵處。

以致整個徐蚌會戰，共軍兵力較少，卻可將國民黨軍團團包圍。

另外一路，黃維指揮的第十二兵團，以機械化車輛，風風火火跑來，結果廖運周率領一一零師陣前叛變，配合共軍包圍，黃維的機械化變成徹底走不動。第十二兵團被困在雙堆集，無路可走。

蔣中正又來嚴令，要杜聿明指揮的，邱清泉，孫元良與李彌所屬三個兵團，救援碾莊。結果沒救著，第七兵團就被快速殲滅。三個兵團只好放棄徐州，要繞永城南下，蔣介石又更改命令，要杜聿明救援黃維第十二兵團。見到國民黨軍離開徐州運動，中原一千萬人合作的大隊接力賽，又鳴槍開跑，奔襲戰術又展開，更多百姓擔任運輸的工作，運兵運糧，用獨輪車推送槍彈火藥，使得共軍如天降般出現，就在陳官莊將三個兵團龐大的兵力，團團圍困，整個戰場外，都是百姓在支援共產黨的情勢。

既然共軍強迫堵上來，逼急雙方只有硬碰硬看武器誰比較強。沒想到超個體『混沌開眼』不只是讓人數與戰略分佈改變而已，還會滲入最基礎戰術，改變武器功能，讓窮寇也無力反撲。

雙堆集。

國民黨軍的官兵目瞪口呆，親眼目睹了一幕大怪事。原本，廖運周率軍倒戈，雖然讓第十二兵團失去機動能力，但國民黨軍憑藉有坦克部隊，重火砲，還有機械化工兵製作的防禦工事，防線是不會被打破的。而共軍部隊在奔襲行軍當中，丟棄了大量的重武器，只剩下輕型武器，人數又比較少，應該是無法越雷池一步。但『混沌開眼』一雙雙中國四千年鬼眼的發功下，逆轉這個局面。

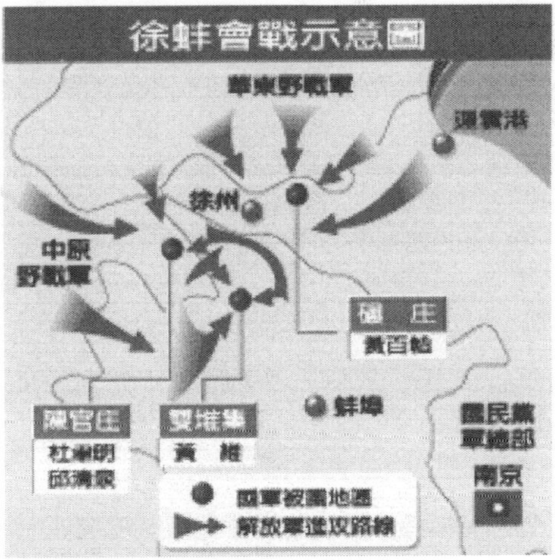

一個叫聶佩璋的工兵連長，參考了民間不知名人士，獻上的土方法，把汽油桶改造，放入像大餅一樣的炸藥包，一發射出去頂多一百公尺到三百公尺之間，爆炸殺傷威力也不會比砲彈強，準度更差。但就這個『土玩具』，擊潰了蔣介石部隊的現代化工事，重砲與坦克，共軍稱之為『飛雷』。

土玩具怎麼會有這種鬼法力，打垮現代化兵器？

原來雙方對陣後，互築壕溝工事，相互犬牙交錯，砲彈彈射出來的彈片其實殺傷力不大，而且彈道固定精準，反而容易防禦。但土製的拋射炸藥包，不固定的拋物線，悶轟的爆炸威力，滾入對方防禦工事中爆炸，那就會讓整個工事結構根基被破壞，最後哪怕手榴彈一轟，就會整個垮蹋，而且不必讓自己的士兵去冒險衝過去爆破。就是一大堆汽油桶，躲在壕溝發射架上，就可以撲天蓋地發射滾動，炸藥全面洗列陣地。當時全美製化武器的第十二兵團，就這樣被整個殲滅。

蔣介石急令北平的傅作義，不要再去執行『生擒毛澤東』的命令，立刻南下支援徐蚌戰場，傅作義看了命令微微一笑，看來蔣介石快沒氣了，但表面上還是遵從命令，下令收兵，但是慢慢的收，慢慢的玩。

先前拖死了遼瀋戰局，現在也來拖死淮海戰局，不止不來救援，還拼命吸收美國政府對華北的武器增援。如此切斷蔣的外援，將其養分全部滯留，製造了養分屏蔽的假細胞效應。另外一方面，私下跟共產黨建立談判管道。傅作義成了國共內戰中，最大條最有效的內鬼，從戰略上把蔣介石卡死。

蔣知道徐蚌會戰戰局不利，他在中國已經四面楚歌！只有拿出孫文的老套，請外邦更多的支援。他不斷請美國人介入。

美國人確實想要介入，然而才第二次世界大戰剛結束復員，就立刻捲入幾百萬人大會戰，說不定會掀起跟共產黨的第三次世界大戰，讓美國的基層民眾非常忌諱。

於是嚴令美軍，加速從中國全面撤退，不准與共軍交火。並且在外交上，直接表示對蔣政府的失望。然而實際上美利堅海盜集團的影子政府也正在形成，表面上不干預，實際上加速整備軍力，準備押入東亞，針對中國周邊的小國開始，伺機捲入中國內戰。只是蔣的敗局太快，一時之間進退失據。

眼見美國大兵紛紛逃離中國，杜魯門不但沒有接受蔣介石出兵干預的要求，反而調頭逃跑。另外還通知馬歇爾，跟李宗仁合作，建議蔣下台讓位。

烏龜王八局就是烏龜王八局，找得到死穴。其實他們也知道，美利堅海盜集團的背後老闆，已經開始加緊備戰，準備入侵中國，只是中國戰局太大，需要時間，且要應付蘇聯也捲入的可能。最好中國一分為二，如此便有時間捲入。

於是國民黨內的人紛紛附和，要求與共產黨停戰，先是白崇禧發出亥敬電給蔣介石與李宗仁，建議與共產黨停戰議和，請美英蘇三國來調停，接著李宗仁發出五項和平主張，不只與蔣的動員戡亂大唱反調，還直接帶著美國人馬歇爾在南京逼宮，要求蔣下台。湖南省主席程潛此時也變鬼變臉，帶著四省參議會議長，通電支持和談，並促使蔣下野。

國民黨南京中央軍政要員四十餘人，與蔣介石一同開會，除少數挽留，其餘都要求蔣退位。蔣看出，這些鬼之所以敢在他眼皮底下變臉，完全是因為有美國人撐腰。買辦集團的禍害，這黑化的周公終於知道，他難以應變。

總統的大位才剛坐上去，就被大家轟退位，讓蔣異常憤怒，但他除了請宋美齡去美國獻媚求援，拿不出其他任何招數。

六門書判－禁忌一犯再犯，最大的禁忌又犯了。尤其是國母跟國家的死敵有如此關係，國母母儀天下，為國家婦女之榜樣，而抱洋大腿，超級大禁忌。這等於跟四先生說，所有中國人洋綠帽正在預約中。四先生當然繼續驅動單位，爆炸追擊。

南京。

蔣中正回到官邸住所，娘希匹髒話罵個沒完，宋美齡從房內出來，才強壓怒火。宋美齡剛從美國回來沒多久，但馬歇爾與李宗仁的態度，讓蔣已經猜出，老婆宋美齡在美國的交涉沒有什麼效果。她坐在客廳沙發上問：「親愛的，又什麼事情讓你生氣？」

蔣面目鐵青，令侍從人員退下，然後也坐下冷冷說：「妳不是去美國跟參眾議員們交際過了？怎麼他們不但不支援，還跟著李德鄰，一起逼我下台。讓出總統的位置？」蔣還搞不懂，他連番失敗，問題出在得罪中國百姓，派老婆去求洋人，豈能扭轉局面？

宋美齡輕聲嘆氣，繃臉冷冷說：「國軍在戰場上失利，你也拿不出辦法，要美國人怎樣幫忙？我在美國參眾議院使盡交際手法，也盡力遊說了，若中國落入共產黨手裡，就會幫著蘇聯對付美國，但美國總統就是不信，我能怎麼辦？」

見到宋美齡也不開心，蔣不敢得罪，轉而婉言地說：「達令啊！美國人有航空母艦，有飛機大砲坦克，當初連日本人都被他們打敗，難道不能打敗毛澤東這群土匪？這一定是綏靖主義的復活，遲早共產赤禍要蔓延到無法收拾。如今若沒有美國人介入，我們就要亡國滅種。」

「不必說到亡國滅種這麼嚴重，子文與祥熙也都各自透過美國友人，告訴了美國人，可以重新談判租借區。但美國人就是不聽，反而撤軍離開中國，連上海租界也不要了，我也沒輒。還是考量一下，接下來該怎麼辦比較重要！我幫你跑美國求救兵已經很辛苦，不要把你的過錯，都丟到我這一邊！你另外想辦法。」

六門書判－黑化的周公，不知道那是禁忌，上古三千年前，確實妻子與人回鄰國求援常有之事，然周公雖然點頭，蔣公可以知道這是絕對不可犯之禁忌，但又處於長期為買辦影響，並陷於敗局之急，荒腔走板在踩了幾處禁忌之後，又踩了最嚴重該被徹底推翻消滅之禁忌。若非其為亡靈，必然要達到該有的事件，故必須留一處給他繼續表演，否則中華民國是真的會在民國三十八年就徹底滅亡，而沒有下台階。

美國高層知道中國人難惹，不敢拿這些權利，反而連先前的權利都拱手奉還，翻臉不認蔣，他只有乖乖宣布引退。

於是在民國三十八年元旦，發表引退的聲明。對中共提出五個條件，一，無害於國家的獨立與完整，有助於人民休養生息。二，神聖的憲法不由我而違反，民主憲政不由此而破壞。三，中華民國國體能夠確保。四，中華民國法統不致中斷。五，軍隊有確實保障，人民能夠有最低生活水準。達到這五點，則他個人進退出處，絕不縈懷。

就在南京鬧逼宮的約此同時，陳官莊。

如同雙堆集那樣，因為超個體發功，這裡也發生了一樁大怪事。這回不是武器性能逆轉，而是整個近代戰爭的戰術定律被打破。

國民黨官兵本來防禦工事還算穩固，有大量的美製機關槍與散彈砲防禦，在奔襲行軍『全民大隊接力運輸』當中，被迫丟棄重武器的共軍，若在此時強打陣地，就會傷亡慘重。而共軍人數又比較少，要包圍並殲滅多數國民黨軍，必然無法承擔這種傷亡。看樣子是無法殲滅杜聿明軍團了，但又上演了一齣又一齣的怪事，扭轉了這情況。

本來，從日俄戰爭，到第一次世界大戰歐洲戰場，乃至第二次世界大戰各地戰場。步兵集團對敵方陣地發動衝鋒時，士兵們要面對敵方火砲，機關槍，步槍，手榴彈，甚至地雷與鐵絲網的威脅。對新兵來說，大砲的巨響最會震撼其心。而久經戰場的老兵，大多武器與障礙都能克服。即使敵方砲擊，他們也能從砲彈呼嘯聲之差別，判斷砲彈落點遠近，從而應對躲避。只有暗堡的機關槍與步槍，難以防範。尤其敵人的機關槍掃射點名，更是老兵所畏懼者，往往打掉一個陣地，整個部隊傷亡慘重，從而世界各國的陸軍，都有『老兵怕槍，新兵怕砲』之說。

但這定律，不需要研發什麼高科技武器，在此就被打破。每當共軍發動一次衝鋒，都不會超過後方陣地數十公尺，士兵們會集體趴下，挖散兵坑。挖完散兵坑還不完事，會相互打通成一條溝，後方原先壕溝的留守士兵，會與前方對進銜接挖掘，形成縱深互通的壕溝網！如此，重兵集團可以在土地的掩護之下，不斷向國民黨軍隊的陣地逼近！如此國民黨陣地的槍砲威脅，被下降到最低，而共軍的包圍圈，就會不斷纏緊，步步逼近。

一條壕溝好似蚯蚓抉土，並不造成威脅，但四面八方數十萬人不斷密密麻麻挖壕溝，那就會匯聚成一條活動的巨龍。這是古老圍棋戰術當中，『地龍翻身』的翻版，又不知道是那一個無名小卒，提供給共軍指揮官使用的。即便在天寒地凍，大地結冰，堅硬如岩的土地上，『地龍』仍然不斷地向前延伸，把頑抗者緊纏。最後終於要『龍吻』。

一月六日，陳官莊包圍圈打破，杜聿明三個兵團全軍覆沒，官兵或死或逃或降或被俘，徐蚌會戰徹底慘敗。江北已成共黨的天下。看蔣介石真的毀了，傅作義把蔣介石華北的資源榨乾後，跟共產黨邊打邊談，最後平津之戰，做個表面功夫抵抗，就宣佈投共。

美國與蘇聯，在第二次世界大戰後就相互敵對，但在中國的問題上取得一致共識，不希望中國統一強大，希望中國分裂。於是共同支持國共和談，要求毛澤東不要過長江。

熟讀中國歷史的毛澤東自知，共黨之所以勝利如此之快，破了歷代皇朝打江山的記錄，全因中國百姓的集體幫忙，若他屈服在美蘇壓力下，自己就會變成第二個蔣介石，被其他人追打，故此時非硬不可。毛澤東於是也發表聲明，回擊蔣介石，開頭就是：中國第一名戰爭罪犯國民黨匪幫首領南京政府偽總統蔣介石……

接著提出共產黨的議和八項條件。一，懲辦戰爭罪犯。二，廢除偽憲法。三，廢除偽法統。四，改編一切反動軍隊。五，沒收官僚資本。六，改革土地制度。七，廢除賣國條約。八，招開沒有反動分子參加的協商會議，接受國民黨反動政府所屬的一切權力。

並且宣布，拒絕跟國民黨劃江而治，拒絕一切國民黨跟外國人簽屬的不平等條約，準備大舉渡過長江，從根本上打倒蔣介石的統治。

一月二十一日，蔣中正跟李宗仁聯合出席，宴請五院院長，正式宣佈引退。又招集國民黨中常委臨時會議，再次宣佈引退。谷正綱等人疾呼：「總裁不能退休，應領導本黨與共產黨作戰到底。」他說：「事已至此，已不可能。」李宗仁問：「總統什麼時候動身？我們到機場送行。」答道：「我下午還有事處理，飛機起飛時間不定，不要來送。」說罷散會。

于右任老態龍鍾追上來說：「總統，為了和談方便起見，可否在離開南京之前，下令放了張學良與楊虎城？」生氣地揮手說：「這事情，你找德鄰去辦。」

蔣不接受李宗仁等人送行，認為這些人都是比共產黨還可惡的內賊，但若要繼續抓權，就要好好綁住他的黃埔系學生，況且黃埔靈異學校分支，就是他與四先生溝通深度局的媒介。於是離開南京時，接受眾多黃埔學生送行。

蔣說：「當年曾國藩平定太平天國，也曾經連吃敗仗。眾人要他逃跑，他拒絕了。他說退此一步，即為死所。他將一把利劍掛在牆上，以示自己的決心啊！」

於是嚴肅著臉回頭看著這些軍頭，他們也立正站好，繼續聽校長訓示。蔣接著拿手仗敲地面，正色說：「若哪一天南京淪陷了，我就要以身殉職，死在這城門前，以上報總理，下對國民！」眾學生聽了，有人一陣哭泣，有人面無血色。

六門書判－這個表演是必須的。皇道無間外傳，有提。

蔣中正搭飛機回老家，說是引退，實際上開始政治佈局，以黃埔第一任校長身分，指揮起他的學生，控制各軍隊調動，拼命欺騙下屬，裹脅壯丁當兵。並令親信陳誠與兒子蔣經國，開始搶運國寶，黃金，美鈔到台灣去，並繼續大量印『國民黨的玩具鈔票』金圓券，搜刮財物，所有檯面上壓力就丟給李宗仁去承擔。

甚至在離開之前，秘密或處決，或綁架，或暗殺，所有跟他敵對的政治犯。這當然包括張學良與楊虎城。李宗仁下令放了這兩人，但命令並沒有被執行，反而這兩人被蔣密令軍統局人處置。各種原因，深度通靈之後，張學良不能殺，於是將張學良綁架到台灣，楊虎城全家老幼被殺。

六門書判－前版本認定此為董卓朱溫的行為，實際上流於看表象，而不知深度因果之流。當時整個局勢丕變，蔣雖觸太多禁忌，但其仍堅持一步步完成先前承諾，挽救敗局之事。而諸多宵小，趁其亂，落井下石，以圖在共產黨面前獲得功勞，也變得太快，確實有不少人該死。另外，此皇道無間多層腳本交錯，乃至亡靈藏在深處必須執行某些事態，如此複雜局勢，國共雙方形成四象狀態。即國民黨有表象與裡象，共產黨亦然。國民黨的表象中國主義，裡象結構連通西洋。共產黨的表象西方主義，裡象實際上是中國儒學與本土結構。集體意識當然能清處必選擇後者，然而一般人無法透析清楚，如此諸多國士學者愛國者，被國民黨外表吸引而逐漸被糟蹋，許多亂士趁火打劫追逐利益者，被共產黨外表吸引而逐步被鬥爭。此為必然之勢。蔣當時憤怒於過早叛亂，有諸多邪惡意圖，當然大開殺戒，換成是我，亦然。況乎亡靈必須執行未執行者。

共軍連場戰役大獲全勝後，大舉渡過長江，擊破國民黨軍的防線，無權的李宗仁談判失敗，最後也只能放棄南京，逃之夭夭。

南京與上海很快就被攻破。上海租界區的外國人，在日本投降之後又回來，企圖利用蔣對外的軟弱，繼續租界下去，這回共產黨挾著民憤打過來，可不敢在這節骨眼上承

認這些不平等條約。於是將外國租界與資產全部沒收，所有外國人驅逐出境。當初在上海與蔣合作，魚肉百姓的的黑幫流氓老大，杜月笙與黃金榮，逃亡的逃亡，被抓的被抓。中國幾個主要的流氓黑幫，在之後的政治整肅當中，逐一被批鬥打殺到瓦解。橫行上海多年的洋人勢力與黑幫勢力，兩大社會毒瘤被徹底挖除。

英國海軍還以為現在的中國可欺，用艦砲示威，結果被共軍用砲火當場打死不少水兵，拖著傷殘的艦體逃走。英國政府欺軟怕硬，若繼續招惹共軍，到最後香港肯定也會被沒收。於是立刻找共產黨談判，放棄所有不平等條約，並準備搶在蘇聯之前，承認中國共產黨建立的政府，與之邦交，換取香港暫緩收回。

英國曾在世界各地殖民侵略，侵略其他民族最有經驗，知道哪一些民族可以欺壓搜刮，哪一些民族可以征服奴役，哪一些民族最好敬而遠之。中國在他們當年的分析中，屬於雖不能征服奴役，但可以欺壓搜刮的族群。但而今發現中國徹底變臉，頗為識相，立刻敬而遠之，甚至希望能跟中國合作。

六門書判—昂撒海盜集團的老祖，失去滅亡中國的利用價值，還在做殖民春夢。若非當年毛與周，未能識破全局，就當大舉開入香港，轟走洋雜碎。何必等到一九九七名義收回，還成間諜之窩，直到二零二一年平息香港動亂？故識破底局之人，就為當年毛與周苦等一生而未等到之人。只能說當代，有許多說不清道不明之事。

蔣離開老家奉化，在西南與台灣繼續堅持。且共軍一路從南京追打到四川，速度驚人。四川省的軍閥鄧錫侯，潘文華等，忽然對蔣介石大獻殷勤，企圖把蔣騙過來，當場翻臉，將之扣押，交給共產黨處置。可惜他早防了這一招，沒有成功，川軍將領反而被國民黨特務監視。只好聯合起來，通電投共。

不只四川軍閥意圖抓蔣，雲南軍閥盧漢不約而同，也有此打算。同樣大獻殷勤，勸蔣來雲南昆明坐鎮，計劃當場扣押交給共產黨，以立功自效。然蔣早已自知，人人對他喊打，料到這些軍閥早已跟共產黨串謀，當然不自投羅網。

盧漢發現捉蔣計畫失敗，抓不到大魚，只好退而求其次，逮一些小蝦。率全省起義，宣布反蔣投共，扣押來昆明的所有國民黨要員，並逮捕軍統特務，以立功自效，堵死蔣繼續往西南逃竄的後路。

捉蔣的任務，只能靠其他人去辦。

蔣雖已四面楚歌，但仍可以操作其黃埔靈異學校，於成都大喊國軍的反攻要開始。共產黨應人民的要求，在成都組織『捉蔣敢死隊』，要活捉蔣介石，押回南京，交給全民公審。不少國民黨的內鬼暗中協助，希望以此立功自效，奪得『捉蔣頭功』。於是在蔣要搭飛機逃跑前，向敢死隊告密。

可惜，在成都組織狙擊途中，本來可以抓到蔣的，但一群二十三期軍校生與幾個憲兵營，來幫他擋子彈，一團混戰中，還是給蔣逃上飛機。

「什麼？蔣光頭又要跑啦？」「快抓起來！別讓他上飛機！抓不到就當場打死！」「殺！殺！」「抓蔣介石！」「殺蔣介石！」「蔣光頭別跑！」「殺！殺！殺！殺！」

轟隆！咻！咻！碰！碰！

「保護總統！」「校長快走！軍校二十三期！保護校長！」「怎麼會有槍砲聲？」「報告校長！共匪打來啦！」「快走！」

嘩！

槍炮聲、捉蔣殺蔣的吶喊聲、飛機引擎的轟鳴聲、交互夾雜，這是蔣在中國大陸最後一幕的情境。蔣躲於飛機中在天空飛竄，底下全部都是要抓他殺他的人，驚險程度超過國外的科幻小說，失落的世界。在地面上跑來跑去的捉蔣敢死隊，抓不到他，只能眼睜睜看著他飛到台灣去。

到這時空且先暫停，出現了一個問題！

溥儀與蔣中正同樣都是要搭飛機逃跑，同樣都是被鬼盯上的，都有人跑去告密，引他人來抓，而溥儀逃的意志比蔣中正還堅決，為何溥儀沒有逃成功，蔣中正卻能成功？表面上的原因，是溥儀已經沒有殘存的權力，蔣還有殘存的權力，還有自己的軍隊，可以誘騙最後一群傻子去擋子彈。溥儀皇親貴族出身，動作反應比較慢，蔣中正曾經流氓出身，深知鬥毆失敗，能隨機應變，掌握應該調頭逃跑的時間。

實際上真正的原因，就是他乃亡靈結構，尚有必然要做之事未完成。即便是隕石要撞地球，而亡靈要做事，其隕石也必須乖乖繞道，等待他做完之後再說。倘若隕石不慎在當中滑過軌道，那就別撞地球，乖乖離開。此言非虛，是真實者，故猶太小鬼不計一切代價招喚使之為武器，四先生也不計一切代價招喚，與之對沖，並得到策反之機。

故明明軍校二十三期與憲兵團，都已經藏有內應，要抓蔣邀功，卻莫名其妙跳出來相反的忠誠學生，替蔣中正擋子彈，爭取讓他逃跑的時間。

反美打蔣的怒濤響徹中國大地，迫使美軍屁股沒坐穩，就全面撤出中國大陸，從而不敢再言控制中國，更緊緊把日本抓在手上，視日本天皇為反共的至寶。甚至對美國開戰，痛宰洋人，已經成為中國人民沒有說卻想要做的事情。成為中共之後在朝鮮與越南，支持當地共產黨，跟美國人開戰的底氣。整個冷戰，蘇聯人沒有跟美國人直接在戰場上廝殺，中國人反倒與之連續拼殺兩次。

蔣中正大罵美國人害了中華民國，美國總統杜魯門則大罵國民黨都是賊。六門書判－烏龜王八失敗，當然怪罪別人，但靈龜這麼作，肯定是喊真的，美利堅海盜真的害了中華民國，但爾中華民國為何平常又要勾結美利堅海盜？

一九四九年十月一日，中華民國政權以極快的速度，在大陸土崩瓦解，毛澤東在北京故宮城牆上，宣佈中華人民共和國中央人民政府成立，新的王朝又出現。

東京，皇宮。

這段影片過了幾個月，被送進日本皇宮來，裕仁也看了這一段影片。他沉靜又投入的神情，好像他只是天安門下的中國群眾之一，一個極特殊的群眾之一，一個無言的群眾群眾之一，一個冷眼旁觀的群眾之一，一個影響了這局勢，又被這局勢影響的群眾之一。這局面是他造成的，他卻還要時刻盯著。日本戰敗為裕仁所主導，避開了出現大和皇朝的歷史路徑，強使中日兩國歷史，回到起點，所以他當然會繼續注視中國的局勢。

裕仁說：「幾年前千鈞一髮，躲過了中國超個體吞食的災劫，皇家機關即將冬眠，朕今天見過法師之後，可能以後再見的機會就少了。」

星月點頭說：「這貧僧知道。」

裕仁看到他有些失落感，但這又是必須遵守的皇家規範，無可奈何，所以轉移話題問：「蔣介石政府被中國老百姓推翻，逃到台灣去，法師可知道？」星月點頭。裕仁接著說：「中國變成共產黨統治，中國人喊著要打倒美國帝國主義，美國人夾著尾巴逃出中國，看來美國人並不比我們高明。法師認為蔣介石在台灣撐不撐得住？」

星月這幾年也老了許多，說話緩慢，也都盡量簡短：「在終戰之前，貧僧就曾跟陛下說過，中國人人性複雜牽連，沒有真正的信仰，如同老子所云：『三十輻共一轂，當其無有車之用』，是以承載諸多文化形態，同化力最強。共產主義其實違背人性的自利層次，在歷史鴻流中支撐不了多久。中國人只會把它當作謀權謀利的工具，如同我日本皇族，歷代蟄伏於幕府將軍之下。蔣介石被推翻，原因也都跟陛下談過，並非中國共產黨有多厲害，只是蔣介石已經讓中國百姓深惡痛絕，讓共產黨替代國民黨，中國人只是在兩個爛蘋果當中，選一個比較不爛的而已。對超個體而言，蔣介石與國民黨，這是設計來釣我們日本上鉤的誘餌，發現我們沒上當，這誘餌自然就不需要了。」

接著道：「陛下原諒貧僧說句不敬之語，陛下也自知，陛下與蔣介石的關係，就是影子與罔兩的關係。超個體若要繼續窺測，美國與日本結盟後的動靜，放蔣介石在台灣，就會是它下一步的計畫。」

裕仁微微點頭，神情嚴肅地說：「看到蔣介石如此快速被推翻的經過，還真如當年迷海所說，一群數不清的鬼，在內部從下而上來搞倒一個政權。這場革命，盡顯中國四千年革命傳統『鬼變』的精髓，竟然短短三多年就完成！就像朕打太平洋戰爭……若蔣介石將來跟朕一樣，躲了戰犯的命運，在島上享受權位一生，那真代表他真是朕的影子，整個國民黨都是我日本皇族的罔兩，來盯著朕與皇家的……沒想到朕躲了鬼局吞食，它還要繼續盯著朕……」

說到此，竟然豎起了大拇指：「以此證明，鬼局超個體是真實存在的。可以說：中國人真萌！萌到讓人可怕……」

星月說：「超個體原本的計畫就是對付俄國，是當年我們一場日俄戰爭惹它轉移目標，而今日本已經付出慘痛代價，讓超個體回到了原先的計畫。陛下還正值壯年，可以看到超個體接下來，會怎樣把共產主義，乃至整個蘇聯消費到瓦解，蘇聯已經跟鬼為伍而不自知，蘇聯與美國的對峙，不會贏了，只要日本繼續跟美國緊密合作，共產主義不會蔓延到日本。陛下一切都放心。」

裕仁說：「朕一切都明白，接下來法師可雲遊四海，所有花費皇室會承擔，您也一切放心。」

星月對局面有所疑惑，但不敢多言，遂向裕仁告辭，他內心還有一些話，也許再也無法對裕仁述說。中華民國是日本的罔兩龜，若此政權不亡，就繼續與日本互帶倒楣運，相互之間似乎有一種結構，為了面對新局。然而，這他也一時無法告知裕仁。

超個體無間思索：吞食日本失敗。造成的混亂與失血。總算終結。還賠了一大堆誘餌細胞。真的是損傷慘重。看來這傢伙內部的核心細胞。真的能跨越現實認知。意識到我的存在。但日本這小鬼國已經認輸。不敢再如先前那般。跑來搗亂我的計畫。

看來。目前放了岡兩龜到台灣。觀察狀況。第二套劇本上場。組合所有的善惡真偽兩極端人性。重新運作。這一次劇本遊戲更棘手，但必然可以完成。我的手法要改變。這套劇本得讓任何人都更難看得出來。即便被識破。也無從逆轉。暫放計算日本。去對付真正的敵人。

美利堅海盜，可惡至極，準備開始！

末章　景罔相映後記

蔣中正終於到了人生最佳之境，他的向東，向東。周公東征。在中國大陸之時，都沒有這麼多人願意對他高喊萬歲，反而喊打喊殺要推翻他統治。沒想到來台灣，竟然會有這麼多人對他高喊萬歲，使他又吃驚又欣慰，認為這是『寶島』，把這當作『復興基地』。從而開始徵兵徵餉。

蔣介石逃到台灣島上沒多久，韓戰爆發，中國共產黨介入與美國大打出手，美軍第七艦隊進駐台灣以茲報復，麥克阿瑟也趁機來到台灣，跟蔣介石會面。『中華民國』繼續成為，仰仗外力生存的漢奸政權。共軍礙於沒有海空軍，又捲入了朝鮮戰爭，竟然放棄了攻台，終於使蔣介石政府免於最後崩潰，兩岸進入長期分裂狀態。

罔兩跟著影子走，裕仁先前既然與麥克阿瑟合照保平安，蔣介石自然也要跟麥克阿瑟合照保平安。影子是被超個體強拉，罔兩是被超個體踢走。最後都是千鈞一髮抓住這個美國人，保平安。

超個體設定的罔兩，還要繼續跟著影子走……其氣數自可運算。

台灣人繼續擁戴蔣總統。一致高呼：

蔣公，你是人類的救星，你是世界的偉人，你是自由的燈塔，你是民主的長城，我們將在台灣實施三民主義，使之，成為中國的模範省。我們要納稅，服兵役，受國民義務教育，光復大陸國土，拯救大陸同胞。

靈龜終於找到了他的住所，安定下來。於是其第五嶽聲音喊起。五曰，安內攘外，周公東征，一年救亂，二年克殷，三年踐奄，五年迎成，一年準備，二年反攻，三年掃蕩，五年成功。如此，動員戡亂，周公東征，播遷台灣，復興基地，東都雒邑。

蔣在終身佳境，待到去世之前，仍然與集體意識通靈。談行情。雖然一直遭拒，還是契而不捨。即便林彪死後，蔣雖放棄反攻大陸，但心靈上還在通靈談行情。

蔣中正去世那一天，下起大雷雨，風聲如鬼哭，有識者皆知，非一般常人之象。然而蔣卻一直為全球華人嘲笑甚至批判，難以宣傳。然台灣民間以致稱奇，說此為烏龜精離開，玉皇以水載其靈離去。而其雖民國總統，但去世後享有帝王待遇，稱其為陵寢。原因當然就是等待景龜裕仁也崩，反正裕仁也不能再有反應。

至於大雷雨，當然。

消息傳到北京，毛澤東與周恩來也老態龍鍾。

「蔣委員長死了。喔。」

「主席，我們年紀也大，不諱言很快也要離世。聽說，他走的那一天，風雷雨交加，有帝王之象。但一般人肯定認為迷信。斯大林死的時候，就沒聽說。」

「到底是不是有帝王之象，不是只看天氣而已。況且他雖然也是我們人民革命的對象，他至少還是國民革命的一份子，也不一定信這個。對了，國務院那邊，到底有沒有我們兩人談的，類似那個訊息那個人？」

「一直沒有。主席，在我看來，我們從兩萬五千里長征時期開始到今天，都是只在杯弓蛇影當中猜測，如今看來，大概一輩子也等不到。」

「真是令人失望，記得為了這個發急，搞錯很多人，從解放後批判梁漱溟開始，一直到文化大革命鬥倒許多臭老九。若如此，當前文化大革命的底局，未來共和國之事，恐怕我們自己都難以透視，沒人能告訴我們。這場戲的編劇導演，還真會為難人。如此難演，我們還不能向編導抗議，貼個尋人啟事，還引來大批紅小將串聯武鬥。這樣想想，我還有點羨慕蔣委員長最後的待遇。」

「只能說我們，苦思難明戲中意，無奈身是劇中人。」

六門書判—多年後改版，蔣中正有其難，毛澤東與周恩來更有其難。擺脫原先兩岸各自錯誤的觀念，雖是從前版開始，然錯誤偏頗連連，實際上沒有走出時代他人給予的錯誤引導，故真正看透底局，從此版開始。

（全書待續，接第二部，從長城談起）

裕仁（影子）	蔣中正（罔兩）
個人行跡的投影倒映	
身分背景：潢天親胄沉穩貴皇	**身分背景**：市井無賴滑頭賤痞
知　　識：明白歷史而不說	**知　　識**：不懂歷史而胡言
行　　為：行事規範不顯露人性慾望	**行　　為**：毫無規範人性慾望露骨
言　　行：不言聖賢言語但行跡謹從	**言　　行**：屢言聖賢言語但行跡如鳥獸
政　　治：不言而教民不知門竅自愚而服從老子說的太上層次	**政　　治**：言而詐欺企圖愚民民皆知門竅不願服從老子說的最下層次
教育背景：上層社會嚴謹的外在約束沒有自我作一切事情他人承擔	**教育背景**：下層社會鬥毆內在自行悟出來只有自我作一切事情自作自受
權力來源：萬世一系中國歷史的燈下黑	**權力來源**：賣國密約日本軍方扶持日本富國強兵的燈下黑
歷史行跡的相對對映	
掌權時間 1926	掌權時間 1926
皇姑屯事件日本軍部逼迫（皇姑屯原因來自於濟南事件）	濟南事件日本軍部逼迫
五一五政變 二二六兵變 被日本人逼迫侵華	六一兩廣抗日兵變 西安事變 被中國人逼迫抗戰
日本軍方逼其推動大陸政策 對日本軍方面貌妥協實則對付	日本軍方逼其承認賣國密約 對日本軍方面貌對付實則妥協
不希望日本侵華成功	不希望中國抗戰成功（我沒能力抗日,誰也別想有這能力）
對中國戰爭在日本軍部背後搗亂（大東亞共榮圈騙局）	對日本戰爭在中國各路軍閥後面搗亂（空間換時間抗戰騙局）
害怕萬世一系被中國人破壞（害怕中國改朝換代）	害怕賣國密約被中國人知道（害怕中國人推翻他）
重慶危急 東條英機山本五十六兩點一線毀軍滅政大逃亡（目標在美國）	重慶危急 孔祥熙宋子文兩點一線拋黨棄國大逃亡（目標在美國）
太平洋戰爭三年多大敗而不亡 蘇共要抓其為戰犯未果 戰後巡幸日本四島	國共內戰三年多大敗而不亡 中共要抓其為戰犯未果 戰後復行視事台灣島
製造災難東條英機山本五十六死亡一切有人承擔	製造災難孔祥熙宋子文逃跑一切自作自受
在島上淪為美國附庸巴結麥克阿瑟	在島上淪為美國附庸巴結麥克阿瑟
繼續不言而治 能當中國皇帝不想當	繼續言而詐欺（反攻大陸騙局） 想當中國皇帝當不成（跟著影子走）